情报战争

移动互联时代企业成功密码

雷雨 著

北京大学出版社
PEKING UNIVERSITY PRESS

图书在版编目（CIP）数据

情报战争：移动互联时代企业成功密码 / 雷雨著. —— 北京：北京大学出版社，2012.6
ISBN 978-7-301-20586-0

Ⅰ.①情… Ⅱ.①雷… Ⅲ.①企业竞争－竞争情报－通俗读物 Ⅳ.①F274-49

中国版本图书馆 CIP 数据核字 (2012) 第 083205 号

书　　　名：	情报战争——移动互联时代企业成功密码
著作责任者：	雷　雨　著
责 任 编 辑：	刘　维　任军锋
标 准 书 号：	ISBN 978-7-301-20586-0/F · 3167
出 版 发 行：	北京大学出版社
地　　　址：	北京市海淀区成府路205号　100871
网　　　址：	http://www.pup.cn
电　　　话：	邮购部62752015　　发行部62750672
	编辑部57421655　　出版部62754962
电 子 邮 箱：	sgbooks@126.com
印　　刷　者：	北京联兴盛业印刷股份有限公司印刷
经　销　者：	新华书店
	720毫米×1000毫米　16开本　22印张　280千字
	2012年6月第1版　2012年6月第1次印刷
定　　　价：	49.00 元

未经许可，不得以任何方式复制或抄袭本书之部分或全部内容。
版权所有，侵权必究
举报电话：010-62752024　电子邮箱：fd@pup.pku.edu.cn

一场情报战争已经打响

序言

历史是一条长河。情报,一直伴随着人类的生存和发展,情报的历史堪比历史长河。只不过在人类社会还没有进入企业家时代时,情报仅存在于政治和军事中,完全是作为对抗性竞争的需要而存在。

在军事冲突频繁的时代,情报至为重要。一份情报甚至能够抵挡得过千军万马。依靠情报既可赢得一场战争,也能够让数千万生灵涂炭。加之情报本身的隐秘性,让更多人对情报工作充满了无限的神往。于是,就有了今天人们对"谍战"片的火热追捧。当然,更有了《007》和《碟中谍》等永恒的银幕经典。

第二次世界大战的结束,宣告了全球性大规模冲突正式结束,战争情报也随着世界和平逐渐淡出了人们的视野。但是,超越军事的另一场情报暗战却没有停息过,这就是日本倾注整个国家力量建立的遍布全球的庞大经济情报帝国,正是这个令人难以置信的情报网络,成就了日本世界第二大经济强国的地位。

1985年,联合国宣布了国家之间的较量已经变成企业间的较量，国家的竞争优势将以企业的竞争优势来体现，而企业竞争优势，将最终汇集成国家的竞争优势。大量的企业发展实践已经充分证明这一点。谁拥有了充分的、准确的情报，谁就能够在决策中立于不败之地，谁就能够及时识别和化解风险，并真正创造终极价值，成就辉煌的伟业。

随着信息网络技术的快速发展，国际资本跨时空巨额流动，区域资源优化配置和高新技术迅速扩散，全球经济一体化进程势不可挡。面对日趋激烈的全球性竞争，面对日益复杂的国际风险环境，面对已向世界全面开放的国内市场，面对已经逐步消失的资源红利、环境红利和人口红利等优势，中国企业该如何应对全新的挑战？

移动互联时代的不期而至，正带来一场让人们始料未及的全新革命，很多行业和商业模式将会在这场革命中遭遇近乎生死的巨大变革。这场革命不仅改变了以往固有的思想轨迹，改变了人们千年的生活方式，改变了人们赖以生存的环境，改变了人们习惯的商业模式，总之，正改变着整个世界。面对这突如其来的巨变，我们的企业将如何适从？

媒体社会的来临，使得社会每一个主体都有了近乎无任何约束的平等话语权，原本海量的情报信息正在无限递增，这致使企业近乎处于裸体化状态生存。一个在过去看来不经意的意外事件，或者说言论失当，或者装束扮相，都可能会被顷刻间放大，都可能引起一场危机风险的爆发。置身如此陌生而透明的环境，我们的企业该如何应对聚合裂变下的情报危机？

云计算技术的迅猛发展，正透过构建和物理世界接近的虚拟世界的信息革命，来推动物理世界的农业革命和工业革命，并必将成为随后发生的第三次革命，也由此带来包括文化科技、价值体系、经济结构、社会规则、法律体系、商业模式以及世界观的全新变革。面对诸多充满动荡风险的机遇,我们的企业又该如何启动新的战略?

这是一个充满绝世机遇的时代,这也是一个充满无情挑战的时代;这是一个高收益的时代,这也是一个高风险的时代;这是一个最好的时代,这也是一个最坏的时代;这是一个光明的时代,这也是一个黑暗的时代。最终选择怎样的时代,则取决于您做出怎样的决策,而如何做出正确的抉择,则取决于您对情报的精准掌控。

万世谋者:有情报,无风险。情报已经成为继资金、技术、人才之后,企业的第四种生产要素。一场情报战争已经打响!

此时此刻,您准备好了吗?

序言　一场情报战争已经打响　　　1

日本强盛：
全球唯一的情报帝国　　　001

偷袭珍珠港：
另一场战争的胜利　　　002

情报力量传承：
日本崛起神话继续演绎　　　009

综合商社：
无孔不入的神秘情报力量　　　015

日本VS瑞士：
全球钟表行业的惊天逆转　　　024

大国的缺失：
虚弱的中国情报软实力　　　033

各领风骚：
卓越情报成就无双传奇　　　039

Facebook：
社交网络公司上演IPO神话　　　040

苹果帝国：
情报第一，创新第二　　　047

IBM：
无敌情报跨越物联网时代　　　055

微软：
与霸主相匹配的情报力　　　064

麦当劳VS肯德基：
洋快餐情报对决，伯仲难分　　071

海尔：
情报战略造就白色家电之王　　078

第三章 阿喀琉斯之踵：
羸弱不堪的情报命门　　087

诺基亚没落：
手机帝国颠覆于情报失聪　　088

互联网植物人：
被误诊的情报战略　　097

百年柯达沉没：
羸弱之躯难抗情报重任　　101

瘦肉精代名词：
忽视情报终酿罪恶之果　　109

蒙牛危机本质：
正面突围之策是情报　　114

占领淘宝风波：
情报管理也是核心竞争力　　121

第四章 并购宏图：
大战略尚需大情报　　129

上汽收购双龙：
知己不知彼的高昂学费　　130

华为海外并购：
冬天在哪里　　138

TCL并购之路：
鹰之重生靠什么　　146

目录

联想收购IBM：
不用"联想"的失败定局　　156

第五章 决胜海外：
一张亟待绘制的风险情报地图　　167

走出去：
直面更为扑朔迷离的风险环境　　168

铁矿石谈判：
为何受伤的总是我　　176

贸易壁垒：
百步神拳无影掌　　182

反倾销：
我们自己打倒自己　　190

情报风险地图：
国家级风险情报战略举措　　196

第六章 情报力决策：
飞跃企业风险重灾区　　205

时代变迁：
精英决策，英雄气短　　206

专家决策：
并非是集体智慧真正启用　　215

奇正相合：
完美情报决策模式融合　　221

超级情报力：
运筹帷幄，决胜千里　　228

情报管理：
跨越时代的大情报战略　239

挥不去的偏见：
走过半个世纪的情报误区　240

移动互联：
全新时代的情报革命　248

大雪无痕：
情报闭环管理流程　259

云计算：
情报应用的最终救赎　275

情报反击战：
一场没有打响的战争　282

聚合裂变：
情报光速传递，引爆巨大危机　290

智库的力量：
情报库与智慧库的完美演绎　299

智库：
超越国家的智慧　300

超级智库：
力量不仅存于智慧　308

恐龙智库：
移动互联时代的卓越智库　317

万世谋者：
有情报，无风险　326

跋　超越珠峰　333
致谢　337
参考文献　339

第一章
日本强盛：
全球唯一的情报帝国

日本如何从"二战"废墟中快速崛起而成为世界强国？
阵容强大的美国太平洋舰队为何败于实力相差甚多的弹丸岛国？
情报帝国如何完成全球网络布局？
日本如何挑战瑞士钟表的全球霸主地位？
中国情报软实力羸弱的原因究竟是什么？

偷袭珍珠港：另一场战争的胜利

檀香山任务

日本国土面积只约有中国和美国国土面积的1/26，但日本却是世界的第二大经济强国。第二次世界大战后，日本的崛起往往被称为神话，可是"神"又神在哪呢？

"神"就神在日本的情报工作做得好。当人们谈到日本先进发达的科技、文化、教育时，往往会有意或无意忽略掉一个鲜为人知的重大因素：情报的作用。

毫不夸张地说，日本是以情报立国，日本的政治、经济、文化、教育、科技都离不开情报的支持。

这一切，都是有"传统"可循的。

1940年5月，年仅29岁的日本外交官吉川猛夫奉命到檀香山。谁也想不到，这个名不见经传的日本青年却如风搅雪般地给波云诡谲的"二战"形势增加了无限可能。

吉川猛夫表面的身份是日本驻檀香山的副领事，实际却是日本海军的一名谍报人员。为了做掩护,他以大学生的身份报考日本外务省书记员,结果被破格录取,其海军谍报员的身份也就顺理成章地得以洗白,这样日后他就能够在檀香山顺利地开展间谍活动。

1941年3月,吉川猛夫正式开始了他的"檀香山任务"——执行对珍珠港以及附近美军基地的侦察。

不得不承认,吉川猛夫是一个十分优秀且不可多得的情报员。到檀香山不久,他就结识了在珍珠港经营色情服务的"春潮楼"老板娘藤原波子。

藤原波子名义上是个鸨儿,暗地里却为日本谍报人员做掩护。很快,吉川猛夫就跟春潮楼的艺妓打成一片,成了春潮楼的大红人。整天一群艺妓围着他,众星捧月一般。

藤原波子答应给他在临港的一面开一间客房,供他长期使用。这间客房在春潮楼的最顶层,有一排明亮宽阔的玻璃窗户。打开窗户,借着先进的侦察工具,珍珠港就可以一览无遗。

吉川猛夫的英雄时代开始了。

每天他都喝得醉醺醺的,在一群艺妓的簇拥下恣意取乐。实际上,他十分清醒。在艺妓们的掩护下,他日夜监视着珍珠港的任何动静。

珍珠港美军基地成了吉川猛夫绝佳的活体模特。基地内军舰的种类、数量、舰上的人员配置、武器装备以及军舰活动的规律等各种信息,他都悉心侦察,然后汇总,再用特殊符号记录下来,一起发往东京。

这里需要着重指出,珍珠港美军基地在美国海军中的重要位置。

珍珠港是美国太平洋舰队驻扎地,美国海军的大部分精锐船舰都停泊在这里。否则,日本海军不可能将矛头对准它。

吉川猛夫的情报工作有条不紊地展开着。

在醇酒艺妓的环绕下，他对珍珠港的大概情况做了一次摸底；但是这些情报不足以支持一场战争，他还需要亲自去实地调查。这可是以身犯险的事。

不过，吉川猛夫自有他的一套本事。

他靠近珍珠港的时候，从来不带笔记本、照相机这类容易引起美国海军关注并可能导致危险的东西。他的表现更像一个旅行者，一副懒散的样子，从来没引起过美国海军的注意。

他依靠智慧的大脑和顽强的记忆力，搜集了海量的信息，然后回到客房，一边记下当日获得的情报，一边查阅当天发行的报刊来印证和核实。在开放的美国，报纸上能够找到很多有用的消息。

有一次，吉川猛夫为了摸清珍珠港基地入口处是否设置防潜网，竟然把自己化妆成为一名垂钓者，偷偷闯入禁区，然后亲自潜入海里，到入口处畅游了一番。

就这样，吉川猛夫居然成功避开了美军的反间谍行动。一份份关系着战争大局的有价值的情报不断发往东京，最后送到了日本海军司令山本五十六手中。

山本五十六的脸上洋溢着阴险的笑容，暗地里佩服这个有胆识有本事的后起之秀。

可是，随着欧洲战场和中国战场的情势变化，美国开始加强防范，相继关闭了德国、意大利的各种间谍机构，也许下一步就会轮到日本。这就加大了吉川猛夫获取情报的难度。为了尽快将珍珠港的情况摸透，他抓紧了他的秘密行动。

1941年9月，吉川猛夫已经猎取了整个珍珠港基地的情报。其中最重要的一条就是美国军舰的排列形式。

吉川猛夫发现，一般情况下美军战列舰以双排的形式停泊在港口，如果日军战机使用鱼雷攻击，只能伤其一排，即最外面的一排；而且，每到周末美军军舰都要回港休整，如果在周末发动突袭，必将给美军造成重大损失。

于是，他在写给山本五十六的报告中，特意强调了周末偷袭的可行性。

接到吉川猛夫的报告后，山本五十六阴鸷的眼神中终于露出了胸有成竹的奸笑：一场轰轰烈烈的偷袭战即将上演。

另一种意义的胜利

山本五十六像个醉汉一样，孔武有力。得到精准的情报之后，他便举起一个装满汽油的酒瓶掷向了珍珠港。

这不是没有原因的。

日本在中国战场势如破竹，捷报频传，进一步刺激了它的野心。"二战"中的日本成了一条贪吃蛇，张开血盆大嘴，永远不知满足。它的下一步计划是攻占东南亚岛国，夺取英国控制下的马来西亚、新加坡，以及美国控制下的菲律宾。

此前，日本侵占了不少中国近海岛屿，以此为攻夺东南亚的跳板，放眼望去，只剩下一块硬骨头没啃，那就是美国。而首当其冲的就是美国太平洋舰队。

山本五十六对日美情势了然于胸。他明白，日本海军的装备不比美军差，有的地方甚至还要优于美军，比如它的航空母舰、鱼雷轰炸机；而且军队制定的作战序列也预示着日美早晚要开战，既然如此，不如先痛殴美国太平洋舰队，菲律宾也就不在话下了。

此外，山本五十六还有一个战略考量。

山本五十六是个美国通，深知美国的实力，战争机制一旦开启，想打败美国就成了奢望。为此，只能先下手为强，打美国一个措手不及，让它难以翻身。

吉川猛夫的情报工作使他的偷袭计划如虎添翼。箭在弦上，时刻待发！

1941年11月26日，日本的千岛群岛军港静悄悄。这里常年被迷雾笼罩，难得见一次太阳。

就在这么一个大雾弥漫的日子里，日本帝国海军的主力从不同的港口向千岛群岛集结。很快，一支由6艘大型航母和大量战列舰、巡洋舰、驱逐舰，以及载有360架轰炸机、战斗机组成的超级舰队，在海军中将南云忠一的指挥下起航出海，直发珍珠港。

与此同时，日本跟美国的外交谈判也告失败。

就在日本偷袭舰队出发的第二天，美国总统罗斯福通过日本特使向日本发出警告：如果日本奉行希特勒主义，最终必将失败。他还跟左右的人说，预计在几天之内，日本就会挑起战争。

然而，日本没有给美国多少时间。美国也根本没有重视日本。

12月6日，也就是日本偷袭珍珠港的前一天，美国海军部截获一份日本政府给日本驻美大使野村的电报，即赫赫有名的"14段电报"。电报被破译出来，其中有一段是这样的：日本政府要求野村大使于1点整，准时将电报交给美国国务卿赫尔。

海军部认为，这里的1点整就是日本发动袭击的确切时间，然而这并没有引起罗斯福的重视。罗斯福只是意识到外交谈判失败了，"这么说，是要爆发战争了！"

罗斯福还在等着日本郑重其事的宣战，可是，日本却不宣而战。

1941年12月7日的早晨，又是一个周末。

珍珠港像往常一样，幽静的海港，海边还有飞鸟盘旋。港口北方25海里处的雷达站，两个二等兵正准备交接班。

突然，他们发现雷达荧光屏上出现了大片移动的亮点。根据专业经验，他们知道大量的飞机正在向珍珠港飞来。他们不敢疏忽，赶紧给值班长官发报告。

然而，这位值班长官或许是因为前一晚喝了点小酒，竟然断定飞机是从加利福尼亚飞来的，是自家的轰炸机，不用去管。

时间定格在1941年12月7日早7点55分。日本战机飞临珍珠港上空，开始了魔鬼般的狂轰滥炸。

美国人做梦都想不到日本人会搞偷袭，他们在大火浓烟中四下躲避，到处都是尸体，到处都是惊怕的喊叫声，电台的喇叭高声喊话："空袭珍珠港。警报，这不是演习！再重复一遍，警报，这不是演习！"

然而，一切都太迟了。

9点30分，空袭结束。美国的8艘战列舰有4艘被炸沉，4艘长期失去作战能力。另有18艘大型舰艇被炸沉或炸伤，100多架飞机仅剩一堆冒烟的残骸。美军官兵被炸死2403人，炸伤1176人。日方仅损失29架飞机。

幸亏，美国有3艘航母和11艘巡洋舰、11艘驱逐舰组成一个编队去执行任务，不在港内，由此幸免于难，保存了充裕的反击力量。要不然美国太平洋舰队恐怕要全军覆没。

曾经何时，美国暗自庆幸自己远离"二战"战场，日本和德国都打不到它。这次它接受了惨痛的教训：席卷世界的"二战"，范围之广，惨烈程度之深，想独善其身保持中立是极其不明智的，也行不通。

珍珠港事件后，美国对日正式宣战。

珍珠港一役，使山本五十六获得了梦寐以求的西太平洋的制海权，哪怕是暂时的，他也心满意足，最起码入侵东南亚没有后顾之忧了。

不过，世事殊难预料。4年后，两颗原子弹落到了日本广岛，直接促成了日本投降，这也许就是美国对日本偷袭珍珠港的报复吧。

尽管"二战"中日本最终投降失败，但是偷袭珍珠港是一次不容置疑的军事胜利。这一切无疑要归功于吉川猛夫的情报工作做得出色。

日本偷袭珍珠港事件已经过去70多年了，现在我们回过头再去梳理那段历史会发现，除了军事上的胜利，日本还实现了另一种意义上的胜利：情报的胜利。

战后日本军国主义瓦解了，军事上失败了，可是情报方面的优势和力量却得以延续，支持了日本再次崛起的神话。

如果认真审视吉川猛夫搜集情报的过程，会发现并没有《碟中谍》中刺激惊险的动作和扣人心弦的故事情节，也没有潜伏到美军司令部情报偷窃行为，更没有策反任何美军情报人员，其搜集情报也仅仅是在唱歌、喝酒、钓鱼、潜水的休闲过程中完成，成本极为低廉，似乎平淡无奇，寡淡无味。

事实上，正是这些远远"注视"美军太平洋舰队的进进出出，随心"留意"美国军舰的排列形式，不经意地"发现"了周末美军军舰都要回港休整的惯例等不起眼的"碎片"，构成了轰动世界的珍珠港战役的绝密情报。

这，就是情报。这，就是情报的力量。

情报力量传承：日本崛起神话继续演绎

情报立国

从明治维新到日俄战争，从中日甲午海战到"二战"爆发，日本以弹丸小国之力疯狂占领东亚、南亚次大陆、东南亚，完成了空前绝后的军事崛起。如果说这算是日本的初度神话，那么，"二战"结束后日本经济的迅速崛起则是日本的再度神话，也可以称为日本的第二次崛起。

很长时间以来，研究战后日本经济崛起成了一门显学，不同领域的专家从各自的角度，分析了日本再次崛起的重要因素。

有的认为应该归结于日本政府重视教育；有的认为应该归功于日本科技立国的国策；有的归结于日本人的勤劳；有的则认为是外部环境为日本崛起提供了极其有利的条件，如美国的扶持，朝鲜战争和越南战争的爆发带动和振兴了日本的民族工业，中国放弃了对日战争索赔……但是，根本没有人提及隐藏在这些重大因素背后的更为重要的因素——日本情报立国的方针。

如果查阅日本战后关于政治经济方面的文献，或者翻阅将近50年来林林总总的经济数据和论文，都不可能查到明确提及日本"情报立国"这样的文章和字眼，尽管论述日本情报能力的相关文章并不少见。

这正是日本人的聪明之处。

一个不容诋毁的事实就是：伴随着日本军国主义崛起的情报战力，并未随着日本在"二战"中的战败消亡，而是变换为另一种形式，顽强地生存下来，并被发扬光大。

也就是说，日本成功地完成了强大的军事谍报能力向经济领域的复制和移植，这正是"二战"后日本经济翻天覆地变化的精髓所在。

当中国内战正在如火如荼进行的时候，日本已利用极短的时间建立起了全天候的情报网络系统。这不仅独步当时的世界，而且到现在还保持着相当大的优势。

让我们来追踪一下日本情报立国的足迹吧。

日本投降后，开启了美军占领日本的时代。美国在日本干的第一件事就是吸取珍珠港的教训，取缔日本间谍机构。但是，这一举动并不彻底，还有一部分日本情报人员仍可以在美军占领机关的框架内活动。

1952年，在美国中央情报局的扶持下，日本政府成立了"内阁总理大臣官方调查室"，又称"内阁调查室"。这个机构完全是一个情报组织，直属总理府。下设警察机关情报系统和自卫队情报系统。

内阁调查室偏重于政治任务，旨在搜集、综合分析国内外有关政治、军事、经济、文化和治安等方面的情报，为内阁制定有关政策提供依据。

内阁调查室除了本室成员亲自搜集或者要求相关部门提供信息外，还有权责成或委托社会组织，如研究机构、商社、民间社团、学术机构以及新闻界为其提供情报。这样一来，日本政府渐渐把情报网络做大，为向经济转移重心做好充足的智力准备。

情报力量在经济领域渐渐地活跃起来。情报本身的性质也发生了深刻的变化，以前搞情报是为了打败敌人，现在则是为了发展经济，获得竞争优势。

有一项调查显示，从"二战"结束到日本"失落的10年"之前，日本所从事的情报活动中有90%直接用于发展经济。

重视教育，科技立国，良好的外部发展环境，再加上无可比拟的情报优势，日本顺风顺水地完成了经济腾飞的重任。

或许，有一些小故事佐证了情报在日本经济崛起过程中所起的作用。有一次，日本某企业代表团到天津访问，会谈时电灯突然闪了一下，他们立即判定天津电力供应紧张。此后天津在购买日本电力设备时，日本人马上抬高价格，而且不愿做丝毫的让步。

还有一次，日本一巨商来华推销钢材，交谈时中方外贸人员无意告知将大量进口钢材，结果这位商家借故终止谈判立即起程回国，串通西方几个主要钢材出口国，猛抬价格，令中国损失惨重。

谈到情报，大多数人都会想到用非法手段窃取，见诸媒体的也有很多间谍案，可是日本人的独特之处在于，根本不用非法手段，也能获取有用的情报。有人曾感叹，日本人的间谍技巧是天然的。

其实，没有谁的情报技巧是天然的，但是我们有理由相信，只有日本"情报立国"的理念深入到每一个日本人的心中和行动中，才会有所谓的日本人的"天然"间谍技巧。

日本人在情报搜集方面确有独特之处，往往能在别人不关注的领域获取情报。比如，如果日本人想了解一个国家某个行业的情报，绝不会跑到这个行业的龙头企业里去，而是去那些精干的小公司。在他看来，小公司的老板都是大企业的精英骨干跳槽出来的，往往更通晓行业内幕以及一些核心技术。

依靠这些娴熟灵活且出奇的情报艺术，日本建立了强大的经济情报网络，并将触角延伸到了世界的每一处角落。

毫不夸张地说，有日本人的地方就存在情报战。

开辟新战场

日本成长为世界第二经济强国,情报在其中所起的作用不可小觑,情报甚至成了日本崛起神话中关键性和确定性因素。

日本很早就建立了学习型社会,其目的是为了搜集情报,振兴经济。这样的进程从"二战"结束后不久就开始了,而且一如既往地持续到现在。

情报系统的第一个步骤就是制定情报的规划与目标,即订立情报所服务的目的以及方向。有了具体的框架和指标以后,才涉及情报的搜集和整理。

搜集和整理情报不是简单的事,因为情报存在着真伪和不对称性,因此需要拥有强大的学习和观察能力,才能从信息中获得有价值的情报。这既是系统的工程,也是个需要思想和智慧的过程。

日本人擅长学习。20世纪50年代,日本派往美国和欧洲学习新技术和新工艺的人员突破了1万人,为此日本政府及企业不惜花费近25亿美元。然而,精明的日本人绝不会算错账,更不会做赔本生意。他们深知投入和产出之比应该最优化,而投资情报是最佳的捷径。

25亿美元,不足美国科研费用的1/10,却搞到了当时西方世界最先进的技术;而且涵盖很全面,涉及各行各业,尤其是新兴产业。这么算下来,日本人这笔情报投资真是太值了。

这种情报投资不仅是政府行为,各种大型企业、商社也通过派员到国外,搜集和获取跟技术和工艺有关的情报。企业派出去的人员往往是以留学生、研究生或访问学者的身份;他们个个善于观察与学习,能够从不同的渠道搜集情报,而且是合法的。

日本人情报活动是"海盗式的"。在不计其数的"拿来主义"行动中，留学进修人员扮演了主力军的角色。

美国一位资深的观察家曾描述说："每天在羽田机场的离境登记门前，都排着成群的技术进修和考察人员在等待出国，以从事长期的调查活动。"

千万不要小瞧这些留学生，他们身上肩负着振兴国家经济的使命。他们每到一国，便在当地广交朋友，就像一块吸铁石，不但吸来了外国的先进科技成果，也吸来了持续的人脉，为日后建立情报网络打下了基础。

值得一提的是，"二战"结束后的几年，日本企业界是一段困苦时期。战争创伤尚未恢复，经济萧条，百废待兴，就连大企业的董事长都以冷饭团充午饭，更别说普通的工人了；但是，就是在那样艰苦的条件下，公司仍会提供经费，把员工送到国外去学习西方的先进技术。这一点很值得中国企业学习。

不仅如此，日本人的学习能力还体现在公司内部。以日立公司为例，它订购的报刊多达3000种，其中来自国外就2000多种。西方国家的技术信息和经济信息统统瞒不过日本企业家的法眼。

还有一例可见证日本人善于学习和重视情报。日本最大的报纸叫《读卖新闻》，每天可发行2000万份左右，这个数据远远超过中国中央级媒体单日的发行量总数。

由于日本重视商业情报，各种职业间谍学校如雨后春笋般在日本大地崛起。20世纪60年代一位美国驻日记者说过："仅在东京，就有380家专门窃取企业秘密的侦探机构。产业保护学院，这是一所公开宣称为日本各公司培养间谍和反间谍人员的学校。工业间谍活动在人们心目中的重要地位,达到了一个新的高峰。"

这是一个令人恐怖的现实,然而折射出日本神话再度演绎背后的决定性力量——情报力的继承,发扬和延续。

此外,日本疯狂的情报活动令它的太上皇美国很不愉快。

美国联邦调查局向企业主管提供的不定期刊物《FBI的警告》里经常有一则重要的告诫:在与日本公司打交道时,都必须密切注意其"情报窃取意图"。在赴日本进行商务谈判时,也必须加强防范。

这说明美国再次感受到了日本凌厉的锋芒,只不过变换了形式,以前是血流成河、灰飞烟灭的珍珠港偷袭战,现在是无处无时不在的日本情报大战。这是一场没有硝烟的新式战争。其实号角早就吹响了,只不过日本人吹响的是经济腾飞的号角。

很多外国人对日本人的印象是:他们彬彬有礼,虚心好学。在你面前永远是个谦虚的好学生,一脸的恭敬,施不完的礼数。转眼就变了面孔,像贼一样大张旗鼓地从你的口袋里掏走他们想要的东西。当你要制止他们的时候,已然晚了。

可以这么说,"二战"以后日本的石油化工、冶金、机械、电子等新兴工业,几乎全盘来自国外。特别是转子发动机、数控机床等先进技术,都是在联邦德国、美国接近完成的情况下,通过情报这条捷径,日本抢先占领了国际市场。到头来,德、美反倒要进口日本的新产品。这绝对是可笑又可怕的一幕。

有这样一组数字:

1965年,日本人均国民生产总值只相当于美国的25.5%;

1975年,日本奋起直追,将比例改写为62.2%;

1985年,日本逼近美国,为97.6%;

1986年，日本超过了美国。

这是一个完美的轨迹，同样也是世界经济史上前所未有的奇迹。日本在"二战"的废墟上再度崛起，创造了举世瞩目的经济神话。

直到2009年，日本仍是仅次于美国的世界第二经济大国。这样的奇迹是日本情报力量的胜利。军国主义神话最终败绩，而情报大战所创造的奇迹却永远占据了世界经济史上最光彩的一页。

日本的成功让世人牢记住一个词汇：情报。

综合商社：无孔不入的神秘情报力量

财阀秘史

财阀的出现是日本历史上既独特又影响深远的一种现象。

财阀崛起于19世纪末期。它有点类似于中国古代的官商，但却走得更远，其组织体系、运转模式更加完备和有效。

那么，该怎么定义日本财阀呢？

日本经营史学家森川英正认为，财阀就是"由单一家族或者由此扩大的家族而垄断拥有的系列企业"。这只是从组织结构上说的，他忽视了财阀的政治和商业特性。

财阀的第一大特性就是政治关联性。它是一种深具政治影响力的超级商业组织。其不可忽视的政治影响力来源于财阀跟政府之间千丝万缕的联系和利益联合。

它一方面为政府提供货物，充当顾问，一方面又跟政治人物建立某种特殊关系；政府利用它获得巨大的智库支持，又凭着与政府的特殊关系，从中获得巨额利润。彼此相互依赖，互为支撑。而财阀的首脑或领袖往往是身价极高的大商人或金融家。

从某种程度上说，财阀兴起的历史就是一部日本崛起的秘史。事情还得从19世纪中叶说起，那时的世界，坚船利炮横行，依靠军事武力就能征服一个国家。那时的日本也面临着被征服的危险。

1854年，美国依靠炮舰政策敲开了闭关锁国的日本大门，正如1840年鸦片战争英国叩关大清帝国一样，但结局却大相径庭。日本明治维新之后，德川幕府被推翻，资本主义兴起；而中国却一步步沦为半封建半殖民地，民族资本主义艰难前行。

明治维新的一个重要的结果就是，确立了天皇的权力。在这一过程中，商人和金融家扮演了十分重要的角色。仅以三井财团为例。作为日本第一财阀的三井家族，来历非同凡响。早在17世纪末，三井家族就建立起类似于晋商钱庄票号式的金融网络，可是时间却比晋商早了100多年。更为重要的是，三井家族的命运与统治日本200多年的德川幕府紧密地连接在了一起。

三井作为德川幕府的金融代理人，为德川幕府的统治贡献了不少力量，当然也从中获得了巨大的利益。尤其是在美国叩关以后，德川幕府更加信赖三井家族，规定外国银行的所有本地业务，都要经三井家族的手办理，这使得三井家族在日本金融与商业界一家独大。

然而，形势比人强，三井家族敏锐地洞察到了风向标的变化。

1867年的冬天，北风呼啸，大雪纷飞。三井家族的掌门人三井三郎助内心忐忑不安，日本的局势非常严峻。天皇打出"王政复古"的政治旗号，以长洲藩和萨摩藩为首的倒幕派，正跟德川幕府进行着殊死搏斗。显然，腐朽没落的幕府败势已现。这是关系三井家族生死存亡的关键时刻。

最终，三井做出决定：同德川幕府公开决裂，倒向明治天皇。就是在那个雪夜，三井让人抬着金银到皇宫去觐见明治天皇。

他的到来纾解了天皇的困境。明治天皇想夺回权力，却苦于捉襟见肘的战争经费。金融实力庞大的三井家族又跟德川幕府打得火热，怎么把三井拉拢到自己的阵营里来，是明治天皇正在颇费心思的事情。没想到三井自己找上门来了。

那一夜，三井跟天皇相谈甚欢。

此后，三井大显神通，为天皇筹集了巨额的经费，有力地支持了倒幕派的军事行动。毫不夸张地说，三井家族拯救了明治政权。投桃报李，日本明治政府把经营第一国立银行国库的大权交给了三井家族。三井家族得以继续把持金融界的霸主地位。

在明治维新中崛起的财阀中，除了三井家族外，还有安田、大仓、藤田和三菱几家。其中三菱也是颇具实力的一家财阀。

三菱的创始人岩崎弥太郎，原是土佐藩的一个武士，后独立经商。1873年成立三菱商会。日本政府出兵台湾后，三菱被指定负责军事物资的运输。其后，三菱逐步发展为向政府提供海运交通的垄断企业，获得政府津贴，并从中赚取了大量利润。

三井和三菱的例子说明了一个事实：财阀的崛起与日本的政治演变是分不开的。

进入20世纪后，财阀跟政治的关系更加紧密。最直接的表现就是他们用为政党提供政治资金来影响国家决策。

其中，三井和三菱发展成为日本战前最大的两个政党——政友会和民政党的政治资金提供者。一大批财阀利益的代表者进入政府决策机构，渐渐左右了政局。

"二战"爆发后，日本财阀的势力开始像野草一样疯长。在硝烟弥漫的战争中，财阀及其控制下的大小企业开始了一种新的职能：为陆海军的作战提供综合情报——以军事情报为主，连带着一些占领地的经济情报。

有这样一个例子，足以证明财阀是日军的帮凶。

日本在中国战场获得重大胜利后，打算进一步吞并东南亚。它将目标锁定马来亚（今天的马来西亚和新加坡）。

但是，当地的地形多是山地和原始丛林，十分不利于大规模集团军作战。这样的情报反馈到日本国内以后，日本财阀的军工企业开始制造一种专门适合当地作战的小型坦克，这种坦克很灵活，火力又强。

由此可知，"二战"的爆发刺激了日本重工业的发展，顺应形势，财阀开始大规模投资重工业产业，把持日本经济命脉。一些财阀利用资金实力雄厚和情报能力发达的特性跟政府结成了某种关系的同盟，在日本占领地推行殖民扩张的政策，获益巨大。

总之，财阀的力量并没有因为"二战"的爆发被削弱，反而大大增强了。最重要的一点是，财阀和商社几乎天赋而来的超级情报能力，为战后日本的崛起提供了强有力的智力支撑。

谈到情报力在日本战后的延续，很大程度上是从财阀在战后的职能转变及其下属商社庞大而神秘的情报网络系统而言的。

日本独特的财阀、商社及其涵盖的超级情报力，共同构成了日本战后崛起的精神密码。

战后新生

"二战"结束以后，美国对财阀痛下杀手，因为财阀的超级情报能力让美国忌惮。

想想日本偷袭珍珠港，想想日本对东南亚的侵略，想想太平洋战场上一次次的殊死战斗，美国能不对日本财阀恨之入骨并毁之而后快吗？

1945年，美国确立了对"日本在商业和生产上具有支配权的财阀进行解体的方针"。财阀被冠以"阻碍日本社会进步以及最危险的潜在战争制造者"的罪名予以取缔。

一场声势浩大的"解体财阀"运动在"二战"后的日本如火如荼地上演了。矛头首先对准的是最大的5家财阀：三井、三菱、住友、安田和富士。随后，范围被扩大到83家。所有这些财阀的股份都受到整肃。

那些曾经煊赫一时的财阀界的代表人物，其资产纷纷被冻结，也不允许他们再担任任何与财阀企业相关的领导人职务。一夜之间，日本的财阀人物从叱咤风云的风口浪尖跌落到充塞着泥与沙的深渊。

1948年，日本通过了《财阀同族支配力排除法》。美国人通过其扶植的日本政府最终把财阀占有的企业股份分散转移到市场中去，财阀被稀释了。但是，通过这场整肃，财阀的势力就能斩草除根了吗？

事情绝对不会那么简单。

不可否认，财阀解体方针出台后，财阀在日本的历史上渡过了一段沉寂期和沮丧期，但日本财阀并没有消亡。

随着国际风云变幻，财阀渐渐由被痛恨的对象转而成为美国改造、扶持的对象。借此机会，日本财阀成功地实现了战后的重生。那是一种新生，并且焕发出了较之以前更为强大的生命力。

财阀能够重获新生的根源，在于美国对日本态度的转变。

"二战"结束后，世界被划分为两大阵营，冷战的大幕开启了。出于应对中国和苏联战略同盟的需要，美国决定建设一个经济独立的日本。

出于这样的战略考虑，美国对日本财阀的态度发生了180度大转变。财阀解体的政策开始大打折扣，方针由原来的整体整肃变为只是针对右翼极端势力的财阀进行整肃。

这场轰轰烈烈的整肃财阀的运动就这样虎头蛇尾地宣告结束。

可笑的是，日本那些大大小小的财阀在经历了一段惶惶不可终日的时间后，终于迎来了新的曙光。现在，美国需要它们，他们又可以扬眉吐气了。

1950年，朝鲜战争爆发。世界上有18个国家卷入了这场战争，死伤无数，朝鲜半岛焦土一片，而日本却"风景这边独好"，成了美国以及联合国军的兵工厂和战略物资、军需物资的基地。这为日本经济的发展提供了一次绝佳的机会。

同样窃喜的还有日本财阀，它们终于能够死灰复燃了。

很快，美国对针对日本财阀解体的方针做出了调整。之前不允许新公司使用旧财阀的名称，但现在可以了；之前被分割的七零八碎的旧财阀企业，现在可以进行重组了。就这样，日本的财阀借朝鲜战争之机，实现了新生。

1952年12月，大阪银行改回财阀阶段的名称——住友银行，成为首个沿用旧名的财阀公司。此事件说明了美国对财阀进行解体的方针只是虚晃了一招。三井、三菱和住友等旧的大财阀公司还是得以保存。

提到"新生"，人们很容易联想到崭新、全新、别开生面等词汇，其实不然。就像一个新生的婴儿，他是全新的不假，但他的血脉里继承或者遗传了祖先的东西。遗传是新生的根基。

财阀的新生也是这样。它并不是割裂过去而重塑自我，而是对过去的日本政商关系的一种延续、调整和充实。它具有历史传承性。

这种传承性具体表现在：一、政商之间密切的关系得以继承，重新组织起来的三井、三菱和住友很快恢复了对日本经济和政治发展的重要影响；二、新财阀的政治献金是对旧财阀控制日本政党的传统的一种延续；三、财阀的代表人物并没有归入历史档案，他们或者他们的后代继续在日本政治经济两界担任要职，发挥影响。

总之，战后财阀的新生是全方位的，同样包括了超级情报力的延续。

庞大的触角

财阀本身所具有的超级情报力在战后的变种，就是综合商社。

什么是综合商社？

很多中国人从字面上理解，都以为综合商社就像大城市里的超级市场或中国农村的供销合作社一样，里面卖各种货物，应有尽有。这样理解极其谬误。综合商社脱胎于日本财阀的产业集团，是指以贸易为主导，多种经营并存，集贸易、金融、情报、物流与协调等综合功能于一体的跨国公司形式的组织载体。

综合商社就像一个手眼通天的巨商，通常的身份是某个财阀企业的代理商，平时代表财阀与外国人做贸易，活跃在世界经济贸易舞台上，成为跨国公司进行对外贸易和跨国经营的急先锋，为日本经济迅速崛起立下了不可磨灭的功劳。

有一项统计显示，截止到2000年末，日本政府正式认定的综合商社有18家，其中驰名世界的有9家，即三井物产、三菱商事、丸红、伊藤忠商事、住友商事、日商岩井、东洋绵花、兼松江商、日绵实业。这18家综合商社在日本国内外拥有2000多个网点，从业人员达8万多人。日本约30%的总出口额和约50%的进口额是由综合商社完成的。

综合商社的业务主要是贸易和投资，两者相辅相成，在金融、物流、调研、咨询、市场营销等功能的支持下，通过遍布世界各个角落的情报网络有条不紊地进行。

其实，综合商社的核心竞争力就是情报力，所有投资与贸易的机会都建立在其强大的情报运行模式基础上。

一般情况下，综合商社在进行海外贸易的时候，先要在海外建立各种据点和办事处，进行产品进出口活动，最后形成集约化、大规模的进出口贸易集团。

这样一种强力有效的商业模式好比一台巨大的超速运转的机器。机器没有机油的润滑，不可能运转，更不可能创造价值，而机油就是不断流动的情报。

有人形容综合商社的情报活动，像影子一样隐没在全球的每个角落，只要有利益的地方，就能发现日本综合商社的影子。

记得，日本海啸发生后的第三天，一家日本民间商社——野村证券在一份报告中就预测，日本地震短期内会造成日本经济产出的下降，但是会较快恢复。第五天发布报告预测，大地震将可能导致日本2011年国内生产总值下滑0.29%，但对亚洲各经济体的总体负面影响有限，日本七大商社受大地震影响也有限。三井物产等五大商社预测2011年将保持利润增长。

商社的这些预测不是凭空而发的，而是建立在庞大的情报网络基础上综合分析而得出来的。这个野村证券的前身就是野村综合研究所——日本规模最大、研究人数最多的思想库，建有自己的"情报银行"。

野村证券只是日本众多商社的一个缩影。类似于野村证券这样的民间商社情报机构，在日本十分常见。

这些民间情报机构专门搜集日本经济各个产业产业方面的情报资料，涉及领域广阔，大到人类共同面临和关心的全球性问题，小到超级市场、化妆品、出租汽车等，从宏观到微观，应有尽有，为日本提供了厚实的智库土壤。

可以这么说，日本情报立国的理念在各级商社中奉行的最为坚决，效果最为显著。九大商社都把经济情报当做自己的命根子，在情报搜集、加工处理和传递能力上堪称世界一流。

三菱商社至今在全球有200多个办公室，每天搜集情报超过3万条；伊藤忠商社声称，自己在中国的情报资源超过许多国家政府的情报资源；"三井全球通讯网"设有40万公里的专线电信网络，可绕地球10圈。

这样的情形令人难以想象，吃惊之余难免有恐惧的感受。可是，这就是日本综合商社的超级情报体系。

它就像一只隐藏在深海里的巨型章鱼，拥有庞大的触角和无法餍足的欲望，可以自由地伸缩到大海的任何领域，吞噬一切竞争者，只要它愿意。

总结综合商社的情报系统，有四大特点：

第一，准确及时。情报具有时效性，具有空间和时间的不对称性，因此，情报必须要准要快。商社的情报人员一半都会把当天所进行的事情，包括具体行程，跟谁吃了饭，餐桌上都聊了些什么，事无巨细都要写成报告，发送到总部。

第二，协调共享。这条特性具有日本特色。如果是在中国，同行是冤家；而在日本，情报不仅在内部共享，还在外联企业、供应链企业，甚至是不同的财团之间共享。毫不夸张地说，这种事只有日本人才能做到。

第三，专业性。专业性很重要，没有专业处理过的情报不叫情报，而叫信息。如何把林林总总的信息提炼成有价值的情报，这就需要足够的专业技能。如果不专业，时刻都有发生误判的可能，结果可能很严重。

第四，连续性。日本商社的情报系统是一个可持续的过程，既不是零零散散，也不是断断续续，而是有着明确的情报规划、目标以及清晰的情报战略。

日本商社的这些特性，支撑了日本经济的迅速崛起，创造了世界经济史上一个又一个的奇迹。

日本VS瑞士：全球钟表行业的惊天逆转

光环里的沉沦

提起瑞士，很多人首先想到的不是雪山，而是欧米茄、劳力士等名牌手表。钟表成了瑞士的国家象征，瑞士的制表业已经有了300多年的历史。

我们简单回顾一下这段历史。

16世纪，瑞士钟表业诞生在美丽的日内瓦，源于家庭手工业，其钟表制造技术世代相传，精湛卓越。

1601年，日内瓦制表协会成立，成为世界首家钟表行业协会。当时，瑞士钟表厂已多达500家。许多制表艺人聚集在日内瓦的北部山区。那里风景优美，气候宜人，是生活和生产的理想场所。

1618年到1648年的30年战争期间，欧洲国家纷纷卷入战争，这为瑞士钟表业带来了千载难逢的绝好时机。瑞士保持中立，避免了战火的涂炭。而德国钟表制造业的衰落，为瑞士钟表独步世界提供了可能。

工业革命发生后，瑞士的制表业从手工作坊过渡到机器制造时代。由于新技术的应用，钟表的误差从原先每天1小时减少到几分钟。机器制造提高了生产效率，钟表开始批量生产，走进了普通大众的生活。

这是一种具有革命性的进步。

随着工业革命的演进，瑞士制表也进入了黄金时代。

两次世界大战期间，瑞士都以中立国的地位，保持了相对和平的环境。伴随着世界铁路网络的大发展，人们的时间观念不断增强，从事贸易和旅行的人士对钟表产生了极大的需求。于是，瑞士钟表在战争中获得了前所未有的广大市场，逐步确立了垄断地位。

"二战"结束以后，瑞士钟表出口量连续十几年占世界钟表出口总量的50%以上。

1953年，世界上第一只音叉手表在瑞士问世，标志着瑞士手表的精准度进一步得到提升。1959年，瑞士诞生了第一代电子表，它由埃勃什公司发明。电子表的问世表明了世界钟表技术进入了新的研究领域。

科技是第一生产力，瑞士钟表业的发展是对这条论断的绝佳证明。

随着技术的不断进步，到20世纪60年代，瑞士钟表业进入鼎盛时期，年产各类钟表1亿只左右，年产值达40多亿瑞士法郎，行销世界150多个国家和地区，在世界市场的占有率达50%~80%，有时甚至高达90%。

瑞士成了名副其实的名表帝国。一层层光环笼罩在瑞士的头上，各国的有产阶层都以拥有瑞士表为荣。除了时间功能以外，瑞士手表被赋予了更多的含义，奢华、高贵、名声、地位、荣耀……

从古至今，没有哪个国家像瑞士一样能够以一种产品享誉世界，更没有哪个国家的产业像瑞士钟表业那样独步世界那么久。而且，瑞士在钟表业的霸主地位是全方位立体式的，而不是偏重于某一领域。

现代世界经济，软件可能是美国的好，服务可能是日本的强，成本可能是中国更便宜，这些区域经济的差异性使得国家之间的合作频繁起来，同样可替代的选项也大为增加。欧洲的软件可以代替美国，韩国的服务可以取代日本，越南廉价的劳动力可以挤走中国。

但是，瑞士的钟表业不可能出现这种情况。论技术、质量、设计、质地、精准程度、销量、口碑，瑞士钟表都是霸王级的，任何一个国家都不是对手。

当然，以上论断不是无限期的，如果非要给它设置一个截止时间的话，这个期限应该是20世纪80年代。

事情肇始于1959年，瑞士一名钟表工程师赫泰尔·马克斯发表了一篇文章，指出石英钟表将是未来钟表业的主流。他的观点引起了各国的注意。然而，唯有瑞士的钟表企业躺在旧日的光环里，做着日不落的迷梦，根本没把石英表放在眼里。

有光环是好事，但是光环太多了就不是好事了。站在顶峰沾沾自喜，势必被后来者挤入悬崖。这个后来者便是日本企业——精工舍。

精工舍是怎么完成全球钟表业的惊天大逆转呢？

精工舍，完美演绎日本企业情报力

1881年，年仅21岁的服部金太郎在京桥采女町开创了服部钟表店。由于他的情报意识和诚信经营，服部钟表店得以快速发展。

当时服部钟表店的主要竞争者是名古屋钟表厂。服部时刻关注它的信息，他相信只有对竞争者的情报敏感，才能时时处处走在竞争者的前面。竞争者情报是他建立竞争优势的关键。

经过长时间的调查和关注，他最终确立了高价竞争战略，即把钟表的价格定得稍高于名古屋的钟表，同时把重点放在产品的品质和服务上。这个看似不怎么高明的策略，却在19世纪的日本创造了一个奇迹。

除了与对手打情报战，他还诚信经营，用好口碑征服了供货商。其实，说到底这也是一种情报战略——供应商情报战略。他盯紧上游供货商的情报，得知他们最忌讳当时的日本人不按期付款这一商界弊病。服部决心从这一弊病上大做文章。

他向供货商承诺，严格遵守约定的付款期限，决不拖延。他信守承诺。很快，他在供货商那里获得了良好的信誉和口碑，这种资本是无形的，也是巨大的。

首先，由于供应商情报做得出色，给他带来了商业上最宝贵的诚信资本，使得外国货商在大宗商品贸易上容许他灵活周转，不用担心资金链断裂的问题；其次，一旦钟表业的新品问世，供货商保证服部钟表店是第一家拿到产品并摆到柜台上的。

有了这两个保证，服部钟表店迎来了自己的春天。这也说明，任何一个企业的快速发展都离不开情报力的支撑。

1892年，31岁的服部金太郎开办了自己的工厂，取"能成功生产精巧挂钟"之意，将工厂取名为"SEIKO舍"，即精工舍。

去过东京的人都知道银座，在银座四丁目十字路口高耸着一座巨大的钟塔，那是由精工舍于1894年修造的，一落成就变成了银座的象征。同时，这座巨型钟塔也象征着精工舍在日本钟表行业的霸主地位最终确立。

跟瑞士钟表的发展轨迹有些相似，在第一次世界大战期间，由于德国停止对外出口，日本钟表的出口量迅速飙升。正在壮年的服部金太郎高瞻远瞩，决定大量采购原材料，准备在战火纷飞的年代与瑞士钟表逐鹿争雄。

这种非凡的智慧和胆略使他赢得了"东洋钟表王"的美誉。

然而，任何事业都不可能一帆风顺，暴风暴雨随时而至。1923年，关东地区发生大地震，精工舍面临着严峻的危机。工厂被震毁，钟表店受损严重。晚年的服部深受打击，为之沮丧。

不过，阴霾的情绪很快就被他驱散，他又开始踌躇满志。

他的重新振作，得益于他对行业情报的精准把握。他洞察到钟表业从怀表到腕表将是必然的趋势。他决心重建精工舍，产品和研发和制造的重心将从怀表转移到腕表。

他的决策让精工舍再次焕发了勃勃生机。

1934年，服部金太郎去世。

他生前不止一次地说过：所有的商人都必须走在社会的前一步。他以实践和业绩证明了这句话的无比正确。但是，怎么才能走在社会的前一步呢？其实，服部的实践也给出了答案，那就是掌握情报力。

竞争者情报，行业情报，供应商情报……精工舍的诞生和霸主地位的奠定都跟情报战分不开。

只有打赢情报战，才能走在社会的前一步！

交锋

20世纪50年代后期，"精工舍"已逐渐发展成为精工集团。领袖是服部正次。他肩上的担子并不轻。"二战"后，日本百业萧条，物资匮乏，如何在这样一种条件下复兴精工舍，成了服部正次面临的重大挑战。

但是，有服部金太郎定下的调子，有"二战"前确立的发展战略，服部正次的复兴重任并不是在一片混沌中展开。很快，随着日本外部环境的好转，精工集团开始走出逆境。

到了60年代初，精工推出的"马贝尔"手表在国内钟表精确度竞赛中连续3年夺标，成为全日本最畅销的钟表之一。

在国内市场获得的巨大成功使精工集团信心倍增，开始积极开拓海外市场，向老牌钟表王国瑞士挑战。

一个重要的契机就是1964年的奥运会在日本东京举办。

这条消息是在1960年公布的。消息传出后，精工集团精神振奋，决心借机向瑞士名表"欧米茄"发起挑战。

欧米茄是享誉世界的老牌瑞士钟表，曾创下17次独占奥运会计时权的记录。凭着以往的权威和自信，欧米茄是绝对不会放弃这项特权的。但是，这次他遇上了硬手。

东洋的钟表霸主要向世界的钟表霸主挑战，这将是世界钟表史上一次惊心动魄的角逐。最后鹿死谁手，绝不是单单靠技艺或者口碑决定的，而是综合能力的较量，其中最基础，也最关键的一点，就是情报力的较量。

为了摸清竞争对手的各种情况，1960年罗马奥运会的时候，精工集团秘密组成了一支干练的考察队伍奔赴罗马。他们在那里大开眼界，发现奥运会简直是欧米茄产品的博览会。各类项目几乎都是在欧米茄的指针下决出胜负的。

这更加增强了精工集团问鼎世界钟表霸主宝座的决心。

时间不是很长，精工集团的情报人员就收获了一条重要情报：所有欧米茄的计时装置，几乎都是机械钟表，而石英表仅有几部。而当时的精工集团已成功地开发出能赶上瑞士的超常精确度机械表，并且受到国际好评。

由这条情报所得出的结论给了精工集团极大的信心——欧米茄并不可怕，精工集团完全有能力与之一较高低。

接下来的4年，精工集团抽调20名技术精英组成了计时装置开发组，宗旨本着"制造比罗马奥运会还要先进的计时装置"，目标是在4年后的东京奥运会上取代欧米茄。

一边是技术攻关小组的不懈努力，一边是精工集团无敌情报系统的高效运转。

精工高层通过对全球钟表行业情报的战略把握，认为不仅腕表是趋势，石英表也必将引发一场钟表行业的革命。于是，他们加大了对石英表升级的力度。

结果，技术小组不负众望，率先研制成功一部世界级的最新产品——石英表951四型机。它重量为3千克，平均日差0.2秒，裁判可以用一只手轻松地携带。使用两节干电池可以使用一年，同先前大如一部小型卡车的石英表相比，这确实是一大进步。

为了抢占先机，精工集团请国际奥运会评审团来参观考察。国际奥委会看过951四型机的性能后，留下了异常深刻的印象。

精工集团趁热打铁，提交了一份正式文件给奥委会：精工集团希望提供东京奥运会的跑表、大钟、精密计时器等设备，得到国际奥委会的答复是：请全面协助。

至此，精工集团战胜欧米茄，取得了奥运会计时权。

这对欧米茄以及瑞士钟表业无疑是个沉重的打击，但仅仅是个打击而已，并没有遭遇彻底失败。就在精工集团沉浸在胜利的喜悦中的时候，瑞士钟表业界决定开始反击。

瑞士的纽沙蒂尔天文台每年都要举行一次钟表计时大赛，目的在于提高瑞士钟表业的技术水平，扩大瑞士表在世界范围内的声誉。这可是钟表行业的一次盛会。

1963年，精工表获得了参赛资格。虽然精工集团在奥运会上战胜了欧米茄，大展风采，可是那毕竟是天时地利的结果（东京是奥运会的举办城市，日本是东道主，当然有一定的先天优势），可在接下来的1965、1966两个年度的纽沙蒂尔大赛上，精工都铩羽而归，输给了不可一世的欧米茄。

但是，精工并没有沮丧，因为纽沙蒂尔钟表大赛不仅是一个比赛学习的好机会，更是一个获得大量有价值的情报的好机会。鉴于石英表的绝佳表现和良好反响，精工决定让自己的石英表也加入下一届即1967年的钟表大赛。

1967年，惊天逆转的机会终于来临。

这个赛事规定的检查时间是45天，可45天过去了，组委会还不肯公布结果。直到1968年初，精工集团才收到一封赛事组委会的信函：本年度将不公布名次，从下年开始停止比赛。

这是为什么？瑞士组委会并没给出任何解释。

尘封多少年以后，我们才从历史资料中找到原因。1967年的比赛结果：石英表方面，精工独占前五名；机械表方面名列第四、五、七、八。

这样的排名足以说明精工孜孜不倦的努力获得了巨大的成功，也说明了瑞士停止百年赛事（纽沙蒂尔计时大赛创办于1860年）的心虚和无奈。

有了新的高峰和起点，精工开始不断挑战瑞士钟表业，创下了一个又一个的辉煌战绩。

1969年，精工将世界首创的石英电子表投放世界市场，随即又推出显示式电子表。尔后，又推出了多功能手表、电池式晶体管钟、长时间运行的钟表等。新产品层出不穷，价格节节下降，石英电子表开始普及。

在海外市场上，精工表竞争力大增，占领了广阔的市场，瑞士手表处于被动地位。

1974年，服部谦太郎出任精工集团第四任总裁。电子表的出现引发了新的竞争，大企业利用自己的技术优势，纷纷投产电子表。

经过一番审时度势，精工开始了新的战略攻势，推行"密集型"和"多样化"的发展战略，使非钟表产品营业额占精工总营业额的1/5以上。

1980年，精工集团又收购了瑞士排名第二的珍妮·拉萨尔公司，这个公司专门制作高级手表。精工因此开始生产以黄金、钻石为主要材料的豪华型"精工·拉萨尔"手表，并投放市场。

精工的精湛技术延伸到其他领域，同样也取得了成功。

日本照相机半数以上的快门出自精工；与IBM个人电脑兼容的爱普生打印机，便是精工所属的爱普生公司的产品；东京银座地区还有一家很优雅的精工所属的珠宝店；而瑞士却一点一点地丧失版图，最终跌落尘埃，一蹶不振。

时光走到了1982年，瑞士手表产量下降到每年5300多万块；出口量从8200万块跌落到3100万块，销售总额退居日本、中国香港之后，屈居世界第三位。1982年和1983年，瑞士手表两年累计亏损竟达54亿瑞士法郎，瑞士境内有1/3的钟表工厂倒闭，数以千计的小钟表公司宣布停业，有一半以上的钟表工人加入到了失业的队伍中……

瑞士钟表王国的地位"一去不复返"。瑞士为自己的骄傲、保守和漠视付出了惨痛的代价。

瑞士钟表业的兴衰告诫我们：变幻莫测的市场是竞争厂商平等的竞技场。只有不断加强企业的情报力，把情报当成重中之重的工作来做，时刻提高警惕，才能保持竞争优势；否则，光环易碎，荣耀不可凭恃。

胜利必定属于情报力量更加强大的一方。

当然，日本并非仅仅在钟表业重视情报，而是在各行各业都重视情报，从本土到海外业务都重视情报，最终实现日本国的强盛。

大国的缺失：虚弱的中国情报软实力

中国起点并不低

如今，中国的情报力与日本相比，悬殊较大，这是中国人不愿意承认却又不得不承认的事实。但是，要知道中国情报力的起点并不低，反而相当高。

同样是在珍珠港事件中，中国的谍报人员便有不俗的表现，至少不比吉川猛夫差。比如，一位号称"中国007"的中国谍报员、国民党中央调查统计局的池步洲。

1937年，七七事变爆发。池步洲出于一片爱国热忱，携妻带子毅然回国参加抗战。他原来学的是机电专业，回国以后，通过朋友介绍被国民政府派到中央调查统计局机密二股工作，任务是破译日军密码。

1938年6月，池步洲奉命到汉口"日帝陆军密电研究组"。这个机构既不属军统，也不属中统，而是直属国民党中央军事委员会，是蒋介石的秘密咨询机关，由蒋介石的内弟毛庆祥任组长，原交通部电政司的霍实子任主任，后来又把李直峰调来当副主任。这个李直峰也是个厉害人物，他的身份是中共地下党。

在研究组待了一年多，池步洲报国心切，便转到国民党中央电台国际台担任日语广播的撰稿和播音，同妻子一道进行抗日反战宣传。后来，何应钦调他到军政部无线电台做破译日军密电码的工作。

日本军队的密电码很难破译，但池步洲决心找到突破口。最后他把目光锁定在日军使用数量最多的英文密电码上。

功夫不负有心人。由于池步洲精通日语，很快他便掌握了一些破译的方法。他在不到一个月的时间里，就把日本外务省发到世界各地的几百封密电一一破译了出来。

1941年12月7日，日军不宣而战，偷袭了珍珠港，迫使美参众两院迅速通过了对日宣战，从此拉开了太平洋战争的历史帷幕。其实，美国罗斯福总统事先已收到了情报。有人密告他，中国破译了日军的密电码，说日本可能在珍珠港发动袭击。

可是，罗斯福不相信中国的特工有这么大的本事，于是就没做任何防范，结果珍珠港的美军基地遭受重大损失。

破译日军密电码的中国特工就是池步洲。

从1941年5月起，池步洲通过破译日本的密电发现，日本外务省与其驻檀香山总领事馆之间的密电突然增多，尤其是大量的军事情报来往传递。

这个时间点正跟吉川猛夫开始他的檀香山任务相吻合。吉川猛夫在檀香山大显奇能，中国的池步洲在重庆两路口的民房里也毫不示弱。

1941年12月3日，池步洲截获了一份由日本外务省发给驻美大使野村的一份特级密电，主要内容如下：一、立即烧毁各种密码本，只留一种普通密码本，同时烧毁一切机密文件；二、尽可能通知有关存款人将存款转移到中立国家银行；三、帝国政府决定按照御前会议决议采取断然行动。

池步洲判断这封密电就是日美开战的信号，然后他做出了自己的估计：时间可能在星期天，地点可能在珍珠港。他把译出的电文交给组长霍实子。霍实子极为认可，当即提笔签署意见，附议了池步洲的判断，并将密电译文跑步送交毛庆祥。毛庆祥阅后立即亲送蒋介石，蒋介石也立即将密电内容通知美国驻重庆使节。后面的事情大家都知晓。

值得一提的是，池步洲后来又破译了日本海军司令山本五十六出巡的密报，致使山本五十六在飞行途中遭遇了美军穷追不舍，最终飞机坠毁，山本死于空难。

池步洲的传奇故事证明，中国情报人员的高超能力不输于日本。

抗日战争结束后，中国开始了内战。共产党凭借更加高超的谍报能力，上演了一出又一出精彩的谍报好戏。包括前文所说，中共地下党员李直峰成功打入国民党中央军委谍报系统的核心，如后来的重庆谈判，北平的和平解放等，都印证了共产党的谍报能力十分强悍。

可惜的是，这种政治军事上超强的谍报能力并没有像日本那样成功地移植或复制到经济领域。这是大国的一种缺失，优秀传统的一种断裂。而且，现在已经出现了恶果，弥补起来十分困难。

但是，要想中国经济做到真正强大，情报的缺失必须弥补过来，否则，总量上的膨胀永远填补不了因情报力缺乏而导致的内在虚弱。

情报力，是国家软实力的重要体现

中华人民共和国建立后，中国经济大致经历了四个阶段：计划经济，商品经济，市场经济，法制经济。每个阶段之间的界限并非泾渭分明，甚至同一个时期存在两种不同经济阶段的特色。

计划经济体制下，国家在生产、资源分配以及产品消费各方面，都是由政府事先进行计划。由于几乎所有计划经济体制都依赖政府的指令性计划，因此计划经济也被称为"指令性经济"。

商品经济，包括商品生产和商品交换。当商品经济不断发展，商品之间的交换主要由市场调配时，这种社会化由市场进行资源调配的商品经济就是市场经济。市场经济是商品经济发展的高级阶段。

市场经济体制是一种经济体系。在这种体系下，产品和服务的生产及销售完全由自由市场的价格机制引导，而不是像计划经济一般由国家引导。

法制经济，是国家通过经济立法和经济司法活动来规范各类经济活动主体的行为，限制各种非正当的经济活动，使国民经济正常运行。

从严格意义上来讲，商品经济、市场经济、法制经济都属于广义的市场经济范畴，商品经济是市场经济的初级阶段，法制经济是市场经济的题中之义和必然要求。因此，它们之间的区分并不很明显。

当然，不同的阶段对情报的要求不一样。

计划经济时代，可以说是不需要情报的时代，一切经济活动都由政府计划安排，不存在企业与企业之间的竞争。因此，商业情报几乎销声匿迹。

改革开放以后，中国经济开始奋起直追。有识的中国企业家开始回首来路，惊诧地发现建国30多年来，中国企业的情报工作几乎一片空白。

即便是最近一段时期，中国企业的情报力依然很弱。中航油亏损事件就是一个典型的失败案例，曾一时震动了中国经济界。

据2004年的数据显示，中航油在海外石油贸易和期货市场交易的博弈中，损失了5.5亿美元。而日本的三井物产则是中航油亏损事件的幕后黑手。这好比四个人打牌，一个是庄家三井物产，一个是庄家控股的银行三井住友银行，一个是参股三井的美国高盛公司，三个人是利益结合体，共同对付最后一个来打牌的中航油。

开牌以后，中航油欠火候，几轮下来只是输。无奈之下，只好管三井住友银行借钱；而高盛公司趁机通过其在新加坡的子公司"阿尔龙"向赌徒"中航油"提供财务管理和期货交易咨询。

这样的牌局还能玩吗？

后来，三井物产联合另外两家做了一个局。三井物产拥有全球的贸易和情报网络，加上财团另一成员"商船三井"掌握的全球货运订单情报，可以轻易判定石油价格将持续上涨，提前买下大量订单。

结果"中航油"不断从"三井住友银行"借钱，然后按照"高盛公司"的意见投入赌局。这样一来，三井物产就可以赚到大把的银子。最后，中航油输光了银子，欠了庄家三井财团的债。

这势必引起严重的后果。如果中航油实在还不起债,就得把股份折价抵给三井物产。这样,三井和高盛就成了中航油的董事,从中航油在中国的超级垄断中分享利润。

同样有害的是,对于中国在国际石油市场的重大行动,三井财团会更容易捕获到有价值的情报,这对把握石油市场变化和控制贸易风险带来了更多的好处。

三井做局,一箭双雕。中航油成了冤大头。

在这场中航油的败局中,又出现了日本综合商社的影子,这种现象值得我们关注。中航油和三井财团之间的较量,实际上又是一场情报力的较量。

综合商社拥有无与伦比的情报优势,再加上财团企业的配合,对于孤军奋战的中航油来说,犹如羊入虎口。

以管窥豹。中航油事件从侧面说明了一个道理:情报力是一个国家软实力的重要体现。没有情报力,国家的软实力就不完备,经济发展就会缺乏持久的动力和强有力的智库支持。因此,如何建设情报软实力成为中国的当务之急。

随着中国经济与世界接轨,中国加入WTO,越来越多的中国企业认识到情报的重要作用,但是跟日本那种全民的情报意识比起来,还相差很远。这一切,或许与中国市场化竞争程度不高有关。当然,也与整个宏观层面对情报重视不够有关。

最近几年,伴随着国外情报理论的引入和研究,中国开始了情报实践。许多企业开始重视情报工作,有的还建立了竞争情报网络系统。

第二章
各领风骚：
卓越情报成就无双传奇

Magic code of successful enterprise in the mobile internet age

INTELLIGENCE WAR

Facebook何以横空出世，上演社交网络的绝世神话？
乔布斯被世人所津津乐道的创新精神之源泉存于何处？
IBM为何成功跨入"智慧地球"战略而成为国家级蓝色巨人？
微软如何成为IT霸主常青树？
肯德基、麦当劳如何上演伯仲情报对决战？
海尔成就全球白色家电之王的密钥是什么？

Facebook：社交网络公司上演IPO神话

成功密码：用户是天然同盟

毫无疑问，Facebook是互联时代的佼佼者。

Facebook的理念是：让人与人之间的交流变得更加简单、快捷，让朋友之间的沟通变得更加频繁、密切，让缤纷的世界和社会变得更加开放、真实。难道这不是人类所苦苦追求的吗？

显然，这就是人类的终极情报。

扎克伯格的理念道出了互联网时代的本质，正是在这种理念的引导下，这位互联网时代的英雄开始超越互联网时代本身，向更高更强的层次迈进。

事实是最好的证明。

在从互联网时代向移动互联时代升级的过程中，涌现出了一个又一个强大的网络公司，如Google、微软及与Facebook类似的MySpace社交平台等，但是结局呢？

唯有年仅7岁的Facebook将这些IT宿将远远丢在了后面。

这不由地让世人诧异，并希望能够探寻究竟。

时代是属于每一个人的，世界上的任何个体都面临着时代要求转型的问题，成败姑且不论，但趋势是明显的，移动互联时代的到来也成共识。

在此共识之下，如何将对手甩到后边，而独领风骚？

美国著名杂志《时代》主编查德·斯滕格尔曾经说过：Facebook创建了一种信息交换的新体系，它让人觉得不可或缺，并用新鲜甚至乐观的方式改变了我们所有人的生活方式。甚至连中国海尔的领航人张瑞敏也曾经不止一次地惊叹：Facebook是创造需求，而其同行或者对手则是满足需求。

原来，消费者情报也分级别。

低级的消费者情报出发点是满足消费者需求，这已经是很不简单了，试问有几家公司能做到充分立足于消费者的需求呢？

消费者情报的更高境界，是创造消费者需求，就是乔布斯做过的和扎克伯格正在做的事。

扎克伯格这样看待Facebook与其他网站的区别：很多公司经营的网站都声称立足于社交网络，他们的网站大同小异，提供的都是约会地点、媒体信息集萃，或者交流社区类似的信息，但是Facebook旨在帮助人们理解这个世界。

理解这个世界？

这可是出自一个二十几岁的毛头小伙之口呀！那么，如何理解去理解世界？这似乎又是一个深邃的哲学问题。

有人会说，这有什么呀？我们无时无刻不在通过互联网了解这世界。

可是，我们了解的世界是真实的吗？

正是这句话，创造了消费者的一种新需求，不再像以前那样满足于互联网的平等和隐匿——大家互不认识，完全处于一种虚拟的状态中，而是开创一种全新开放的透明网络社区模式，在这种模式下，消费者可以避免那些不良信息的骚扰，寻找到虚拟世界与现实的高度对接。

从互联网兴起之时，人们在虚拟世界遨游之际，就开始不满足于虚拟世界的生活，并苦苦地寻求虚拟世界与现实世界的高度对接。

这也是Facebook理解这两个世界的真实含义。

当然，任何事物都有两面性，如同一把双刃剑。

Facebook在创造一个新需求的同时，也创造了一个新风险。既然要实现虚拟世界与现实世界的高度对接，那么实名制就是必要的了。而实名制的推广引起了消费者对于个人隐私泄露、个人信息安全的普遍担忧。

当然，扎克伯格注意到了这个新的风险，他也敏锐地捕捉到这一条极其重要的消费者情报。

于是，Facebook采取了完善的信息保护机制，即通过成立"安全顾问委员会"，一方面推行安全信息教育，一方面开发安全信息工具，不让信息泛滥成灾，保证了用户的隐私权的安然无恙。

此外，Facebook还有一个娴熟运用消费者情报的例子：由于互联网把地球变得越来越小，加上交通便利，使得旅行成为人们生活中必不可少的活动之一。有些活跃的旅行者就非常愿意将自己的行程与见闻写成博客，发到网上，跟网友分享。

针对这样的情报，Facebook推出一个新功能：旅行者可以将他们的旅游经历应用在Timelines上，从而和自己的好友分享旅行梦想和体验。

这种尝试引起很好的反响，于是Facebook又将范围扩大到音乐、新闻、美食、购物和时尚、健身和娱乐等领域。

这样一来，一些知名品牌可以通过这个平台推广自己，又提升了Facebook的关注度，消费者觉得这样很新鲜和富有吸引力。

就是依靠这样的细心和细节，扎克伯格实现了Facebook真正的目的：牢牢粘住消费者！

超越技术

互联网时代，技术第一。谁掌握了技术，谁就能在竞争中占据优势。但是，随着移动互联时代的来临，技术优势不再能占据先机。因为经过优胜劣汰的机制，技术落伍的公司已经被淘汰，剩下的都是技术层次相近或相似的公司。在技术处于公平态势的情况下展开竞争，胜负必定决定于新的因素。

那么，什么是新的因素？又如何找到这个新的因素？

当然，解决这些问题，需要很高的能力。显然，扎克伯格做到了对这一情报精髓的充分理解和把握。

Facebook在与Google的竞争中成功地找到了新的领域——人。它放弃技术层面的较量，转而关注人类更迫切的需求，是Facebook能够胜出的关键因素。

移动互联时代，显然不是Facebook独占鳌头的时代，也必然面临竞争。那么，我们看看Facebook的竞争者情报。

在Google领航的时代，一个输入框就能满足用户的需求。这是对传统媒体游戏规则的一种质的突破。

在传统模式下，用户需要在网页上甄选自己感兴趣的内容；而现在只需在Google的输入框里输入关键字，就可以让用户搜索到所有符合要求的链接。

然而，Google可以通过算法排序，将内容进行"搜索引擎优化"处理，进而影响用户的判断力。但即便是这样，Google并不能彻底绑架用户。因为就算是有了优先顺序，但链接是海量的，用户并不总会相信排在最前面的几个。

这就为Facebook颠覆Google模式，提供了契机。

Facebook通过研究竞争者的情报，抓住了Google的软肋，提出了自己的构想。

针对于Google的优先排序，Facebook实行了自己的模式——圈子模式。就像曾经一度风靡的六度空间理论一样，通过每个人的真名实姓地上网，链接到熟人圈子，然后通过熟人再找熟人，共同发起话题或者分享知识和观点。

由此，它建立起了一个空前有影响力的圈子。

如果说，Google的优先排序是"政府集权"的话，那么Facebook的"圈子"就把权力下放到"人民"手中。

"人"既然得到"解放"，人的高级需求得到满足，反过来是不是会更加增长Facebook的影响力呢？答案是肯定的。显然，Google要略逊风骚了。其实，这样的较量早就展开了。

为了适应移动互联的趋势，Google推出了OpenSocial人际网络，目的在于建设更开放的社区与社区之间的关联。可以说，这样的尝试很是先知先觉，但是进展非常缓慢，这就给Facebook提供了反制的机会。

相比之下，Facebook更加关注人类需求本身，而不是刻意地去帮助人建立哪种架构的未来社区。Google更看重人对应用的需要，更偏重于技术层面，妄图打造一个数字帝国，结果步入歧途。

费尽周折，局面竟然呈现出一种戏剧化的形态：微软只是占领了电脑，Google只是占有信息和应用，而Facebook最大程度地占有了人。

是追求更先进的技术来满足人，还是通过现有技术来满足人类更高层次的需要？这可是个大问题。这也同样是Facebook与Google的最大区别。

不可否认，Google拥有最强大的技术，它的数据库以及计算能力都是非常优秀的，但Facebook则拥有迁移现实社会关系的一系列节点与路径——人与人之间的高级交互。

Google相信技术无往而不胜，用技术平台将人和海量信息联系起来；而Facebook将人重新放置在与现实高度对接的社交网络中，既顺应了趋势，又满足了人的要求。

Google也想关注人本身，可是拘泥于技术，无法跳出局限，不知道人的需求从哪里来；而Facebook则致力于在网络上还原有血有肉的社交生活。

Facebook这种基于情报而超越技术层次，关注人与人的网络关系，使其建立了一种崭新的价值观。这种价值观，必将成为其改变世界的力量。

商业模式的胜利

Facebook的成功，无疑是其商业模式的成功。当然，Facebook商业模式的成功，也是基于情报力的胜利。

商业模式中有五大要素：价值来源、价值载体、价值创造、价值传递和价值保护，这五大要素都离不开情报力的支撑。

价值来源是指消费者。消费者是企业利润的唯一来源。那么，消费者情报就是这唯一来源的重要保障。对消费者群体的界定和规模，以及需求和偏好……任何一项情报不到位，利润之源就将不保。

有一项调查显示：Facebook用户数量的年均增长率高达22%，目前已超过8亿用户，而且参与程度很高，平均每名用户每周停留时间为7.5小时，有超过57%的Facebook用户每天登录该社交网站。

可见，Facebook活跃用户遍及全球，这个起初以在校大学生为主要客户群的网站，如今已经囊括所有年龄段的用户，是个名副其实的商业帝国。

价值载体，是根据消费者需求而设的，既要为消费者创造价值，又要为公司创造利润。

Facebook是不收费的，只通过广告来赚钱。除此之外，还通过一些虚拟货币和网络游戏来盈利，据说以后还有开展电子商务的打算。

无论如何，做好消费者情报，把消费者牢牢抓在手里，盈利不是一件很难的事。

价值创造，体现在公司的各个环节，包括组织与机制、技术与装备、生产运作、资本运作、供应与物流、信息、人力资源等。因此，对情报的需求量极大。

根据消费群体的分类情报，最开始面向校园，实行实名制登记；后来中心化，针对不同类别的消费者，进行不同的封闭式设计；现在开放平台，推出多款Web小游戏，使消费群体迅速扩大。每一次提升，每一次扩展，都离不开对消费者需求情报的充分研究。

价值传递，是针对公司的渠道情报而言的，是指企业怎样才能把产品和服务传递给目标客户的分销和传播活动。

Facebook建立的平台，既是一个开放平台，又是一个创造利润的平台。它直接通过平台进行价值传递来赢得利润。

仅举一例即可证明。在Facebook上开发广告应用的BuddyMedia，2009年的收入预期将达到数千万美元；休闲游戏开发商Zynga，通过在Facebook销售虚拟道具，利润过亿。

当然，拥有如此巨大盈利能力的Facebook平台，又进一步提升了其关注度，并由此成为投资者眼中的明星，也成就了Facebook的不凡。

价值保护，是为了以防竞争对手掠夺自己的消费者。公司必须建立竞争情报体系，保护包括建立行业标准、控制价值链、领导地位、独特的企业文化、良好的客户关系、品牌、版权、专利等在内的利益不受侵犯。

苹果帝国：情报第一，创新第二

敏锐的鹰

2011年10月5日，苹果帝国的缔造人史蒂夫·乔布斯与世长辞。与此同时，乔布斯走上了神坛。全世界对"乔帮主"赞叹有加，甚至推崇至极，掀起了经久不衰的乔布斯之热。

乔布斯的神话跟一个词汇永远地连接在了一起，那就是世人皆知的"创新"。

难道创新就能够塑造一个苹果帝国吗？

试问：Google和微软等很多优秀的科技公司，在技术上的创新就比苹果差吗？公允地说，虽不能强过苹果，至少可以跟苹果旗鼓相当。但是，为什么偏偏苹果超越了他们，而非他们超越了苹果？这个问题值得我们深思。

是的，一家IT企业能够掌握的独门武器并不多。在技术水平相似或同质化的今天，创造一个如日中天的帝国，需要有比技术更为重要的东西，这就是情报力！

纵观苹果帝国崛起的历史，和乔布斯创造无与伦比的辉煌，我们竟然得出一个十分惊人的结论：情报第一，创新第二！

正是二者的相辅相成，才造就了一个空前绝后的神话帝国。

乔布斯像一只翱翔天际的雄鹰，胸怀宽广，眼界开阔。更让他无敌的是他拥有雄鹰一般敏锐的视觉和嗅觉，那就是对时代脉搏的把握，对情报的敏感。

或许，我们通过回顾"乔帮主"的成长路径，能够窥视一斑。

9岁的时候，乔布斯一家人搬到旧金山市区附近的山景城，离举世闻名的硅谷近在咫尺。乔布斯一生的传奇都跟硅谷有着牵连。几个月后，乔布斯一家又搬到了惠普公司总部附近。

13岁那年，乔布斯进入惠普总部实习，是惠普公司有史以来最年轻的实习生。乔布斯后来说，那年夏天他从惠普学到了很多东西。

高中毕业后，乔布斯进入里德大学。可是，他跟比尔·盖茨一样，没上多久就退学了。

在参加的"自制电脑俱乐部"组织的一次聚会上，他遇到了曾经谋过一面的沃兹尼亚克，两人一拍即合，打算制造一台个人电脑。乔布斯这么决定绝非突发奇想，而是经过深思熟虑的。毫不夸张地说，他的情报思维非常发达。

当乔布斯在惠普实习的时候，就根据零星的情报拼凑，判断出个人电脑必将成为未来的趋势。

当他遇到比自己技术水平更高的沃兹尼亚克后，这种想法更加清晰了，而且，他把握到将想法变为现实并从中获取利益的现实机会。这种建立在专业角度的构想，其实就是一种情报思维。

首先，它要对计算机行业进行分析，然后对可行性进行分析，还要对未来的市场进行预测。如果乔布斯没有敏感的情报思维，他跟沃兹尼亚克也不能走到一起，更不可能诞生苹果。

1975年，在二人的努力下，世界上第一台真正意义上的个人电脑被制作出来。随后，苹果公司诞生了。

当时，第一代苹果电脑APPLE Ⅰ生产了50台，很快销售一空。这笔生意为苹果公司赚得第一桶金——8000美元。1977年，苹果公司推出APPLE Ⅱ时，苹果电脑已经成为个人电脑领域最耀眼的明星。

APPLE Ⅱ创造了很多世界纪录：历史上第一部销售过百万的个人电脑；1982年《时代》周刊年度人物评选竟然是一台个人电脑，就是拜苹果电脑的巨大影响所赐……从1977年面世到1993年停产，APPLE Ⅱ成为苹果公司最大的收入来源。

在这个过程中，沃兹尼亚克是技术方面的核心，乔布斯则是情报方面的核心。苹果个人电脑的成功，离不开过硬的技术支持，更离不开乔布斯对整体行业发展趋势、竞争态势、消费者需求等情报的充分把握。趋势是最为基础的情报，苹果赢在先机。

没有乔布斯的苹果：裹足泥潭

"你究竟是想一辈子卖糖水呢，还是想抓住改变整个世界的机会？"

这是1983年节乔布斯为了说服斯卡利离开百事加入苹果时说的一句话。

就是这么简单的一句话，足以证明乔布斯非凡的情报力。他洞察了整个世界的发展趋势。

言犹在耳。两年后，乔布斯被斯卡利驱逐出苹果。然而，乔布斯的放逐，对苹果公司来说犹如断臂之鹰。

乔布斯赖以成功的情报力并没有在斯卡利身上得到复制。斯卡利虽久经商海，但在行业和消费者情报的把握上，却相对有些弱。这一点，我们可以从斯卡利跟微软的情报较量中得到证明。

为了让微软为苹果开发一种软件，斯卡利曾找到盖茨。盖茨爽快地答应了，但提了一个条件：苹果要允许微软使用一部分自己的图形界面技术。斯卡利毫不犹豫地就答应了。

谁也没有想到，正是苹果的图形界面技术造就了微软图形化的操作系统——Windows，并为未来埋下了10年诉讼的祸根。

斯卡利的不假思索，透露出他根本不具备情报思维，对当时行业态势和未来的技术走势没有客观地把握。

同时，加上斯卡利对消费者的需求不够了解，不能像乔布斯那样创造性地发掘消费者的需求，导致斯卡利主政时苹果的产品缺乏市场吸引力，使公司深陷危机，裹足泥潭。

1988年，苹果将微软告上法庭，双方开始了长达近10年的诉讼。

在法庭上，盖茨指出："苹果的窗口式图形界面也是抄施乐公司的。凭什么你能破窗而去施乐拿东西，我不可以从大门走到你那里去拿东西呢？"

最后，法庭还是以"Windows和苹果的操作系统虽然长得像，但不是一个东西"为由，驳回了苹果的诉讼请求。

斯卡利执掌苹果的10年，对于苹果来说是失落的10年，苹果与微软在硅谷的态势发生逆转，微软完胜，而苹果却到了悬崖边上。

相比之下，乔布斯在放逐期间，其敏锐的情报力和情报思维再次大显身手，同样取得了令人瞩目的成就。

他敏锐地捕捉到新技术对于动画电影领域的革命性应用。对计算机图形处理技术情报的潜心研究，乔布斯发掘到了可以创造辉煌的新领域——动画片。

在他看来，计算机图形技术是对旧有动画片的一种颠覆和革新。

凭借着敏锐的情报分析力，乔布斯收购了皮克萨动画工作室，开始了他的玩票生涯。

结果同样很精彩，他所出品的《玩具总动员》成为电影史上大卖之作。

王者归来

1996年，转机悄然来临。

这一年，是苹果诞生20周年的日子。库比提诺的苹果总部前热闹非凡。人们惊奇地发现了两个熟悉的身影：史蒂夫·乔布斯和史蒂夫·沃兹尼亚克。

乔布斯依然故我，在台上口若悬河地向人们宣扬着各种奇思妙想。

这是一种信号，也是一种转机——乔布斯要强势回归！

然而，残酷的事实是，当时苹果在个人电脑的市场份额已跌至8%以下。

如何在这种颓败的情况下将苹果公司起死回生？这是摆在乔布斯面前的重大课题。

可是，乔布斯没有被吓倒，甚至连退缩都没有。

他冷静下来，全面分析了苹果公司各个层面上的情报，最后得出一个结论：公司虽然处在险境，但其象征着未来科技和时尚理念的高端品牌还没倒，而这将成为复兴苹果公司的重要支撑。

乔布斯开始改变策略。以前他紧盯行业情报和竞争者情报，现在，他开始目光转向消费者。在他看来，只有消费者才能拯救苹果。

乔布斯所能做的，就是从灵魂深处打动消费者，让他们心甘情愿地买苹果的产品。这么做的前提就是他必须精准把握消费者情报。既然技术创新的路子走不通，突破口聚焦在消费者的全新体验上。

这绝不是否认技术创新不重要，而是说不要纯粹地为技术而技术。

乔布斯重掌苹果公司后，做的最重要的一件事就将技术统一到情报的指挥之下，从消费者那里获得原动力。

消费者需要什么？消费者在使用这些产品的时候有什么问题？

就拿手机来说。

苹果在手机行业没有什么技术基础，但这并不成问题，因为对于手机来讲，最核心的问题不是通信技术，而是消费者在用手机时碰到的问题，即手机消费者情报。

例如，他们想通过手机上网，进行无线互联网体验；除了电话和发短信，手机还有很多功能，但是我们不知道怎么用。有时恨不得把手机砸掉，因为用户体验很差。

乔布斯将这些情报吸收处理，对消费者潜在需求进行充分的潜心研习，并通过技术创造了适合消费者需求的产品。于是，iPhone诞生了。

iPhone的界面设计，从本质上改变了以技术为导向的成功模式。它在用户体验上做到了极致。

如此，苹果才有了"手机帝国"的卫冕。

情报第一，创新第二。唯有建立在精确情报基础上的技术创新，才会有真正的价值与魅力。

乔布斯VS比尔·盖茨

乔布斯与比尔·盖茨，无疑都是对世界具有重要影响的两个人物。

他们之间惺惺相惜，既是竞争对手，又是合作伙伴。不过，既然是竞争对手，就免不了在情报领域过招。

他们之间的第一次情报过招发生在20世纪80年代初。

1981年，乔布斯决定按计划推出"麦金塔"电脑，但相关的软件还没有实质性的开发。他决定让微软公司帮助"麦金塔"电脑开发软件。

在此之前，乔布斯对微软做了比较充分的情报分析。

当时微软公司已经很成功了，但跟苹果还不是一个级别，处于赶超阶段。微软公司最重要的产品就是基本程序语言，最成功的运用平台是苹果公司的APPLE Ⅱ。当APPLE Ⅱ成为主流电脑品牌的时候，微软公司的利润开始迅速增加。

对于盖茨个人的情报，乔布斯得出的结论是：盖茨善于冒险，推崇那些打破常规的理念。乔布斯分析认为这是对自己有利的地方。于是，乔布斯找到比尔·盖茨，大力宣扬合作的必要性。然而，在对行业前景和消费者情报的把握上，两人出现严重分歧。

乔布斯敏锐地洞察到个人电脑将成为计算机行业的主流趋势，而盖茨却强烈反对开发个人电脑，认为电脑不过是实用性的商业机器，不可能像乔布斯说的那样人们将争相购买。

乔布斯为了增强说服力，建议盖茨到苹果公司位于库比提诺的工程实验室去参观那些让人惊叹不已的新型电脑。微软公司果然派员去参观，回来后由衷感叹苹果公司果真与众不同。

盖茨迅速改变态度，决心跟乔布斯合作，帮苹果设计电脑开发软件。

可以看出，在第一回合的情报竞赛中，盖茨先输一招。幸亏及时弥补，才避免了"诺基亚"式的败局。

1997年，乔布斯重掌苹果后，再次跟盖茨情报过招。然而，这次强弱易势，早已不是以前的光景。

乔布斯比任何人都更了解苹果的内部治理情报和宏观大势：天地翻覆，微软正在其时，而苹果没落。没有微软的支持，苹果要想在微软称霸的电子世界里有所发展，就只是一句空话。

有鉴于此，乔布斯的策略让世人大吃了一惊。

当别人以为他会继续跟盖茨剑拔弩张的时候，他却宣布了一条令整个业界震惊不已的消息：苹果将接受竞争对手微软的1.5亿美元投资。

1997年8月，微软宣布购买苹果价值1.5亿美元的股票，并成立Macintosh软件部，继续为Macintosh平台开发Office软件。

这说明，第二次过招促成了苹果与微软的强强联合。这种局面无疑让苹果松了一口气。

苹果可以从微软手中获得资金援助，这就解决了苹果陷入困境的资金难题。作为回报，微软可持有苹果部分不具投票权的股份。此外，微软还可向苹果Mac机用户提供Office办公套件支持。

要是考虑到若干年后苹果的惊天市值，微软一定为当初的决策感到欣慰；但是，微软资助竞争对手无疑是养虎为患，估计盖茨也笑不出来。

乔布斯与盖茨过招，第一次看到了大量的正面情报，第二次则是负面情报，其间还夹杂着许多中性情报，然而两次他都稍胜一筹。可见，情报并无立场。

正面情报很可能是机会价值情报，但同时也可能是风险情报。因为你抓不住机会，就可能带来风险；就算是在抓住机会的同时，依然会带来相应的风险。

同时，对于A企业是正面的情报，可能对于竞争对手的B企业就是负面情报。

负面情报虽然表面上看是负面的，不会带来机会价值；但是如果正视这类情报，往往能够避免风险。

尤其是行业类负面情报，对于整个行业都是负面和风险，但是如果能及早识别和评估，就可能提早预见危机风险，避免或减少因此造成的损失。

中性情报，不同的视角将获得不同的价值，重视并能够合理的利用，就能够获得机会价值；相反，熟视无睹则可能丧失机会价值。可见，情报本身并不带有任何色彩或主张，关键取决于发现它的人所采取的态度、措施以及方法。

IBM：无敌情报跨越物联网时代

基于情报，转型成就伟业

2011年是IBM的百年华诞，拥有百年历史的IBM铸就了无与伦比的辉煌：

2010年全年营收999亿美元，净收入148亿美元，并拥有163亿美元现金流；连续3年获得全球最具价值品牌第二名；创新能力一流，2010年获得5896项专利，连续18年名列世界第一。

回顾IBM的历史，有如在动人心魄的梦幻里穿梭，让人惊叹之余不免深思：为什么一个以制表技术起家的小公司，能够逐渐成长为一家具有世界影响力的伟大企业？

IBM之所以伟大，得益于它的3次成功转型。

第一次转型发生在20世纪前期。

20世纪初，所谓的计算机都依赖机械运行方式，就像钟表一样，尽管有个别产品开始引入电子学方面的内容，却都是从属于机械的，还没有进入计算机的灵魂：逻辑运算领域。

随着电子技术的飞速发展，计算机开始了由机械向电子时代的过渡，电子越来越成为计算机的主体，机械越来越成为从属，二者的地位发生了变化，计算机开始成为主流。

IBM对此宏观情报的把握，让它毫不踟蹰地走在了时代的前面。

1911年，IBM凭借穿孔卡片制表技术发明获得了第一项专利，公司借此与人口普查部门、铁道部门和零售商合作，帮助他们实现了计数和排序的优化。

此后，从第一个磁盘驱动器RAMAC，到最快的超级计算机BlueGene，再到公司在计算系统上下的最大赌注之一的System360，IBM花费了数十年心血来实现计算系统的转型。

第二次转型发生在20世纪中期。

20世纪60年代，计算机界面临着棘手的问题：计算机都不具有并行处理的能力，需要工作人员的扶助来完成任务之间的转换。

当时的计算机都是为客户制造专用计算机，每次升级之前，必须重新编写软件。

行业所面临的挑战其实就是一个十分有价值的情报，还有消费者所遭遇的麻烦，同样预示了IBM将迎来新的发展契机。

为了改变这个现状，IBM集结了几乎所有的资源充分发挥创造力，终于在1964年4月7日推出了编号为S/360大型机。

它实现了任务的并发执行，同时使得客户第一次能够在不必对软件和外设重新投资的情况下向上升级。

很快S/360就在企业应用和科学计算领域发挥了关键作用。

可以说，IBM掌握先机，将业务重心由计算系统转变到大型计算机的研制与开发，开创了计算机的大机时代。

第三次转型，是IBM一次更为华丽的转身。

2009年，IBM基于对整个互联网情报资讯的大量研究基础上，果断提出"智慧地球"战略。

移动互联时代的来临，是当今企业所面临的最有价值的宏观情报，谁忽视了时代情报，谁就会被时代无情抛弃。

IBM智慧地球战略的提出，使这家百年老店再次站到了信息技术行业的最前端，立刻得到美国各界的高度关注，并很快上升至美国的国家战略，同时在世界范围内引起轰动。

IBM就像一个弄潮儿，永远走在潮流的前头，成为潮流的引领者。

很多人片面地认为，IBM会永远走在技术创新的前列，是技术的弄潮儿。但是从IBM这三次转型来看，我们发现，对于IBM来讲，技术不过是情报指引下的创造活动。事实上，IBM是真正的情报智慧弄潮儿！

正是由于IBM洞悉大势，对世界计算技术的衍变和创新时刻关注，并投以巨大的研究力量，既能把握时代发展的脉络，又能依据情报占据技术发展的前沿，技术与情报的完美融合造就了IBM的蓝色辉煌。

有情报，逆境也能成长

在IBM逐渐成长为蓝色巨人的过程中，风险与危机也一直存在，并随时危及IBM的生存与发展。

IBM是一个产品导向的集权化大型企业。长期以来，IBM在品牌战略中过分强调以技术领导市场，而忽略了客户的真正需求。

20世纪80年代，IBM部分领导人武断地认为，PC不会成为计算机市场的主流，甚至嘲笑PC的拙劣功能，执意继续推广大型机的业务。

高傲自大的情绪已经蔓延到了IBM的所有领域，从产品开发到销售，直到售后服务，使得服务至上的IBM服务质量每况愈下，到处都有客户在抱怨市场服务人员的态度傲慢冷漠，还自以为是。

于是，就让IBM引以为豪的推销员们没有了往日的热情与周到。在人们的心目中，IBM逐渐演变成傲慢、冷漠的专制老大。

正是因为IBM忽视了消费者情报，以及整个计算机行业的微妙变化，使得IBM陷入了危机。

人们开始不满IBM的专横、垄断。这给IBM的主要竞争对手苹果公司以可乘之机。

1984年，苹果公司在宣传麦金塔电脑的一篇广告里，巧妙利用消费者心理，将IBM比作残酷的老大哥，它暗示蓝色巨人IBM就是人类身边的梦魇，正企图以那巨大的、压迫式的资讯专制势力奴役人类。

但是，遗憾的是，IBM并没有意识到消费者以及竞争者情报所提出的预警；相反，它还继续沉浸在盲目的自信中。甚至，连反击都如此傲慢——当时，有一则IBM拍摄的电视广告是这样的：

在沙漠里，一头小象和一头大象在跋涉前行。小象在爬一个沙丘时，总是快到沙丘顶时又滑了下来。最后，大象在后面用强有力的鼻子和身躯，把小象托了上去。

象还是老的大，姜还是老的辣。第一总归是第一。广告的寓意，对于刚看过苹果公司1984年广告的观众，那是最明显不过的了。

假如IBM重视情报的话，以其当时雄厚的资金和技术资本，只要及时调整，仍然可以轻而易举地捍卫其IT的霸主地位。

可是，错误的情报观让IBM付出了惨重的代价。

当上升的销售额再也不能掩盖IBM的亏损和日益缩小的市场份额时，IBM在一夜间从天堂走向了地狱。

1992年，对于IBM是灾难性的一年，公司亏损高达49.7亿美元，是美国历史上最大的净亏损。

中国人讲，从哪跌倒再从哪爬起来。IBM因情报失聪深陷危机，那么，走出逆境也得靠超凡的情报力。

1993年，郭士纳走马上任，就任IBM公司董事长兼首席执行官。他认为，IBM之所以惨败，不外乎有以下三个原因：

一是企业自身的治理情报做得不到位。公司机构臃肿，官僚化严重；二是市场情报以及消费者情报缺失。不把消费者放在心上，市场份额大量流失；三是对竞争对手情报、技术情报不重视。自己的技术没有转化为相应的成果，让竞争对手抢占了市场。

鉴于这样的情报分析，市场和客户成了困扰郭士纳的两大问题。他决心从市场和客户两方面撬动整个IBM的变革。

于是，郭士纳开始注重软件的研发，培育新的市场。另外，他一改前任让下属去处理客户关系的做法，而是亲自出马，为IBM安抚老客户，赢得新客户。

这两方面的工作取得成效以后，IBM的元气得以恢复。郭士纳仔细研究行业态势和竞争对手的情报，决定趁热打铁，双管齐下：一是发挥IBM的传统优势，大力发展大型机；二是抓住互联网经济的新趋势，全力拓展计算机服务业务。结果，郭士纳打了一个漂亮的翻身仗。1994年，IBM一举扭亏，盈利30亿美元。从此，盈利数字稳步攀升，1999年高达77亿美元。

但是郭士纳并没有止步。他坚信，个人电脑时代即将终结，移动互联时代应时而来；IBM应该抓住机遇，在移动互联时代再创辉煌。

这就为IBM成功跨越物联网时代埋下了坚实的伏笔。

智慧地球，伟大梦想

"智慧地球"战略的提出，使得IBM成功跨越物联网时代。那么，什么是物联网时代？其实，物联网并非新鲜事物。1999年，在美国召开的移动计算和网络国际会议首先提出物联网(Internet of Things)这个概念。MITAuto-ID（麻省理工自动识别技术）中心的艾什顿教授在研究RFID（射频识别）时提出了结合物品编码、RFID和互联网技术的解决方案。

当时基于互联网、RFID技术、EPC（产品电子代码）标准，在计算机互联网的基础上，利用射频识别技术、无线数据通信技术等，构造了一个实现全球物品信息实时共享的实物互联网。

中国早在1999年就提出了"物联网"的概念。只不过当时被称为"传感网"罢了，中科院早在1999年就启动了传感网的研究和开发。与其他国家相比，中国的技术研发水平处于世界前列。只不过，我们的企业并没有这方面的情报敏感性罢了。

物联网最初的设想是应用于物流和零售领域。但随着技术的进步和理念的更新，物联网的概念也得到更新和扩充。

2009年，欧盟在其物联网行动纲领中，把物联网描述成互联网发展的下一步，即把书箱、汽车、家电和食物等物体的信息连接到互联网上，并结合互联网的知识，进一步演化成为物联网。

从技术角度可以更深刻地理解"物联网"这一概念：物联网的定义是通过RFID、红外感应器、全球定位系统、激光扫描器等信息传感设备，按约定的协议，把任何物品与互联网相连接，进行信息交换和通信，以实现对物品的智能化识别、定位、跟踪、监控和管理的一种网络，并通过这种网络实现物品的自动识别和信息的互联与共享。

通俗地说，"物联网就是物物相连的互联网"，其包括两层意思：

第一，物联网的核心和基础仍然是互联网，是在互联网基础上的延伸和扩展的网络。

第二，互联网的用户端延伸和扩展到了任何物品与物品之间，进行信息交换和通信。因此，物联网概念的问世，打破了人们过去"将物理基础设施和IT基础设施分开"的传统思维。

传统思维一方面是机场、公路、建筑物，另一方面是数据中心、个人电脑、宽带等，二者并不是融合在一起的。

物联网时代，钢筋混凝土、电缆将与芯片、宽带整合为统一的基础设施，在此意义上，基础设施更像是一个新的地球，故有"智慧地球"之说。

物联网是符合移动互联时代特征与特性的新兴事物。这一概念的提出，引起了各界人士的广泛关注。

2009年1月，美国奥巴马总统就职以后，在和工商领袖举行的圆桌会议上对IBM的"智慧地球"战略做出积极回应，承诺美国要建设智慧型的基础设施——物联网，也就是说，IBM的战略已经上升到了国家战略。

IBM的"智慧地球"战略顺应了移动互联时代的要求，必将引发一场全新的世界性变革。

目前，全球领域所随之开展的物联网计划，已经充分证明IBM的"智慧地球"战略是伟大的，作为企业家竞争时代的美国也因此站得更高。

企业家竞争的时代，企业家的强大无疑汇集了国家的强大，企业家的情报力无疑汇集了国家的情报力。

很显然，目前IBM正在进行一项前人从未经历过的事业，而且创造了一种全新的模式，那就是一个企业引领一个国家和一个民族的方向，而非一个国家领导一个企业。

当然，IBM这种卓越的领导力，正是其先知先觉的情报力。就此，我们可以深刻地思考：为什么"智慧地球"能在美国的企业诞生，而不是诞生在中国？

IBM如何打造自己的情报力

情报力一直是IBM着力打造的竞争优势。郭士纳统领IBM时代，就意识到情报的重要性，并开始考虑建立专门的商业情报机制。

20世纪90年代初，IBM公司多次召开情报会议，邀请了当时著名情报专家对情报人员进行培训，帮助他们提高业务技巧。

虽然，员工的情报知识和素质得以加强，但是在当时，公司内部存在着一个情报的痼疾，即公司内部各业务部门之间的情报是相互孤立的，营销、产品研制和财务部门在其竞争分析或情报活动方面各自为政，缺乏统一的规划和目标以及共享机制。

情报力是系统性过程，是一个企业综合软实力的体现，情报力最大的忌讳就是各自为政，互相封闭。

流通是情报的本性，失去了流通，力量便不能汇聚。

对此，郭士纳审时度势，提出"立即加强对竞争对手的研究""建立一个协调统一的竞争情报运行机制""将可操作的竞争情报运用于公司战略、市场计划及销售策略中"的构想。为此，公司制定了新的情报规划。该规划包括：设立情报核心机构；建立一个协调统一的情报系统运行机制；确定公司竞争对手；并针对一个竞争对手开展一项试验性情报项目；在此基础上，对所有竞争对手进行推广。其中，建立一个协调统一的情报体系运行机制，是规划中最重要的一条。这个机制的精神实质就是打造优势情报力。

第一步，设置专门机构负责管理情报的整体规划。

情报的规划和目标是根据企业的情报需求做出的课题选择。只有清晰了企业的情报需求，才能确立情报的研究目标，制订工作计划并时刻保持企业内部与外联的交流和沟通。

第二步，确定竞争对手。IBM的策略是找出12家竞争对手，针对每一个竞争对手，指派专门情报人员组建"虚拟"的情报组，负责评价其竞争对手的行动和战略，以确保整个公司制定的针对该竞争对手的战略的正确性，从而确定在市场中应采取何种行动。

第三步，对现有的情报小组进行整合，要求这些小组在思考问题和采取行动时能从公司的全局利益出发，而非各自为政。

第四步，开展提升情报力实验项目。通过检验情报小组的工作方法、情报问题、情报结果，建立可行的情报力模型，然后进入再检验环节，总结经验教训。

这个环节需要注意几个问题：一个是专业化问题，包括情报的搜集、整理、分析、判断，用户的情报需求，情报的分享和交流，以及树立正确的情报价值观；另一个是道德化问题，应该明确道德规范的建立是为了防范非道德行为的发生，这对情报工作尤为重要。

就这样，情报就像一群新鲜的因子充溢在这家百年企业的血液里，融入公司的企业文化中，使IBM能够在风云变幻中纵横捭阖，立于不败之地。

IBM的案例证明了一个真理：情报力是企业旺盛生命力的源泉所在。

微软：与霸主相匹配的情报力

自成系统的微软情报力

情报的重要性越来越被人们重视了。以前打仗要搞谍报，为的是战争能胜利；现在做企业要建立情报库，为的是能从情报中提炼价值和规避风险。

情报就像一座蕴藏极其丰富的宝藏。有智慧的人能够从中找到自己所需要的东西，进而寻找到属于自己的宝物，并实现趋利避害的目的；

相反，忽视情报的人永远跟成功背道而驰，或者终究要走向失败。现在，成功的企业家们已经达成共识：情报是企业所有价值的源头。

微软公司在中国推行的情报网络系统可以说将情报的价值挖掘到了极限。据有关数据显示，情报对微软（中国）年利润贡献率达到近两成，这是个非常了不起的成绩。我们来试着揭开微软的情报"迷局"。

微软（中国）拥有自己的情报专员。他们的办公室像个资料馆。他们的工作重点就是不停地同信息打交道，接收几百乃至上千封的邮件，不停地浏览网页，翻阅杂志；然后在信息的海洋中，找到有价值的情报，服务于公司的决策。

不要小看这些看似简单的商业情报。

一条提炼出来的情报就蕴藏着一个商机，尽管它不能让企业一下子做大，但企业要想做大必须重视这些情报，而且它们往往能带来出奇制胜的效果。同样，一条情报也可以帮助企业避免巨大的风险，防止遭受灭顶之灾。

当PALM与微软WINCE在掌上PC领域展开厮杀的时候，微软的情报专员得知PALM将在拉斯维加斯IT展览会上展示最新款的产品。微软便坐不住了，临时做出决定，在展览会周边做店面围攻和促销活动。结果，短短3天之内，微软掌上电脑销售额突破6000万美元，整体店面展示和促销费用不过15万美元左右，活动总体成本不足PALM的1/6。

微软的这次胜利建立在最新的情报基础之上。这次成功事件使得整个微软公司更加重视情报无限可能的价值来。

可是，是不是有情报就能发掘出价值？答案不是肯定的。因为情报的获得相对来说不是很难，但是从情报中获取价值才是需要下工夫的。

情报的搜集和整理在整个情报管理流程中占有重要位置。情报采集的渠道对企业决策者来说更加重要。

微软公司有非常成熟的情报采集体系，采集渠道遍布各种媒介。其中，微软与美国国家统计局保持了紧密的合作，获得了大量经济发展水平、行业发展状况、地区发展水平等方面极有价值的情报。随着本土化策略加深，微软在中国本土的情报成为关注的对象，而微软在中国的情报获取70%以上来自互联网。

这种网上信息拦截是通过合作伙伴实现的，从政策环境、软硬件行业动态、网络业动态发展环境，到竞争对手、合作伙伴和终端市场动态等方面定制关键词，情报就会自动发至定制链接。此外，微软在中国推行本土化情报战略还包括专项情报监控。

本着专业性、相关性、整合性的发展趋势，微软中国与盖勒普公司有着长期的合作关系。每次微软有新的产品上市或新的开发计划，都会有第一手的市场情报作支撑，在中国平均一年情报调研的频率是五次左右。

微软重视情报的搜集和整理还体现在对待情报的程度上，以前搞市场调查，相关人员提供一份量化样本就可以了。现在，显然情报工作加深了，在每次调研前，公司的情报人员都要达成充分沟通，做好情报的规划与目标等前提工作。

除了互联网和各种媒体，微软公司的另一个情报来源就是自身的咨询顾问及公关公司，这一部分服务主要弥补深度性情报的不足。他们将许多报刊和行业资料进行整合，形成微软内部独有的情报服务机制。

最后，需要强调的是，微软独特的企业文化也为情报战略的稳步实施提供了有利条件。微软内部有充足的情报共享机制，各个员工对情报均给以充分关注，并通过内部邮件向相关人员发送，以尽快明晰对每一策略的影响。

微软公司的每个办公室的角落里放着一张坐标图，横向按项目分类的情报，纵向按情报来源分类。这样根据坐标，就可以对情报有效检索。这为情报的流转创造了很便利高效的条件。

对于像微软这样的超级企业来讲，情报只有流转起来，才能使各个级别的决策人最先最准掌握所需情报，制定出适合行业、企业和与时俱进的决策。

情报力瑕疵

微软的情报力是无可置疑的，它的辉煌及其如今的霸主地位都是最好的证明。但是，它在情报力方面也存在瑕疵：对国家层面的反垄断立法等宏观情报，尤其是对美欧等国的反垄断法的情报把握得不够精准。

美国的反垄断法大致由3部法律组成，分别是1890年颁布的《谢尔曼法》、1914年颁布的《联邦贸易委员会法》和《克莱顿法》。

一旦企业被裁定有垄断嫌疑，将可能面临罚款、监禁、赔偿、民事制裁、强制解散、分离等多种惩罚。罚款的数额很高，一旦企业被认定违犯反垄断法，就要被判罚3倍于损害数额的罚金。

欧盟也有类似的法律，欧盟反垄断法通常被称为竞争法，其宗旨就是禁止形成市场垄断，鼓励和保护市场竞争，从而使所有企业都能在公平的市场环境中发挥自己的潜力。

如果微软能够对反垄断法有所重视，在发展过程中尽量避免触犯反垄断法，就不会深陷长达10年的诉讼，损失巨额赔偿。

1995年，微软依靠Windows确立其霸主地位。与此同时，全球因特网服务领域群雄并起，网景公司和Sun公司也赢得了世界声誉，发展极为迅速，一度将微软甩在后面。

为了扭转力量对比，微软不仅在所有操作系统中加入微软的因特网浏览功能，而且将IE浏览器软件免费提供给电脑制造商，还投资参与了一项"空中因特网计划"，拟将288颗低轨卫星送上天，形成一个覆盖全球的通信网。

这一系列咄咄逼人的做法，使得网景公司的市场份额从80.3%降到62.3%，而微软的份额则从零增至36.3%，从而招致网景等公司的极大不满，也引起司法部的注意。

随后，司法部递交诉状指控微软公司。美国第一位女司法部长珍妮特·雷诺宣布，美国司法部将在美国联邦地方法院开始诉讼微软，其理由是微软在操作系统市场上使用了垄断力量，从而抑制了互联网浏览器市场的竞争。

2000年6月7日，法官裁决：微软存在市场垄断的行为，并下达肢解令，将微软拦腰斩断，拆分成两个独立的竞争公司，一个为Windows系统公司，另外一个为计算机程序和互联网商务公司。

墙倒众人推。微软股价应声而落，顷刻之间损失数百亿美元。大股东们、公司要员们纷纷狂抛股票，Windows2000饱受攻击批评。雪上加霜的是，美国加州数百万用户加入到起诉微软的行列。与此同时，竞争对手纷纷落井下石，欲置微软于死地。

远在大西洋彼岸的欧盟也准备把微软一脚踢出欧洲大陆。

全球的"反微软"呼声此消彼起，微软的行为不仅在美国国内遭到追究，而且在欧盟、日本以及中国台湾地区也都在知识产权领域反垄断的有关规范里引发争议，微软的麻烦似乎越来越多。

当然了，虽然微软的情报力有些瑕疵，但是毕竟瑕不掩瑜，从整体上来说，其情报力还是与其世界企业霸主地位相匹配的。

情报的道德性

就在微软深陷反垄断诉讼的过程中，一个小插曲使得案件变得微妙起来，那就是微软反垄断案的最大受益者，世界第二大软件公司——甲骨文横插一杠，制造了"垃圾门"事件。

2000年6月，一个自称是比安卡·洛佩兹的神秘女士进入竞争技术协会（ACT）大厦，向办公室清洁工购买ACT的废纸垃圾，开价60美元。

遭拒绝后，她又于2000年6月6日返回，这次向清洁工开价500美元，向管理员开价200美元，但这次又遭拒绝。

后来，她打开房门，长驱直入，将机密文件席卷而空，同时带走了一部笔记本电脑。几天后，所有资料、重要文件在报纸上曝光，对微软极为不利。

紧接着，微软的华盛顿办公室不断有来路不明的人士造访。在他们造访后，一些重要资料失踪。几天之后，资料内容又相继出现在报纸上。

一时间，微软垄断案谍影重重。可以说，甲骨文为了置老对手微软于死地，间谍手段可谓无所不用其极。

在"垃圾门"事件大白于天下之后，甲骨文在一项特别声明中强调："与侦探公司签订合约时曾明文规定不允许进行任何非法调查活动。"言下之意，不论事态如何发展，都是侦探公司的事，与甲骨文无关。因此，舆论的焦点由微软的垄断地位转向甲骨文的调查活动是否合法。

拉瑞·艾利森坚持认为甲骨文的调查活动是获得"竞争情报"，是为美国的纳税人提供公共服务；相反，那些被调查的公共政策和行业组织则认为甲骨文的活动是"公司谍报"活动。

这里面涉及一个很关键的问题：情报有没有道德性？要弄懂这个问题，我们必须先要区分情报和商业间谍的区别。

根据SCIP（竞争情报专业人员协会）的定义，竞争情报是指监测竞争环境的过程。竞争情报使各种规模公司的高层管理者能了解从营销、研发和投资策略到长期商业战略等每一件事情的决策信息。有效的竞争情报是一个连续的过程，包括法律和道德信息的搜集，无法避免不愉快结论的分析，可诉讼情报向决策者的可控制传播。

SCIP主席帕特里克·布赖恩特说，"将竞争情报比做间谍是歪曲事实"，"间谍使用非法手段获得信息"，而竞争情报是"使用合法的、合乎职业道德的手段搜集信息，并通过仔细的分析将其转变为有价值的情报的过程"。

为了帮助成员开展竞争情报活动，SCIP制定了一套严格的道德准则。这套道德准则禁止破坏雇主的指导方针、违法或谎报自己的身份。

准则包括8个方面的内容：

1. 努力增强对本行业的认同和尊重；
2. 遵守所有国内和国际生效的法律；
3. 准确透露所有相关信息，包括所有访谈人的身份和组织；
4. 完全尊重所有信息的保密性要求；
5. 避免履行职责时的利益冲突；
6. 在履行职责的过程中促进诚实的、实际的建议和结论；
7. 在其公司内部、第三方立约人和整个行业内促进本道德准则；
8. 拥护和遵守公司政策、目标和指导方针；

可见，竞争情报是有道德性的，经过专业训练的情报人员能够避免雷区。

既然"破坏雇主的指导方针、违法或谎报自己的身份"就是公然违背了情报的道德准则；既然甲骨文员工承认非法进入大厦，试图行贿以获得私有信息并谎称是私人调查员，这些行为应被看做商业间谍。

难怪，在甲骨文的一次简报会上，蜂拥而至的记者都希望谈谈"垃圾门"的事。记者问艾利森的第一个问题就是："我们听说最近你一直在对比尔·盖茨的垃圾桶探头探脑，果真如此吗？"这是多么有力的反讽！

"垃圾门"事件真相的披露缓和了微软深陷反垄断案危机的处境。人们开始反思，在反垄断案中，微软或许真的是中招了，那些竞争对手可谓无所不用其极。

总之，微软与甲骨文的世纪大战为世人上了生动的一课，让世人开始正确认识竞争情报与商业间谍的区别——情报也有道德性。

麦当劳VS肯德基：洋快餐情报对决，伯仲难分

情报化解危机

肯德基与麦当劳在中国快餐界处于霸主地位，二者的情报力向来难分伯仲，一直处于巅峰对决状态。这一点可以从二者处理由"非典"和"禽流感"引起的餐饮业危机中得到证明。

对中国人而言，2003年和2004年注定是不平凡的两年。两场灾难袭击了中国——"非典"和"禽流感"，并夺走了许多宝贵的生命，使中国的餐饮业遭受打击，步入寒冬。

"非典"和"禽流感"危机的到来，人们将鸡作为罪魁祸首之一，但是后来证明这无疑是一场惊天冤案。尽管如此，以鸡为主材料的肯德基，却惊人地化腐朽为神奇，并没有因此遭受灭顶之灾。当然，这得益于肯德基一流的情报力。

首先，肯德基非常重视消费者情报。肯德基认为，消费者对企业的信任度是所有企业品牌的生命力，如何让消费者安心，才是应对危机的重中之重。

为此，肯德基采取的措施是，借用世界卫生组织等权威力量，不止一次地向消费者传达"食用烹制过的鸡肉"是绝对安全的观点；还不厌其烦地召开新闻发布会，将必要的细节信息透明化，向公众传递信心。

通过一系列的策略调整和计划实施，肯德基在危机中保持了良好的形象，为走出危机奠定了坚实的基础。

其次，肯德基基于供应商情报，对上游企业进行严格把控。

肯德基死守"鸡源"，要求供应商的每一批货都要出具检疫部门的"来自非疫区，无禽流感"的证明，以此确保从源头防堵任何传染的可能。

第三，产品情报方面，肯德基不断加强新产品的研发。

根据中国消费者的口味和饮食习惯，肯德基连续开发如猪肉类、海鲜类、蔬菜类、甜品类等多样化产品来满足市场需求，这同时有利于规避风险，增强企业在突发事件中的抗风险能力。正是因为这些得力的措施，肯德基在"非典""禽流感"导致的危机中遭受的损失有限，当危机过后，肯德基很快实现了增长。

在同样的危机中，麦当劳表现也相当不俗。

企业文化是企业核心竞争力的重要组成部分，麦当劳决定利用文化大做文章，当然这也是建立在消费者情报基础之上的，因为文化要照应消费者的心理。

便利和清洁一向是麦当劳的招牌，也是顾客在"非典""禽流感"时期最看重的用餐选择标准。

鉴于市民不敢到公共场所就餐，麦当劳马上在就餐方式上进行改变——加大送餐量，各餐厅增派员工为社区、医院、办公楼等场所的人员提供免费送餐服务。

作清洁文章，麦当劳更是得心应手。麦当劳通过一定的渠道让消费者了解到麦当劳对清洁有着异常苛刻的标准。比如，员工每次上岗前需使用麦当劳专用杀菌洗手液(AMH)消毒，在厨房区工作的人员需根据所在岗位佩戴不同颜色的手套，不同颜色的消毒抹布供餐厅不同的区域使用……

这些举措向顾客表明了麦当劳的食品品质，打消了消费者的疑虑，可谓是上乘的攻心之计。此外，麦当劳还注意管控好供应链情报，从源头上杜绝风险的发生。

遍布各地的麦当劳餐厅每天使用的大量半成品需由供应商提供，麦当劳要求这些产品必须保证新鲜、温度、有效期、数量和质量。

这些繁杂的工作就依靠麦当劳的物流中心。它承担着订货、储存、运输及分发等一系列工作，通过协调与联接，使每一个供应商与每一家餐厅达到了畅通与和谐，为麦当劳餐厅的食品供应达到了最佳的保证。

情报力博弈

肯德基、麦当劳在连锁餐饮界的地位难分上下，情报力也难分伯仲，很多时候，二者的情报力博弈往往达到白热化的程度。

以2000年肯德基与麦当劳的一场大战为例，可以用一个词来形容——相当给力！由此可见二者情报较力的激烈程度。

它们之间的情报力博弈是基于网络情报展开的，而网络上最主要的情报来源就是竞争对手的主页。没有什么网页能比一个公司的主页提供更有效和更有价值的竞争情报了。

较量的第一个回合是从价格开始的。2000年9月，爽气未至，暑热犹存，麦当劳便将1元脆皮甜筒冰淇淋恢复到暑期前的2元一支。第一时间得到情报的肯德基，也将脆皮甜筒冰淇淋的价格也由1元恢复到2元。

尽管麦当劳和肯德基异口同声地宣称，1元价位是季节性促销，目前促销已经结束。其实，明眼人都看得出，这不过是麦当劳与肯德基明争暗斗中的一次喘息。

这种针锋相对的促销并非巧合，两者同样是西式快餐，产品接近，价格相似，环境相当，连企业标志形象都十分相像。在中国快餐市场，麦当劳、肯德基两家稳居龙头地位，除了对方还有谁能与之争锋？

"麦肯"大战的历史，可以追溯到1999年那场"斗鸡大战"。肯德基推出了一则广告，其中用大大的问号写着："羊能克隆，肯德基也能克隆？"很多人看后不禁哑然失笑，知道这是冲着麦当劳开始卖炸鸡去的。

麦当劳以"牛肉汉堡"闻名，"肯德基的炸鸡，麦当劳的汉堡"一直各有地盘，相安无事。但麦当劳基于竞争对手的情报——肯德基的炸鸡很畅销，就悄悄打破其在全球市场统一的"牛肉汉堡"的菜单，在中国推出与肯德基类似的"麦辣鸡"和"鸡腿汉堡"，向肯德基的烹鸡专家"叫板"。

肯德基的一位负责人说:"肯德基的炸鸡全球统一配方,集半个世纪的烹饪经验。虽是西式快餐,但口味适合中国人,比麦当劳在口味上占了优势。麦当劳咬牙改变汉堡专卖的形象,相继推出与肯德基相似的'麦辣鸡'和'鸡肉汉堡',这不是在克隆肯德基的产品吗?"但麦当劳则不愿意承认自己所谓的"克隆"行为。麦当劳公关部一位负责人说:"其实麦当劳自从在北京开店时就推出了自己的'麦乐鸡',这怎么能说是克隆肯德基呢?"

不管说法如何,两家的暗暗较劲儿却由此逐步升级。

除了在价格和产品方面的比拼外,肯德基和麦当劳之间的情报力博弈又开辟了一个新战场,那就是汽车餐厅。他们不约而同地选择了一个重要合作伙伴,那就是中石化。

新的战斗依然是从网络情报大战开始的。从网络上,麦当劳第一时间得知,中石化牵手了百胜餐饮集团中国事业部所属的肯德基以及美国油猴国际汽车快修国际公司,在山东威海宣布成立全国首家中国石化加油站、肯德基汽车穿梭餐厅、油猴汽车快修一体化综合服务项目。

这下可触动了麦当劳的敏感神经。

这个情报对麦当劳来说,无异于重磅炸弹。竞争对手情报的重要性不言而喻,可是,对于肯德基进军汽车餐厅的举措,麦当劳竟然疏忽了。情报力的短路,使得麦当劳陷入被动。

在美国,麦当劳几乎一半的销售额来自汽车餐厅的订单。因为汽车在中国消费者生活中的地位尚不能和美国消费者相比,所以麦当劳也没当回事。当网络情报显示肯德基在中国占据先机的时候,麦当劳才知道自己落于人后。于是,一场追逐开始了。

由于有美国丰富的经营汽车餐厅的经验,麦当劳大有后来者居上的态势。肯德基步步为营，自然不肯将日渐成熟的汽车餐厅的市场份额拱手相让。一场持久剧烈的争夺战已然打响。

情报对决一直上演

自从1987年肯德基在北京开了第一家肯德基快餐店之后，1990年麦当劳在深圳开了第一家麦当劳快餐店，两家洋快餐便开始了在中国的相互竞争与博弈，目前竞争趋势日益激烈。

两家洋快餐，在中国边竞争边扩张的同时，利用其频繁而有效的市场活动，不但建立了其强大的品牌优势，也使快餐文化深入人心。

综观两大洋快餐的市场策略，从强势公关到明星效应的广告攻势、多样化的营销方式、热心公益事业，再到增加品牌的美誉度和认知度，直至满足不同顾客偏好的本土化战略，两大洋快餐都各有特色，不分上下。

成功市场策略的制定与确立，与全面详尽的市场及竞争对手的情报的获取，密不可分。可以说，没有准确的竞争情报信息，就无法制定准确有效的市场策略。

首先，情报是企业进行战略决策的依据，是企业成败的关键。对于快餐巨头麦当劳来说，2002年是不幸的一年。由于快速扩张，致使出现37年来的首次亏损，2002年第四季度报一出，12月2号股价立即下挫至15.39美元。

麦当劳利用手中掌握的竞争情报信息，立即关闭美日及海外170多家快餐店，几乎退出了消费能力较弱的南美市场，将发展重点集中到中国等经济发展迅速的国家。

经过一年的战略调整，截止到2003年12月2日，麦当劳的股价创下新高，达到26.35美元。

其次，情报是企业进行危机公关的重要依据。情报有助于发现市场上的威胁和机会，给自己更多的反应时间，从而获得竞争优势。麦当劳和肯德基在非典、禽流感危机中的表现足以说明，情报对于危机公关的重要性。

再次，情报有利于向竞争对手学习，有利于发现竞争对手没有发现的市场机会，也有利于追随竞争对手开发消费者喜爱的产品，或者挺进已经很成熟很稳定的市场。麦当劳学肯德基炸鸡腿就是很好的例子。

利用情报的前提是搜集情报。传统商业竞争情报的获得，异常艰难。以肯德基为例。

市场情报方面：肯德基需要及时搜集全球媒体对自身的正面或非正面的报道，以做出正确的判断及相应的处理。

在竞争情报方面：肯德基需要及时搜集竞争对手麦当劳、麦肯炸鸡的相关信息。

在合作伙伴方面：肯德基需要及时搜集同一个集团下的百事可乐、必胜客、达美乐、艾德熊的相关信息。

在行业情报方面：肯德基需要搜集可口可乐、雀巢咖啡的相关信息。

在产品情报方面：肯德基需要搜集墨西哥鸡肉卷、寒稻饭等具体产品的相关信息。

在宏观情报层面，如政策、法规：肯德基又需要搜集餐饮业以及快餐业的相关政策法规以及一些主管机构的动态。

麦当劳同样有如此众多的需求。

要搜集如此众多的有效信息，肯德基、麦当劳的市场工作人员就必须经常浏览不同的网站，每天重复上百遍的查询，并且还要不停地翻阅报纸，购买剪报公司的剪报，购买调查公司的调查情报，搜集行业政策法规。

这些工作不但繁琐，机械，无法发挥人的能动性，而且购买资料价格昂贵，信息获取方式分散、缓慢，不全面。失去了时效性的信息，往往也就失去了应有的价值。

事实上，洋快餐的情报对决一刻也没有止息过，他们对消费者的需求、宏观餐饮业政策法规、宏观食品行业安全、竞争对手的态势等等情报的把握，都说明了麦当劳、肯德基不但拥有非凡的情报力，而且在情报力的博弈过程中，难分伯仲，各有千秋。

海尔：情报战略造就白色家电之王

张瑞敏的危机感

海尔作为全球第四大，中国第一大白色家电制造商，跟张瑞敏善于掌控各类情报有很直接的关系。

我们知道，情报包括宏观情报、中观情报和微观情报三大类，而张瑞敏领导海尔后取得的初步成功，就是基于对企业微观情报的把握。

堡垒都是从内部攻破的，做足内功——处理好企业的微观情报尤为重要。

对企业内部而言，产品和人是两大要素。产品是企业价值的体现，如果产品出现质量问题，就会影响企业的信誉，进而使企业陷入危机。

因此，重视产品情报是做好公司内部治理的先决条件。

张瑞敏是怎么做的呢？其实，张瑞敏砸冰箱的故事家喻户晓，他之所以将铁锤砸向自己的产品，并非如媒体中所说的那样，是因为在朋友面前跌了面子。

以当时一台冰箱相当于两年职工工资的水准，砸了76台冰箱的价值就为了一个面子吗？显然不是！

其中一个很深刻的原因在于张瑞敏从朋友买冰箱这件事中发掘出了一条关系着企业生死的内部重要情报——产品质量以及员工的工作态度。

张瑞敏曾说过："长久以来，我们有一个荒唐的观念，把产品分为合格品、二等品、三等品和次品，好东西卖给外国人，劣等品出口转内销自己用，难道我们天生就比外国人贱，只配用残次品？这种观念助长了我们的自卑、懒惰和不负责任，难怪人家看不起我们。从今往后，海尔的产品不再分等级了，有缺陷的产品就是废品，把这些废品都砸了，只有砸得心里流血，才能长点记性！"

对于一个企业来讲，产品质量关系着产品动态、技术动态以及企业的生产动态，这虽然是企业内部的某一环节，但也是最为重要的一环，因为越是细微处越能见功夫。像张瑞敏这样把情报做到如此细致的功力，中国企业界并不多见。而且，张瑞敏这种见微知著的态度是一贯的。

企业的微观情报另一个重要的层面就是人的情报。

人包括领导、各个级别的管理人员、工人，以及闲杂人员。作为企业领导在充分掌控了外部情报和风险以后，最需要警惕的就是企业内部人员的情报。

用张瑞敏的话讲，就是得注重"人的研究"。

如何消除内部博弈？如何克服组织体系的惰性？如何动员整个公司真正以消费者需求为核心？

基于对产品和消费者情报的精准把握，基于对企业内部治理的主要问题，张瑞敏正在推行一种新的商业模式，称之为"倒三角形"模式：让消费者成为发号施令者，让一线员工成为CEO，倒逼整个组织结构和流程的变革，让以前高高在上的管理者成为倒金字塔底部的资源提供者。

这是个了不起的尝试，相当于给企业整个组织形式进行灵魂再造。张瑞敏曾以这个模式跟IBM总裁郭士纳进行过交流。两人一见面，未曾开言，张瑞敏就在纸上画了一个倒三角形，结果，郭士纳立刻就明白了其中深意，可谓英雄所见略同。而且，郭士纳还表示，这样的组织结构正是他在IBM想做到没来得及做的事情。

张瑞敏这种商业模式的创新和变革不是一种即兴发挥，而是有着深刻的原因。因为社会发生巨大变革的同时，消费者的个性需求爆炸式产生，消费者情报瞬息万变，这对于海尔这样传统制造企业所带来的挑战是前所未有的。

同时，在移动互联时代的大背景下，消费者很容易将自己对产品的需求甚至不满情绪发泄出来，而如果企业还处于墨守成规的传统思想中，无疑将会被消费者抛弃。

张瑞敏洞察先机，要求企业做好内功，尽快做到实时管理，保证零库存条件下的即需即供，建立快速响应机制，而这一切的努力就是为了满足消费者的千差万别的个性需求。

张瑞敏基于对企业微观情报的分析和总结，得出结论：成功商业模式的死敌是静态。现在，他试图接近自己最理想的商业模式：以消费者需求为中心，保证企业的商业模式永远处于随需而变的动态更新中。

胶州经验

胶州不过是青岛下面的县级市，可是胶州在海尔的发展史上却拥有浓重的一笔。

作为全国经济实力百强县的胶州，家电零售业相当发达，国美、苏宁都在胶州开设分店，当地人也开有家电超市，海尔在胶州也建立了专卖店。可以说，小小胶州，家电市场龙虎风云会，竞争形势严峻，风云突起。然而，海尔却选在家电竞争白热化的胶州进行一场大胆的实验，即自主经营体的实验。

所谓的自主经营体，是一种全新的组织形态。以胶州海尔专卖店为例。以前是每条产品线都有1位销售人员和售后人员负责，现在不一样了。胶州自主经营体只有7个人。总负责人1名；1位零缺陷经理，负责产品、供货速度和服务的零缺陷管理；1位差异化经理，了解消费者需求；3位强黏度经理，照看13个镇里的17个门店的销售渠道；1位双赢经理，他的目标是追求客户、员工和企业的多赢。

自主经营体体现了海尔的4个管理目标：零缺陷、差异化、强黏度和双赢。

现在，每位一线人员要负责海尔全产品线的销售，他们不仅需要争取销售额和利润，更重要的是，提高用户的满意度也成为考评其业绩的指标。

自主经营体较之以前的组织形态更具灵活性，而且效益显著，因为当员工的绩效和其薪酬的结果能很好地联系起来时，他会更加努力的工作。

张瑞敏为了更加便捷地了解企业内部的情报，创办了《海尔人报》，员工都可以将意见和建议投稿到这份内部刊物上。

从这份小小的内部报纸里面不仅能洞察产品的动态，还能了解一些一线人员的工作状况，进而为他把握企业的整体态势以及消费者的需求提供十分可贵的资料。

当其他家电制造商都在同样忙于制造产品和销售产品时，张瑞敏通过搜集的消费者情报分析，发现消费者对售后服务的关注远远超过购买产品本身，这无疑是一个重大的发现，尽管这是一个常识性情报。由此，张瑞敏开始转变思路，以前是把产品卖出去就行了，现在还得考虑卖服务。怎么卖服务呢？张瑞敏一语道破天机："我们不是在网上卖产品，而是在网上买用户的信息，给用户提供方案。"

从2008年8月开始，海尔开始把原来分布于城市大街小巷中的维修网点全部改造为社区店，兼具售后服务和销售职能，并主动向消费者提供电器保养等上门服务。

在遍布全国的2500多家海尔社区店中，其中一部分还向海尔会员提供团购粮食蔬菜、代交水电费、维修水管等额外服务。

通过上述方式，一方面海尔牢牢地把客户黏住，另一方面可以随时便捷地搜集和掌握最为前沿的消费者情报。

胶州模式无疑是成功的，而推广胶州经验意味着海尔站到了一个更高的起点。但无论起点多么高，最基本的竞争优势只有一个：情报的优势。

进军美国

海尔撬开美国市场的例子就是海尔情报力优势的力证。

海尔在拓展美国市场方面开始是非常艰难的。在付出代价之后，海尔人开始自己做美国的市场调查与竞争情报分析。当时，在美国市场，200升以上的大型冰箱被GE（通用电气）、惠而浦等企业所垄断；160升以下的冰箱销量较少，GE等厂商认为这是一个需求量不大的产品，没有投入多少精力去开发。

海尔人调查获得的情报显示，美国的家庭人口正在变少，小型冰箱将会越来越受欢迎，比如独身者和留学生就很喜欢小型冰箱。

海尔没有采用与惠而浦、GE、美泰克等主流产品进行价格战的方法，而是独辟蹊径，推出50升、76升和110升3种规格的小型冰箱。

另外，海尔还推出没有压缩机的小冰箱，没有声音，没有震动，特别适合做酒柜。对消费者来说，这是一个具有差异化的产品体验，很快获得了他们的青睐。

正是情报使海尔重新调整产品生产计划，最终撬开了美国市场。对海尔而言，没有情报，就没有一切。

海尔竞争情报策略

首先，海尔建立了完善的信息调查网络，也就是情报搜集网络。

市场信息瞬息万变，为了及时监控市场变化，海尔建立了全国信息网，将触角伸到全国2800多个县、9000多个点。

不仅如此，海尔还建立了遍布五大洲的信息中心。这些信息站利用其地理优势，能够动态及时地获取国际最新的科技信息、市场信息，并充分了解当地市场的需求信息，为海尔监视竞争对手、制定海外市场策略提供了准确有益的情报。

纵横国内外的市场信息调查网络，确保了海尔能够随时掌握世界范围内的专业市场需求动态和规律，从而根据各目标市场的特征不断地开拓新市场，使海尔获得了迅速发展的市场空间。

其次，海尔拥有细致的专利检索体系。

专利是获取竞争情报的一个重要来源，海尔很早就意识到这一点并加以了充分利用。

早在1988年海尔就建立了一套简便易查、全面实用的专利文献人工检索系统。后来，又订购了3种中国专利公报和制冷领域的专利说明书，使之与"专利文献人工检索系统"配套，通过题录可以直接查到说明书原文。

1992年，海尔集团公司设立了国内企业第一家知识产权办公室。

1995年，海尔又与青岛市科委专利服务中心联手，建立了"中国家电行业专利信息库"，对最新的专利公报进行动态监控。

1996年，与国家专利信息中心、省专利局、市专利信息中心合作，选择各服务机构的不同优势，取长补短，为企业提供不同的专利信息，形成一套稳固严密、易操作的专利信息来源渠道及加工分析网络。

1997年，海尔的专利文献工作又有了质的飞跃，知识产权中心把目标对准国外拥有最先进技术发展的大企业，充分利用巨大的文献优势，监控国外大公司的专利技术及其发展动态，同自己的技术开发相结合，赶超世界同行业先进技术水平。

第三，海尔建立了全面的标准情报搜集网。

高质量、高附加值的产品是设计出来的，其前提是以先进的标准为基础。为了实现冲刺世界500强的目标，海尔时刻注意利用标准尤其是国际标准信息来增强企业竞争力。

海尔还同50多个国内外标准研究机构、认证公司建立了合作关系，共同跟踪国际标准的最新动态,确保标准信息的及时性和有效性。

第四,投入百度 eCIS 系统。

2003年5月份,海尔 eCIS 系统一经投入使用就大大提高了海尔的竞争情报工作效率:系统中日常情报信息流量达到20多万条,有价值的供决策层参考的辅助决策情报4000多条,以前需要耗费一整天的信息搜集和整理工作,现在只需3个小时就可完成,信息采集效率提高了十几倍。

正因为海尔重视情报,并采取了相应措施,才造就了海尔成为中国第一大白色家电帝国。从海尔的案例可以得出一个生动的结论:情报决定未来。

第三章
阿喀琉斯之踵：
羸弱不堪的情报命门

Magic code of successful enterprise in the mobile internet age

INTELLIGENCE WAR

一个拥有150年历史的手机帝国，为什么在移动互联时代重重跌落？
曾经拥有辉煌岁月的雅虎，为什么变成了互联网植物人？
压在柯达头上的最后一根稻草是什么？
双汇的拙劣演技，能不能拯救它的危机？
诸门之门，蒙牛最大的危机来源于哪里？
马云在手掌连写5个"忍"字，就能破解淘宝困局吗？

诺基亚没落：手机帝国颠覆于情报失聪

老大是这样炼成的

诺基亚的成功史是一部情报力精彩演绎的历史。

1865年，采矿工程师弗雷德里克·艾德斯坦在芬兰坦佩雷镇的一条河边建立了一家木浆工厂。1868年，艾德斯坦又在坦佩雷镇西边15公里处的诺基亚河边建立了他的第二家工厂：橡胶加工厂。

1871年，艾德斯坦在他的朋友利奥·米其林的帮助下，将两家工厂合并为一家工厂，命名为"诺基亚"。

这是诺基亚的雏形。

19世纪末，无线电产业方兴未艾，米其林敏锐的情报力告诉他，无线电产业是未来的朝阳产业，于是他要将诺基亚的业务扩张到电信行业。

历史总是充满意外的成功，但是这种意外成功往往建立在优秀的情报力基础上。要是没有米其林对电信行业的整体把握，很难想象，诺基亚会最终成为了现在被人们所知的"手机霸主"。

20世纪60年代，诺基亚对电信行业的持续关注，使它断然割舍了许多领域的产品研发，而建立了诺基亚电子部，专注于电信系统方面的工作。

电子部的科研人员立足技术情报，对无线电传输工程展开了持久的研究，最终奠定了诺基亚电信的根基。

1982年，诺基亚积淀很久的情报力得以爆发，无论是技术、产品，还是针对竞争者的策略，都使得诺基亚空前强大起来。

这一年，诺基亚还诞生了第一台移动电话Senator。随后开发的Talkman，是当时最先进的产品，该产品在北欧移动电话网市场中一炮打响。

1990年，行业态势和产品形态发生了很大变化，手机用户量大增，手机价格迅速降低，移动电话越变越小。有鉴于此，诺基亚明确制定了将发展成为一个富有活力的电信公司的战略。

20世纪90年代中期，鉴于对产业形势发展情报的判断，诺基亚果断地舍弃了传统产业，只保留了诺基亚电子部门，做出了历史上最重要的战略抉择。

情报力优势一直推动着诺基亚走向辉煌，从1996年开始，诺基亚手机连续15年占据手机市场份额第一的位置。

2003年，诺基亚1100在全球已累计销售2亿台。2009年诺基亚公司手机发货量约4.318亿部，2010年第二季度，诺基亚在移动终端市场的份额约为35%，领先当时三星和摩托罗拉。

可以说，没有强大的情报力，就没有诺基亚手机行业霸主的地位。

渠道门引爆危机

诺基亚是全球手机行业的老大，这不是靠嘴吹的，历史数据在那摆着，长达150年的光辉历史谁也不能抹杀。但是，如今这位老大却面临着靠边闪、往下掉的尴尬局面，并成为名副其实的"老大难"。

先看一组数据对比：

过去10年间，诺基亚市值从近2500亿美元一路下滑至目前约400亿美元。10年间诺基亚市值蒸发了2000多亿美元，让广大粉丝扼腕叹息；而同时，苹果的市值则从不足250亿美元攀升到了2300亿美元左右。自从苹果iPhone上市以来，诺基亚的股价已经累计下滑了67%。

数据是惊人的，事实就是如此，谁都不能改变。手机帝国昔日荣光不再，老大地位不稳，未来更是不可预测。

诺基亚的没落并不是没有先兆的。

2009年，注定是诺基亚艰难困苦的一年，诺基亚遭遇了"渠道门"。

"渠道门"事件是由山东、湖南的经销商窜货引起的，后来慢慢扩散，有40多家渠道商拒卖诺基亚品牌的手机。

作为手机行业的巨头，诺基亚不仅在用户心目中有着良好的形象，在经销商那里也有很好的口碑，而且还是其他手机生产厂家仰视和模仿的对象，可是，为什么偏偏诺基亚遭遇了这么一件糟心事？

其实，关于手机经销商窜货的现象早就存在，大家视之为手机市场的潜规则之一。比如，移动的签约经销商，如果不愿意拿手机，可以得到一定的现金补贴，而这些手机将被转到异地进行销售。这在业内是不成文的规矩。也就是说，窜货不是新出现的问题，而是一直就存在的问题。诺基亚以前不支持也不反对，这次却突然发飙。这是为什么？

诺基亚给出的答案是：要打击它的非直接伙伴。这就涉及诺基亚的渠道模式。

我们先来看一下诺基亚的渠道构成。

诺基亚在国内手机市场渠道多元而又复杂：既有苏宁、国美、迪信通这样的直供零销商，又有中邮普泰、天音和联强这样的全国代理商，此外，诺基亚在全国还拥有超过30家的所谓"省级直控"分销商。

这次"渠道门"事件的诱因，就是"省级直控"分销商下面的各地级城市经销商出了问题。

在诺基亚"省级直控"分销渠道的供货流程中，诺基亚直接供货给直控分销商，然后再由诺基亚设在各省的办事处负责发展本省各地级城市经销商，再由直控经销商发货给各地级城市经销商。

诺基亚对各级城市经销商实行"返点制"销售，即预定一个月及一个季度的销售量，提货时多付该货物5%~10%的货款，如果本月及本季度能够完成诺基亚下达的任务，则在月底或季末将多收的5%~10%折算成下月的货款返还，如果不能完成当月及当季的任务，不仅不能获得诺基亚的返利，还会将进价提高约4%~10%。

价格是定死的，如有违反，就以扰乱价格体系加以重罚，而且，诺基亚规定各地级城市经销商之间不能跨区域销售，即不能窜货，否则罚以重金。

在这样的条件下，销售指标定太高，经销商完不成，窜货又受罚，这才引爆了"渠道门"事件。可以说，"渠道门"事件，是诺基亚渠道商对其固有的销售模式的一种激烈抗议。

在经销商的眼中，诺基亚至少有三宗罪：

第一，销售指标定得过高，盘剥过于严重，自己追求高利润，却忽视了经销商的正当利益，导致经销商靠正常的经营不能盈利，于是才不得不进行窜货。

第二，窜货也就罢了，给点颜色整饬一下，厂家跟经销商好好谈一谈，商量一个更好的办法出来。可是，诺基亚却不这么做，他摆老大的派头，动不动罚以重金，据说窜货一台罚款一万元，让本来就难以生存的经销商雪上加霜。

第三，有关数据显示，诺基亚一年罚款两亿多，而且不给开发票，这就造成经销商心里不服。

怨气就这么慢慢积累，风险就这么慢慢酝酿，终于一声霹雳，经销商反了！

从表面上看，"渠道门"事件是诺基亚走向没落的整体趋势中的偶然事件，但偶然中蕴含着必然因素。

综合分析渠道门事件，大概有3个原因：

第一，从渠道商情报来说，渠道商的无利可图早已是不争的事实。诺基亚忽视了早已弥漫的不满情绪，在错误的措施上一意孤行，最终酿祸。

渠道商的不满情绪由来已久，并通过各种渠道发泄出来，也引起了相关媒体的报道。渠道商投诉与不满的帖子更是充斥了互联网的相关论坛，可是诺基亚却视而不见。

第二，整个宏观经济情报是金融危机爆发，经济不景气；加之手机利润丰厚，消费者更换手机相对频繁，导致渠道商不惜铤而走险而窜货。但自2008年金融危机后，手机销量出现了明显下滑，压货现象严重。本来日子就不好过，诺基亚又出狠手相逼。所以就"官逼民反"了。

第三，基于产品、行业态势和竞争对手的情报分析，手机市场竞争日趋多元化，诺基亚没能生产符合消费者需求的新产品，不再是唯一的救世主。

之前，销售诺基亚的手机，意味着稳定的客源，不错的收入。但是这几年，国内的手机厂商越来越强势，用户的选择也多样性了，一些掌控渠道的厂商开始显山露水。

而且，诺基亚因未能推出畅销产品而失去了对青少年的吸引力。在国内，销售诺基亚的手机不见得比销售山寨机就赚得多，所以经销商不再唯诺基亚马首是瞻也在情理之中。

从"渠道门"事件，我们就可以看到诺基亚的巨大致命点：情报失聪！

完全可以设想一下，如果诺基亚提早做好情报工作，实时监测久久存在经销商身上的怨愤之气，深入了解渠道商的苦处，分析"直控经销"这种渠道模式的弊病……

我们相信，诺基亚"渠道门"事件则安全可以避免。

同样，如果诺基亚一直都重视情报工作，"帝国没落"或许就是竞争对手的臆想而已。"渠道门"事件，正是诺基亚面对内外困境，思路剪不断理还乱的状态的一种反应，可谓强敌未至而阵脚自乱。

岂不知，千里之堤，溃于蚁穴。"渠道门"不过是一个小小的开始，更多的危机正旋踵而至。

虚弱情报力导致退市困局

"渠道门"事件的爆发，让这位昔日的老大顿时变得灰头土脸，风光难再。2011年末，诺基亚发表声明，将在2012年的上半年从德国法兰克福证券交易所退市。在此之前，它已经陆续从伦敦、巴黎、期德哥尔摩的股票交易场所销声匿迹。至此，诺基亚最后的版图只剩下美国和老家芬兰。

在《华尔街日报》评选出的2012年即将消失的品牌中，诺基亚稳居第一。诺基亚这么严峻可悲的处境给人一种美人飘零、英雄迟暮之感。人们不禁要问：诺基亚到底是怎么了？它怎么会沦落到如今这样的境地？

其实，前面在写"渠道门"的时候，已经谈及了诺基亚衰落的根由。但最根本的理由，依然是它对情报的忽视。

我们反复谈及情报的重要性，可是当局者迷。诺基亚的领导层在进行决策的时候，就是难以把重心聚焦在情报上。

事实证明，情报无小事，再大的公司在情报面前都羸弱不堪一击！

诺基亚的情报战略错误有以下几个方面：

首先，诺基亚对移动互联时代的脉搏把握不明，认识不足，导致了宏观情报的极度缺失，进而在可持续发展的过程中，在与竞争对手过招的过程中，失去了先机，不可避免地走上了下坡路。

大多数人都认为，诺基亚在智能手机领域的落后，是导致其衰落的先决条件。这么说没错，可是没说到正点上，它对智能手机反应迟钝的根源在哪？

说到底，还是诺基亚对移动互联时代的到来准备不足，或者是认识不够充分、深刻。

早在几年前，前诺基亚CEO康培凯曾表示："我相信诺基亚将仍然是一个移动公司，但也会是一个互联网公司。"

可见，诺基亚在业内很早就提出了转型为移动互联网公司的口号。但它仅仅是停留在口号上，并没有在移动互联时代来临时有过实质性的动作或进展。

到现在为止，诺基亚高层也对互联网时代跟移动互联时代的区分搞不清楚。以互联网的运营模式做移动互联时代的事注定是行不通的。

就在诺基亚在移动互联时代大门口踌躇茫然无措的时候，乔布斯带领他的苹果抢先制定了移动互联时代的游戏规则。按照别人制定好的规则进行游戏，诺基亚不输都没有道理。

当然，或许诺基亚有理由自信：因为拥有庞大而忠实的用户群，这么多年来也形成了稳固的黏性和惯性，这就为诺基亚在移动互联时代奠定了一个很好的用户群基础。

遗憾的是，正是诺基亚对这个优势过于自信，才在开发新的操作系统和终端上不太着急，结果导致高端用户疆土沦陷，给未来发展带来了沉重打击。

不得不承认，不紧握急速发展的时代脉搏，不据此创新商业模式，再高大的巨人，也会迅速倒下。

其次，诺基亚行业情报出了大问题，移情别恋代价巨大。

移动互联时代讲究的是开放性，需要用开放的心态在新的时代进行布局。可是，诺基亚故步自封，对行业情报态势漠然处之，最终失去了开放的意识和心态。

移动互联时代的通信市场，设备提供商与系统开发商的竞合已成行业趋势。这是进行产品开发，无论是硬件还是软件的开发，一个最大的情报。在这一点上，Google洞察先机，率先推出Android（安卓）手机操作系统，号称是"首个为移动终端打造的真正开放和完整的移动软件"。

凭着其完全开放的特性，Android发展势头迅猛，已经超越称霸10年的诺基亚的Symbian（塞班）系统，成为全球最受欢迎的智能手机平台。目前，Android则占据了全球智能手机市场接近1/2的份额。

诺基亚为了能够扭转颓势，也采取了跟微软结盟的战略。诺基亚提供品牌、移动设备、应用商店和地图，而微软提供WP7软件以及包括Office、Xbox和Bing（必应）在内的品牌。可以说，诺基亚向微软几乎是倾其所有，所有核心业务已全部奉上，但是结果呢？

就在诺基亚移情微软后，媒体曝出微软将收购诺基亚的传闻。诺基亚对此矢口否认，却向消费者传递了一个很负面的情报：诺基亚不行了，在结盟微软的战略中明显处于劣势。

其实，诺基亚抛弃Symbian是正确的。Symbian虽然称雄一时，但毕竟跟不上潮流，但是选择微软也是一种基于情报失聪的战略短视行为。因为Windows也是封闭的操作系统，也面临着Android的巨大威胁。

诺基亚在选择操作系统时，也曾考虑Android，但担心被Android制约。其实，这种担心完全没有必要，因为诺基亚多年来在消费者心目中形成的品牌影响力，短时间内还不会被替代，同样是装载了Android系统的智能手机，诺基亚的品牌应该会更容易赢得消费者的青睐。可是，诺基亚这位昔日老大终究是太小家子气。可以说，诺基亚在硬件上输给了苹果，但真正打败它的却是Android。

第三，忽视竞争者情报以及消费者情报，让诺基亚止步不前。

不可否认，诺基亚在互联网时代没有遇见对手，独占鳌头了几十年，可是，到了移动互联时代，瞬息万变的时代特色让它措手不及。一个强大的竞争对手——乔布斯和他的苹果帝国更让它重重地跌了一跤，能不能再站起来，仍是个未知数。

苹果公司无论对谁来说都是一个值得畏惧的对手：它拥有最炫的终端，最强大的商业平台，上下游通吃的商业模式，更有一批狂热的用户"粉丝"。

诺基亚曾以过硬的质量和高性价比吸引着消费者。然而，消费者的需求随着时代的改变而改变，对于购买iPhone产品的用户来说，其质量、价格等都已经不是关心的焦点。这是一种多么可怕的吸引力啊！

事实是严肃的，也是残酷的。从2010年开始，诺基亚逐渐陷入腹背受敌的境地，高端市场被iPhone和Android两大阵营纷纷赶超，中低端市场随着联想、华为、中兴等本土品牌的崛起也倍感压力。

尤其是3G时代，诺基亚的影响越来越弱。换3G手机，我们第一想到的肯定是苹果，其次是摩托罗拉、三星或者酷派，再就是其他的智能手机。如今3G手机的选择面非常广，似乎根本没有诺基亚的一席之地。

不难理解，诺基亚帝国的没落，归根结底在于情报失聪。对移动互联新时代来临的反应迟钝，是诺基亚宏观情报之失；罔顾行业发展趋势，错误联姻微软，是诺基亚中观情报之失；忽视技术创新，忽视竞争对手，漠视消费者的新需求，是诺基亚微观情报之失。

有此三失，诺基亚焉能不败！

互联网植物人：被误诊的情报战略

光辉历史里的情报失误

想到雅虎，就想到那几个英文字母跟后边的一个惊叹号。

雅虎的创立给世界一个很大的惊叹号——那是互联网时代的一件大事，这是不容置疑的事实。可是，在走过了17年的风雨兼程之后，雅虎已经好久没有给世界以惊叹了。

1994年初，斯坦福大学的学生杨致远与大卫·费罗开发了"杨致远的WWW指南"网站，也就是雅虎的雏形。1996年，雅虎成功登陆纳斯达克，成为少数盈利的网络公司。直到2006年初，雅虎都是世界第一大互联网公司，但随后很快就没落了。

其实现在回过头去看，雅虎衰落早有预兆。2001年，雅虎受到互联网泡沫破灭的影响，收入锐减。于是，杨致远向没有任何互联网背景、不懂技术的好莱坞巨头特里·塞梅尔抛出绣球，请他掌舵雅虎，以便转型为一家媒体公司。

杨致远的这个举动缺乏战略考量，显然是情报战略失误导致的。杨致远似乎不愿意把雅虎当成一个网络科技公司来经营，而更愿意把雅虎看做一家媒体公司来运营。对于自身的情报认识不清，情报战略缺乏规划和目标，这就为雅虎有朝一日的虎落平阳定好了基调。

可以说，从特里·塞梅尔执掌CEO开始，雅虎就开始了不断犯错的历程，而每次犯错都是建立在对情报战略的误诊基础上。

塞梅尔根本不懂互联网。对于互联网发展的趋势，如何跟竞争对手比拼，如何适应消费者的需求……所有这些对企业来讲至关重要的情报，他都不甚了解。而且，他还犯下了一个致命的情报失误：忽视了竞争对手Google的崛起。

Google在经营模式上与雅虎有着本质的区别，天使投资人蔡文胜曾将二者做过形象的对比：雅虎是雇了1000个最著名的编辑在推荐内容；Google则雇了1000个最聪明的工程师在搭建一个非常好的内容提供平台。

说通俗点，雅虎更像一个媒体，而不是一家网络公司。当雅虎发现Google的真正价值并奋起直追时，为时已晚。

情报误诊招致败局

2007年6月，杨致远出任雅虎CEO，满腔热情的他相信自己有能力带领公司走上复兴之路。不过，最终雅虎的情形却变得更糟。

一个最显著的变化是，杨致远当初创立雅虎时的情报敏锐度不在了，他变得保守固执，对情报不敏感。对情报的误诊令他付出惨重代价，微软收购雅虎一事就是明证。

2008年2月，微软提议以每股33美元的价格收购雅虎。这项交易能够帮助杨致远和雅虎走出困境。不过杨致远却玩起了欲擒故纵的游戏，不仅拒绝了微软的报价，称这一价格"大大低估了"公司的真正价值，也不符合股东利益。杨致远的这一决定，被评为科技行业十大最糟糕CEO决策之一。

2009年，巴茨被寄予厚望，接替了下课的杨致远。可是，她上任不到一年，就因为与微软达成的一项搜索交易而遭到抨击。同时，雅虎用户在其网站上的停留时间，已经远远落后于Facebook和Twitter等更具创新力、更年轻的公司。

2011年9月，年龄过大且强势的巴茨一次次让股东和投资者失望，不免遭到下课的结局。

巴茨最大的错误就是对形势进行了误判，说到底还是情报工作的失误导致的。自信强势的人容易失去理智，而理智对于情报来讲，无异于呼吸与生命的关系。

巴茨的情报误诊的最突出表现在与阿里巴巴的纷争上。在巴茨上台之时，雅虎最为重要的资产已经是中国的阿里巴巴了；但是，在巴茨执掌期间，雅虎与阿里巴巴就没有停止过争吵。

2010年1月份，阿里巴巴曾公开批评雅虎在Google退出中国事件上的立场；而阿里巴巴试图回购阿里股份、转移支付宝所有权，使其与雅虎的关系变得更加紧张。

当马云前往硅谷拜访巴茨时，她甚至在整个阿里管理层面前将马云数落了一通，批评雅虎中国越来越糟糕的境况。

作为回击，针对雅虎试图通过香港作为跳板染指大陆中小企业网络广告生意，阿里巴巴B2B公司前CEO卫哲就对媒体表示，在雅虎卖掉搜索技术之后，双方已经失去了当初合作的基础。

未能处理好雅虎在亚洲的资产和投资者的关系，是巴茨被解雇的重要原因之一。

巴茨下课，雅虎股价却涨了。当然，一切只是暂时。表面上看，华尔街是不满"无能"的巴茨，实际上却是对陷入泥淖停滞不前的雅虎不满。华尔街期待的是雅虎的未来。

现在，雅虎到了一个十分关键的时期，是选择一个创新型的、更懂互联网的CEO，还是选择一个和巴茨一样保守型的，这需要雅虎下定决心。可是，市场和华尔街或许都不会再给雅虎机会了。

谁拒绝跟情报握手，谁就必将遭遇惨败。一个又一个鲜活的例子说明了这条真理。分析雅虎何以败，理由多得像万花筒，但源头只有一个，那就是情报误诊所带来的巨大代价。

首先，雅虎对自身的微观情报产生了巨大偏差，曾在公司的定位上犹豫不决，是网络科技公司，还是网络媒体公司？

其次，雅虎在技术情报上十分薄弱。没有自己的核心技术，就算有还卖给了别人，要不就是后知后觉，这使得雅虎在竞争之路上步履维艰。

在网络广告市场，Google凭借技术实力打造的搜索匹配广告，稳坐头把交椅。展示广告吸引广告主靠的是流量，点击欺诈难以避免。搜索广告和吸引商家靠的是深厚的技术实力，唯有如此才能实现精准匹配。正是搜索广告曾在2000年互联网泡沫破灭之后曾救过雅虎一命，在长达4年的时间里，雅虎一直使用Google的搜索服务，使其有机会成长壮大起来。

从这个意义上看，正是雅虎一手培育出了颠覆自己网络广告王者地位的对手。

相比之下，Google却紧紧抓住时代脉搏和竞争者情报，一跃而起，傲视群雄，最终把行业老大哥拉下马。

除了搜索广告之外，雅虎还错失了社交网络业务。因为对情报的不重视，以及对技术缺乏储备，最终导致根本不敢跟Google和Facebook过招。

第三，当然就是与情报紧密相关的风险管理了。管理的最高境界是风险管理，财务风险是其中重要的一块，可是，雅虎依然表现很差。从拒绝微软收购，到巴茨失掉中国优质的支付宝，都说明了雅虎的战略短视和对风险的蔑视。

情报关系着企业的命脉，雅虎成为"互联网植物人"又是一则生动的例子。

百年柯达沉没：羸弱之躯难抗情报重任

百年影像传奇

2012年伊始，一则新闻在媒体上便闹得沸沸扬扬——百年柯达沉没！这次真的是句号！不是穷途末路，也不会存在奇迹般的东山再起，而是彻底地宣告终结。

对于柯达，相信我们都不陌生，大多数人都跟柯达发生过联系，我们的记忆和欢乐以及峥嵘岁月，都凝固在一种叫柯达胶卷的东西上。我们甚至都不敢相信，柯达破产了，这是真的吗？然而现实是冷酷的，我们不得不相信这一事实。

柯达曾创下长达百年的影像传奇，可是，如今一切都归入尘封的历史，剩下的只是人们的不明真相的评判。

柯达为什么破产？这家有着跟诺基亚一样长的历史的照相胶卷先驱企业因何倒下？曾经的传奇为什么在新时代创造不了新的奇迹？一切都是有待解答的迷雾。

对于柯达那些光辉的历史，我们几乎可以信口拈来，可以说，柯达一步一步崛起的历史就是其情报战略一次又一次胜利的历史。

1877年，照相机已被发明出来，但当时的照相设备极为庞杂，包括一个黑色的大帐篷，一个水箱，一个装着厚厚的玻璃感光板的容器，人照相的时候，还得钻到帐篷里……

相信看过李连杰主演的黄飞鸿电影的观众一定不会陌生，而且更复杂的是操作，没有专业的知识和技术，谁也无法驾驭这个庞然大物。可是，当柯达创始人乔治·伊斯曼第一次接触到照相机时，情报思维迅速运转，他忍不住想："照相机能不能做得小一些呢？"

这就是典型的情报力思维。别人可能感到好玩，照个相还要钻到篷子里，可是，伊斯曼却在思考怎么样才能变得轻巧，易于携带，这是对技术发展趋势的先知先觉。

1886年，伊斯曼坚持不懈的追求终于给感光业带来了一场划时代的革命。小型、轻便"人人都会用"的照相机诞生了，伊斯曼为它起了一个简单而响亮的名字:"柯达"。这就是第一代傻瓜相机。

没有伊斯曼发达的情报思维,柯达相机就不可能走进寻常百姓家,成为人们生活的必需品。

伊斯曼为了在消费者心中建立柯达品牌的忠诚度,为了建立清晰而有力的品牌识别度,柯达早期广告多表现有孩子、狗和朋友的家庭场景,而且多为发生在我们身边的易于拍摄到的镜头。

20世纪30年代,人们常可以从电台上收听到"这就是柯达一刻,别让它溜走""柯达串起每一刻"。在一幕幕动人的画面中,这些广告语深深嵌入了消费者的脑海,使消费者自然而然地把享受快乐时光与"柯达"这一名字联系在一起。

千万不要小看这几句广告语,正是它将消费者内心的需求给融合到带有画面的广告语上,让读者的心灵与柯达产生共鸣。柯达就这样一点点地成长起来。

在发展的过程中,新的情报出现了,那就是随着照相机销量的增加,胶卷冲印服务出现了大量的需求。

柯达果断做出决策,将生产能力由照相机转移到胶卷的生产和冲印业务上;而此时,其他的照相机企业正卯足了劲大肆生产相机。柯达先知先觉的情报力带来了可观的效益,它的胶卷销量猛增,同时几乎垄断了整个冲印市场。"迷你型"相机上市后,柯达便降低价格,使"人人都买得起",结果,柯达的胶卷、照相机及相关器材的销量扶摇直上。它的那些竞争对手,如爱克发、富士、樱花等公司,不惜血本降价,最终也不是柯达对手。

到了1930年,经过将近半个世纪的发展,柯达占世界摄影器材市场75%的份额,利润占90%,一举奠定了感光行业霸主的地位。

1964年,"立即自动"相机上市,当年销售750万架,创下了照相机销量的世界最高纪录。

1966年,柯达海外销售额达21.5亿美元,在《财富》杂志中排名第34位,纯利润居10位,当时位于感光界第二的爱克发销量仅及它的1/6。

1990年和1996年,在品牌顾问公司排名的10大品牌中,柯达位居第四,是感光界当之无愧的霸主。

曾几何时,每到柯达创始人乔治·伊斯曼创立的"工资奖金日",柯达就会根据企业业绩向全体员工发放奖金。员工拿到奖金后可以买车,或者去高档餐厅庆祝一番。

当时的柯达,地位相当于现在的苹果公司和Google公司。同时,当时柯达也给员工灌输这样一种信念:柯达能做任何事,柯达是不可战胜的。

传奇远去

随着竞争对手开始攫取胶卷业市场份额,柯达自20世纪80年代就开始走下坡路。

移动互联时代的来临,柯达面对数码相机和智能手机的崛起,不得不于2003年宣布停止投资胶卷业务。从此,光环开始散去,哀歌开始唱响。

时至今日,柯达拥有资产51亿美元,负债68亿美元,每股0.55美元,在2011年,其股价下跌了近90%。不久前,柯达已向位于纽约曼哈顿的美国破产法庭提交破产保护申请。如果在未来6个月内柯达股价无法上涨,有可能摘牌退市。

这家创立于1880年的世界最大的影像产品和服务生产供应商，在数码时代的大潮中由于跟不上步伐，而不得不面对残酷的结局。

有消息称，柯达已从美国花旗集团获得9.5亿美元融资，预计能够在破产重组期间持续运营业务和支付员工工资。柯达在官方网站上向客户保证，所获融资足够向供应商等商业伙伴全额付款，确保商品和服务不会中断。

话说到这份上，对于一个拥有百年传奇的企业来讲，是多么悲哀的事情。柯达走过长达一个半世纪的路程，厚重的历史对柯达来讲非常重要，历史凝聚着光辉，书写着传奇，为柯达带来了无上的荣誉和丰厚的利润，可是，现在历史成了柯达一块心病，一个沉重的包袱。

可以这么理解，历史跟情报是处于对立面的，尤其是那些光荣的历史。一旦企业沉浸在光荣历史中不能自拔，或者沾沾自喜，势必就会忽视新情报，傲慢迟钝的态度把情报赶得远远的，所以致败、衰落。

历史可以回味，却不可以依凭。

黄色巨人为何倒下？

2012年，当柯达即将迎来132岁生日的时候，却悲惨地面临着末日审判。这是人们极不愿看到的事情，也是人们无法回避的事情——属于柯达的日子所剩无多。

柯达这个"黄色巨人"为什么会倒下？

有的人说它不重注科技创新。可是，事实却是：整个20世纪柯达的工程师们共获得了19576项专利，甚至在最后的时间柯达可以靠出售专利挣扎求活，作为长期的行业领跑者，能说它不会创新吗？

有的人说它跟不上潮流。可是，事实却是：1975年柯达公司就研发出世界上第一台数码相机，当时数码产品还不知道在哪呢，苹果公司也不过刚刚起步，能说它不懂得潮流吗？

有的人说它缺乏凝聚力。可是，事实却是：一些柯达老员工曾说，哪怕给柯达擦地板也觉得骄傲。这种忠诚度反映出来的企业凝聚力，还需要多说吗？

在长达130多年的历史中，3/4的时间柯达都是业内翘楚，可是在余下的30多年里却丢城失地，最后金字招牌倒下。

人们不禁要问：这究竟是为什么？成也情报，败也情报。

想想柯达何以称霸？情报力思维的完美演绎。再分析柯达何以衰，恐怕也跟情报战略失误有莫大关系。

情报工作是任何企业都不能回避的问题。谁想回避它，它就会给谁颜色看。而且，忽视情报的后果很严重，企业往往无法承受。最主要的是：柯达没有认清新时代的特性和要求，忽视了对宏观情报的解读。

现在是什么时代？移动互联时代！

在新时代，数码相机与智能手机称雄，柯达未免就显得灰头土脸了。回顾往昔，柯达公司用产品及质量说话，我们还记得柯达经典的广告词："分享此刻，分享生活"和"你只需按动快门，剩下的交给我们来做"——这是伊斯曼发明第一台照相机后使用的绝佳推销语。

可是现在不同了，移动互联时代的特性让照相机和胶卷几乎无用武之地。人们不再需要冲洗胶卷，不再需要胶卷本身，甚至连照相机也可以不用了。我们只要掏出手机，就能随时随地拍照，哪怕图片质量相差很多。于是，柯达公司面临困境——原来的特长不灵了，接下来该怎么办？

此时此刻柯达应该做的，是静下心来，做好大趋势下的情报规划与目标工作，然后进行相关的情报搜集和整理，评价与判断，最后基于有价值的分析做出正确的决策，完成由传统领域向数码科技的转型。但是，柯达不但没有警醒，反而沉浸在虚幻的光晕中，自我麻醉。曾几何时，柯达的崛起，源于掌握了世界上最为先进的摄像胶卷技术。

1975年柯达也曾先见之明地研发并制造出世界上第一台数码相机，可是他们却固执地坚守着传统相机和胶卷的地盘，拒绝改变。可悲的是，对于技术情报的误读，使得柯达再一次失去了转型的良好机遇。

数码相机迅速地被人们所接受，手机与数码相机的合一更是顺应了新时代要求的主流趋势。从数码成像技术推广的时候开始，传统摄像方式和胶卷冲印技术就显示出落后性：价格昂贵，使用不便，逐渐遭到消费者的冷淡。

按理说，消费者的需求发生变化，这么重要的情报应该最先引起柯达的重视，并加以调研，寻求破解之道；可是，柯达对于消费者情报却置若罔闻。这一切都源于柯达对自身盲目自信。

毫无疑问，柯达在摄影行业中长期居于霸主地位。这样的优良销售业绩，让柯达公司高层滋长了极度的自信。他们认为自己在感光界的龙头老大地位不可能被任何对手撼动，甚至放出了"美国人已经不可能放弃柯达去购买其他公司的胶卷"的大话。

骄傲导致了与情报的隔绝，其结果就是不明不白地死在沙滩上。由于骄傲的心理，柯达错过了成为1984年洛杉矶奥运会官方胶卷赞助商的机会，败给了来自日本的竞争对手——富士，使这位重量级的日本感光企业得以立足美国市场。

中国哲学讲，盛极而衰；《红楼梦》里也说，"水满则溢，月圆转亏"。这些道理都是相同的。可以说，柯达公司的败落，在其极盛时期已经初露端倪。这又涉及一个很深的问题，如何面对强盛的自我？又怎样才能避免盛极而衰的结局呢？

穷则思变，盛也要思变。

极盛的时候更要保持清醒的头脑，理智的思维，对当下错综复杂的情报做出合理的分析和判断，让有价值的情报为自己的决策助力，这样才能避免败局。如果一味贪恋荣盛，对发生的新情况、新变化视如不见，或者对有价值的情报漠然处之，败局则是难免的。

柯达就是前车之鉴。可以说，柯达在世界企业发展史上占有浓重的篇幅，这么一个有着百年技术领先的巨无霸企业，因为未能掌握市场潮流和技术更新等情报并作出正确决断，而在10年内迅速衰败乃至破产，一定会成为商学院的经典教材。

柯达的案例应该引起人们的深思，尤其是中国的企业家们更应该从中吸取教训，做好情报工作，对情报不可掉以轻心，不能盲目自大。

富士：赢在情报力

相比之下，柯达的竞争对手——日本富士，在面对新时代、新情况的时候，转型战略比较成功。

我们再来看看胶片时代的龙虎斗。

柯达与富士，黄色与绿色，胶片时代的一对老冤家，曾经主宰全球影像市场，伴随着数代人的成长。进入数码时代后，两家传统霸主同样遭受过冲击，但眼下的命运却截然相反，一家欢喜一家愁。

在胶片时代始终被柯达压着一头的富士，在数字化道路上要坚决得多。虽然直到1997年才推出首台民用数码相机，但自从1999年研发出SuperCCD技术后，富士就一直在大力发展数码业务。

2002年，柯达产品数字化比例只有25%，而富士已经达到了60%。与柯达一样，富士的胶片业务也受到了数码摄影的明显冲击，但富士并未留恋昔日的荣光，而是进行了大规模的业务转型。

2004年开始，富士大规模收缩胶片业务，进行全球大规模裁员。胶片不再是富士的核心业务，数码相机才能赢得未来。富士依据高瞻远瞩的情报力做出了正确无比的转型决定。

为了拓展数码相机市场，他们大力研发SuperCCD技术，将相机制造从日本仙台转移到中国苏州，以降低成本。富士的CCD具有独到的技术优势，而且也是日本乃至全球少数几家完整掌握数码相机技术的厂商之一。

此外，富士还推进多元化战略，通过收购进军利润丰厚的医疗市场。目前其医疗业务涵盖药品研发、放射器械、医疗光学仪器，甚至还进入了化妆品市场。从2008年开始，富士决定将医疗作为未来业务重心，影像业务所占比重降至3成以下。相比于柯达进军打印机业务的无果而终，富士的多元化战略获得了很大成功。

"成也情报，败也情报。"日本富士的成功转型更证明了这条颠覆不灭的真理。

瘦肉精代名词：忽视情报终酿罪恶之果

瘦肉精：不是空穴来风

2011年央视"3·15"晚会上，播放了一条记者暗访多地猪肉市场的新闻,有一种所谓的瘦肉型猪肉非常受欢迎,和普通的猪肉相比,这种猪肉几乎没有什么肥肉。生猪行业把这种瘦肉猪戏称为"健美猪"。

在一家国家定点的屠宰场,他们所屠宰加工的猪肉中,这种瘦肉型猪肉占到80%~90%。而这种所谓的"健美猪"本身问题重重,隐患极大。经过追踪调查,这些猪肉出自河南孟州。

河南省孟州市是有名的生猪产区,这里的生猪出栏后,一般都是通过猪贩子进行买卖和调运。调查还发现,当地家家都在养殖这种肌肉发达的"健美猪"。

养猪户透露,要想喂成"健美猪",就必须在饲料里添加一种特殊的白粉末,当地人把这种神秘的添加物叫做"药"。用加"药"的饲料喂出来的猪不但体形好,而且价格也高。这些所谓的"药"就是传说中的"瘦肉精"。一些养猪户甚至说,他们自己从来不吃这种喂"药"的猪。

有人可能有疑问,这种吃了"瘦肉精"的猪怎么能够逃过检验检疫部门的法眼通关上市呢?

原来,生猪养殖环节使用"瘦肉精"几乎成了一个公开的秘密。这种用"瘦肉精"喂出来的所谓瘦肉型"健美猪",每头只需花2元钱就能买到号称"通行证"的检疫合格等三大证明,再花上100元打点河南省界的检查站,便可以一路绿灯送到大城市的定点屠宰场,根本无需检测"瘦肉精",每头猪交10元钱就能得到一张"动物产品检疫合格证明"。

有了这张证明,用"瘦肉精"喂出来的所谓"健美猪"就能堂而皇之地流向双汇集团。

瘦肉精事件,双汇无疑成为罪魁祸首,给双汇带来的直接和间接损失将超过100亿元，甚至可能接近200亿元，或许是灭顶之灾。

但是，瘦肉精事件所带来的灾难并不仅仅只是双汇，而是引起了整个食品行业的危机，更是中国整个消费环境的危机，而其给中国经济带来的深远负面影响，迄今为止更没有任何人和机构去认真思考和评估过。

我们不经要问：为何"健美猪"已经是公开的秘密，而双汇竟然没有任何察觉？难道是真的没有察觉吗？

事实上，关于"健美猪"的新闻早已经在双汇瘦肉精事件之前已经流传甚广，而双汇似乎偏爱收购的健美猪，也已经是公开的秘密。

有很多人在网络中投诉，甚至向有关监管机构投诉，不然，中央电视台也不会凭空捕捉到这个消息，并最终在"3·15"中发布。

犹如火山爆发、地震发生一样，任何突发性事件的爆发都是有一定的预兆的，正是双汇情报的忽略，最终酿成瘦肉精事件惊天大祸。

危机中的弱者

危机发生不可怕，可怕的是不知道如何应对危机。

我们再看看瘦肉精事件发生后，双汇集团有些显得拙劣的演技。可以肯定的是，双汇在第一时间并不是反思、检讨，而是想方设法地遮掩、撇清关系，最后发现一切遮遮掩掩的手段行不通了，又上演了一出"三十六计"大闹剧。

第1计：反客为主。

双汇搞了一个万人职工大会，名义上是反思会，却搞得像一场歌功颂德大会。会上有人竟然罔顾瘦肉精事件正让双汇处于危机之中的现实，高呼"双汇万岁"，而"瘦肉精"给消费者带来的恶劣后果，却只字未提。

难道消费者的安全和健康就不如双汇的经济损失值钱？

第2计：金蝉脱壳。

双汇发挥了超级学习能力，向"伟大先驱"——已经死在沙滩上的奶粉巨头三鹿学习，将责任推给养殖业，声称双汇代人受过。

双汇董事长万隆说："这证明瘦肉精事件的源头不在双汇，而是养殖业的问题。"将责任推给了养殖户。

可是，消费者是傻子吗？什么年代了，这种金蝉脱壳之计也太小儿科了。

第3计：苦肉计。

双汇的区域经理到超市现场大嚼火腿肠，上演了一出拙劣的苦肉计。然而，消费者并不买账。结果作秀不成，反招来消费者"早知今日何必当初"的冷嘲热讽。

第4计：瞒天过海。

双汇发布公告，称"瘦肉精"事件起源于旗下子公司济源双汇个别员工在采购环节没有尽责，致使少量饲喂有"瘦肉精"的生猪注入济源工厂。对于这种弃卒保车的策略，消费者同样不买账。

双汇的这些努力都没有什么效果，相反还引起了社会公众更大的愤恨和反感。

对双汇来讲，瘦肉精事件无疑是一场危机，而没有能够有效应对这场危机，又是双汇的另外一场危机。只不过，只有遭遇危机者不知罢了。

如此，就给我们提出了一个值得思考的问题：危机应对的前提是什么？

危机犹如一场战争，自然是情报当先。尤其是在移动互联之"自媒体"时代，一个危机事件的发生，往往会通过网络舆情得以体现，而舆情反映的是社会公众的最为真正的诉求，作为危机事件的当事人，首先应该对危机网络舆情进行实时监测，理性分析社会公众的真实诉求，然后做出积极的危机应对方案。

双汇在这次危机中近乎拙劣的表现，也证明其缺乏基本的情报力。

应该是自我审判

双汇最终因"瘦肉精"一事站到了法庭的被告席上。这也是一次继"瘦肉精"事件以后的危机。毕竟，知名企业因为食品安全打官司，怎么说都不是一件好事。但是，双汇似乎对审判很是期待，希望借"宣判"消散"瘦肉精"给双汇带来的漫天阴霾。

双汇高管高调表态："这个判决对双汇集团来说，将会产生更积极的作用。"对于万隆关于"如果没人做'瘦肉精'，就没问题了"的期待，双汇也相信案件的审判会产生一定的积极作用。

事实上，从风险管理的角度审视，双汇的风险绝非止于"瘦肉精"，也不能够被"瘦肉精"事件所掩盖。

理性地讲，双汇不应该。也不能对"瘦肉精"案的判决抱有太多的期望。从双汇在"瘦肉精"事件爆发后上演的拙劣的三十六计来看，我们都能够看出双汇危机风险管理能力的低下，双汇似乎根本没有从"瘦肉精"事件获得任何有价值的情报思考，也完全没有正视到自己的错误何在。

虽然，关于"瘦肉精"的审判落下了帷幕，而如果双汇真正对自己、对消费者，甚至对全行业负起责任，那么，双汇应该开展另外一场审判，而审判的对象应该是自己缺失的情报力，而非"瘦肉精"本身！

蒙牛危机本质：正面突围之策是情报

蒙牛之路

蒙牛跟伊利原本是一家。

牛根生曾是伊利做大做强的第一功臣。正因为如此，牛根生在伊利的威望始终让伊利总裁郑怀俊忐忑不安。他决定敲打一下这位功高震主的功勋。

1998年上半年，牛根生感受到了前所未有的困难。那就是哪怕买把扫帚都要打报告审批。众多部门来掣肘他的事情，令他很难做。不得已，牛根生找郑俊怀反映问题。可是，郑怀俊的眼神里传递出一种陌生感和不信任感。

其实，他们之间存在着更加严重的分歧——关于企业发展战略的分歧。郑俊怀求稳，而牛根生则求大胆挺进。郑俊怀担心，如果按照牛根生的战略思想发展，自己就会对伊利失控，这是他绝对不允许发生的。于是，决裂在所难免。

牛根生从伊利退出后，来到了北京，开始了在北大的读书生活。可是，人虽在北大，脑子里却无时无刻不想着企业的事。他是带着问题去读书的，因此无论做什么都具有很强的规划和目的性。

牛根生利用这一段时间重新审视了自己在伊利16年的各种经验和

教训，让原本在企业中形成的应激反应模式转换成理性的思维模式。经过在北大一个学期的沉淀、升华，蒙牛的草稿已经在他的脑中形成了。

从北大出来后，牛根生回到呼和浩特，参加了一场招聘会。结果，他的经验不被认可，招聘会没有任何收获。从那以后，牛根生经历了不少挫折，他想过开海鲜大排档，也想过办一家擦皮鞋的工厂，最后都不了了之。

就在牛根生"拔剑四顾心茫然"的时候，原来跟随牛根生的一帮兄弟纷纷被伊利免职，他们一起找到牛根生，希望牛根生带领他们重新闯出一条新路。

牛根生想了想自己的困境，然后对他们说："哀兵必胜！既然什么都不让我们干，我们就再打造一个伊利！大家起个新名字吧。"结果，"蒙牛"就应运而生了。

要不是牛根生经历了一番坎坷，要不是那些老部下的来归，要不是牛根生内心里乳业的梦想未死……蒙牛就不会诞生了。

蒙牛一成立，得知此消息后，还在伊利工作的老部下开始一批批地投奔而来，总计有几百人。这时候才显出牛根生的人脉和威望的价值。

蒙牛的发展奇迹由此拉开序幕。牛根生深知，情报力是企业发展的关键，没有情报就做不到知己知彼，百战不殆！

牛根生先了解自身的情报。不足之处：无市场，无工厂，无奶源；优势：各类人才，如策划、营销、原料设备等顶尖的人才。立足于这些情报，牛根生做出了采取虚拟经营的战略决策，用人才换资源。

1999年2月，牛根生经过秘密谈判和哈尔滨的一家乳品企业签订了合作协议，全面接管了这家公司。

牛根生明白，这种借鸡下蛋的策略不过是权宜之计。所以，他一边遥控哈尔滨工厂那边的生产，一边在呼和浩特一处荒僻之地，建设自己的工厂。

工厂建立起来之后，牛根生迅速分析了整个乳业的情报，认为以目前的实力，不足以挑战伊利的霸主地位，应该采取老二哲学，先跟紧再超越。于是，蒙牛打出了这样的广告语：向伊利学习，为民族工业争气，争创内蒙古乳业第二品牌！

做老二的策略是牛根生精准把握行业、市场和竞争对手的情报做出的正确决策，这不是克隆而是补缺。就像可口可乐和百事可乐、宝马和奔驰共同竞争却能发展得更好一样。然而，你想当老二，是不是老大就愿意呢？

就在蒙牛广告牌树立起来的同时，竞争对手为了封杀蒙牛，争夺奶源，蒙牛的运奶车半路被截，牛奶被当场倒掉。牛根生对竞争对手的情报做了充分详细的分析，认为蒙牛应该实行韬光养晦策略，避免跟伊利正面冲突。

最后他制定了三不政策：凡是伊利等大企业有奶站的地方蒙牛不建奶站；凡是非奶站的牛奶，蒙牛不收；凡是跟伊利收购标准、价格不一致的事，蒙牛不干。

同时，为了跟竞争对手抗衡，牛根生打出了打造"中国乳都"的概念。而且在众多场合提到伊利时，都把伊利放在自己的前边，在所有的口径上都将内蒙古所有的乳品企业打上"一荣俱荣，一损俱损"的烙印。

这样做的直接结果是，蒙牛赢得了政府的支持，使自己的命运和内蒙古的经济发展大局捆绑在一起，抬高竞争对手的同时保护了自己。就这样，蒙牛开始顺风顺水，渐渐做大做强起来。

针对消费者情报，牛根生也有独到的一面。

基于竞争者情报分析，牛根生知道在市场上也不能和伊利正面冲突。于是，他将目标锁定了伊利刚刚败阵的深圳来推广自己的品牌。

事先，他对伊利因何致败做了很深刻的分析，得出了结论：深圳的消费者基本上都认准了洋品牌的口味。

为此，牛根生让蒙牛的各路人马穿着蒙古服装打着横幅和标语到各小区门口，横幅上写的是来自内蒙古大草原纯天然无污染的牛奶、不喝是你的错，喝了不买是我的错，蒙牛产品全部都是免费送给居民品尝。

结果，小区的居民一喝不错，蒙牛首战告捷，一炮打响，蒙牛的产品一下子在深圳各大超市迅速火了起来。依靠这招小区包围超市，所有产品免费品尝的策略，从1999年开始，蒙牛的产品快速进入北京和上海的市场。

2004年蒙牛乳业收入达人民币72.138亿元。根据AC尼尔森的统计，蒙牛乳业占液体奶市场的市场份额已经由2003年12月的17%上升至2004年12月的22%，成为行业领军企业；2005年3月，达到25.4%，超越了伊利，稳居全国第一。

牛根生在2003年被评为CCTV中国经济年度人物。

很显然，蒙牛的成功不是偶然的。一以贯之的精神内核除了那些看得见的价值观以外，一个不为人知的重要密码就是情报力的完美演绎。与其他企业采取"农村包围城市"的策略不同的是，蒙牛是从一线市场做起来的。"一线插旗，二线飘红"是蒙牛牛奶的经典市场策略之一。

牛根生认为，在一线市场成为第一品牌的时候，在二线、三线市场也会成为第一品牌。因为中心城市本身就是市场营销中最重要的战场，不抢占这些战略地形，品牌就不会成为主流，就注定了被边缘化。

蒙牛建立在强大情报战力基础上的市场营销策略，在进攻一线市场时采取集中优势兵力原则，既不是单纯地靠地面促销取胜，也不是单纯地靠广告轰炸取胜，而是两者合成的立体作战，毕其功于一役。

我们想说的是，不管采取哪种营销战略和策划手段，基本的立足点都是对情报的精准把握，对情报力的着力塑造。

没有情报力，一切都将归于空谈。

舆论情报敲响警钟

谚语云：飞鸟尽，良弓藏，狡兔死，走狗烹。

诚然，情报在蒙牛成功的路途上发挥过很大的作用。可是，情报力不可以一劳永逸地获得，而需要时时刻刻保持警醒，时时刻刻都要发展充实。

蒙牛后来遭遇的种种危机却证明了蒙牛情报力的逐步沦丧。由于蒙牛对情报态度的转变，舆情危机不断上演。而这些危机的源头倒跟双汇有些相似，都是由食品安全引起的。

2011年4月22日，陕西省榆林市鱼河镇中心小学的251名学生，在喝完学校提供的蒙牛学生专用牛奶后，出现身体不适。其中，16人出现肚子疼、恶心、呕吐等食物中毒症状。当地医院为"问题学生"做完检查之后，初步诊断为"细菌性食物中毒"。于是，人们纷纷将目光聚焦在蒙牛上，认为蒙牛学生专用牛奶，就是罪魁祸首。

消费者这么想也有他们的理由。因为从2008年三聚氰胺，到2009年的特仑苏OMP牛奶添加IGF-1争议，再到2010年蒙牛伊利"公关战"中的"诽谤门"，蒙牛每年都会让消费者闹心。

一波未平，一波又起。就在榆林学生中毒事件还未结束的时候，蒙牛又发生了"致癌门"事件，使原本就陷入危机的处境，更加雪上加霜。

2011年12月24日，国家质检总局公布了近期对200种液体乳产品质量的抽查结果；抽查发现蒙牛等产品黄曲霉毒素M1项目不符合标准的规定；其中，蒙牛乳业（眉山）有限公司生产的一批次产品被检出黄曲霉毒素M1超标140%。

对此，12月25日蒙牛在其官网承认这一检测结果并"向全国消费者郑重致歉"，此外表示对该批次全部产品进行了封存和销毁。

这些突发事件触怒了消费者，消费者纷纷在网络媒体上声讨蒙牛，有不少用户在微博上发出"抵制蒙牛产品""团结起来，把蒙牛告到破产""反对蒙牛将媒体封口"的呼吁。

草根民众成为推动此次蒙牛事件传播的主力，大多数网友在互联网的转发让蒙牛"致癌门"事件在很短的时间内全面扩散。

据恐龙智库舆情监测中心统计，对于蒙牛的道歉声明，约58%的网友感到震惊与气愤，表示坚决抵制蒙牛的网友也占到了20%，甚至还有部分公众将负面情绪转化为了实际行动。

2011年12月28日晚，蒙牛官方网站被黑，打开该网站首页，页面显示出谴责一段蒙牛的文字，称"这是我们民族的耻辱"。

众多网友纷纷围观并加入讨论，意见也全是一边倒地针对蒙牛："现在蒙牛必须正视自己的问题。消费者是本着喝奶健康的想法买的，可是现在的奶谁还会放心购买呢？要喝奶，看来得自己养头牛才放心。"

与此同时，蒙牛产品在市场上也遭到抗拒。

据了解，北京某家大型超市在事件发生两天内的监测数据显示，蒙牛牛奶在其店内销售下滑了37%。

蒙牛对于消费者舆情（舆论情报）的不充分把握和分析，从而做出错误的危机公关策略，从而导致舆情进一步扩大，这可能是蒙牛始料未及的。

在接连的危机中，蒙牛损失惨重。痛定思痛，蒙牛应该有所警醒。然而，通过蒙牛处理舆情危机的措施可以看出，蒙牛确实沉疴已久。

首先，三鹿毒奶粉事件爆发后，蒙牛的情报系统就应该支持其领导层做出正确决策，严格禁止任何有违国家食品安全法律法规的不法行为发生，殷鉴不远，后来者何不警醒？

可是，蒙牛仅仅通过媒体做了一番事不关己的承诺，并未从内心认识到事情的严重性，结果五十步笑百步，危机很快就轮到自己头上。

这说明一个道理：企业应该具有风险意识。当危机发生时，最先想到的应该是理性地判断铺天盖地而来的情报，提取其中有价值的部分，而不是先撇清与危机之源关系。

因为危机中，消费者对企业的期望值升高。如果企业不正视，反而推诿逃避，肯定会引起消费者和公众巨大的心理落差，进而使危机扩大且深化。

其次，无论是蒙牛，还是其他级别的企业，如果担心危机发生，最好的一种方法就是防范危机的发生。就像中医讲的，良医治病，在于治未病。

如何做到良医治未病？最关键的一点就是对情报的重视。

危机是企业的一种常态，突发事件也是常态。哪家企业在做大做强的过程中会一帆风顺、一马平川？那是不可能的。

但是，危机不是偶然发生的，也有着内在的必然性，是企业的内外部坏境长期积累发展的结果。

蒙牛在大肆拓展市场、四处收购企业之中，必然积下一些难以短时间化解的顽疾。如果工厂产能跟不上、产品生产监控薄弱、人员管理难度加大、市场竞争的恶意对抗等，这些顽疾如果没有有效化解或一一加以重视，在某种外因的诱使下，就演变成企业的重大危机。但是，如果情报工作得当的话，危机爆发的概率就会很低，甚至不会引发危机。

"防微杜渐、见微知著。"领导者之所以成为领导，就是能从这些微细处，发现自己所需要的情报，为企业的危机预警。

占领淘宝风波：情报管理也是核心竞争力

马云是朵什么云

马云是朵情报力云！我们可以从他的人生历程中发现其优秀情报力的轨迹。

1995年，马云受浙江省交通厅委托到美国去讨债。这次美国之行，虽然没讨回债务，却让他小试牛刀。

在美国，马云第一次接触了互联网，他认为互联网势必成为一种新的广告媒介，并蕴藏着丰富的宝藏。由此，马云萌生了一个想法——回国开一家互联网公司！

1995年3月的一天晚上，杭州烟雨婆娑。马云家来了20多位外贸圈子的朋友，他想听听这些朋友对互联网的商务需求。

结果，这些朋友异口同声地反对马云做互联网。毕竟，那个时候互联网太神秘了，很少有人能看到其中的价值，像马云这样先知先觉的人实在太少了。面对这么多反对的声音，马云没有退缩，他坚信自己的情报价值判断。

1995年5月9日，中国黄页上线，马云开始跟身边的朋友做生意。经过8个月的摸爬滚打，公司开始收支平衡，营业额也已突破100万元。

但是，这个时候的马云在情报方面也犯了一点小疏忽——忽视了行业环境情报和竞争对手的情报。

当时，他认为互联网在中国完全是个新兴事物，很多人都不知道怎么回事，怎么会有竞争对手出现呢？

可是，他错了。大家都知道中国黄页挣钱了，大有前途。因此一夜之间，对手遍地丛生。其中，最厉害的一家就是杭州电信。最后，中国黄页被杭州电信收编；马云套现走人，北上京师。

1997年，马云在北京建立了外经贸部官方网站等一系列国家级站点。凭借着对新兴行业发展态势的敏锐感知力，马云得出了"电子商务将大有可为"的结论。然而，马云却跟雇主外经贸部在电子商务服务的对象上——是中小企业还是大企业——意见出现分歧。

无奈之下，马云退出，返回杭州。在充满诗情画意的故土上，马云高超的情报力得到了最大的历练。

他分析浙商的现况，认为浙江的中小企业由于渠道和资源所限，存在很多急着走出去的苦恼，马云想为他们做些事情。出发点就是他一直看好的电子商务领域。为此，马云沉下心思，对当前的大环境，即宏观情报做出了科学的分析和判断。

1999年的中国，互联网风生水起，一浪高过一浪。互联网相继接入中国的大中城市，各大门户网站竞相建立，推动了中国互联网的第一次浪潮。

但是，冷静的马云并没有跟风，他心里想着电子商务，认为互联网浪潮对电子商务来讲是个千载难逢的好机会，自己的公司应该是为全球的商人建立一个网上商业信息和机会的交流平台。

在这种理念的驱动下，1999年3月，阿里巴巴诞生了。一年多的时间，阿里巴巴就拥有了超过200个国家和地区的25万名会员，库存买卖类商业信息达30万条，每天更新的信息超过2000条。

2001年，互联网泡沫破裂，网络科技公司进入寒冬。然而，就是在这个节点上，马云却构思着新的战略。他认为在大家都还没有开始准备，甚至避之不及的时候，往往正是最大的机会所在。而这份自信是建立在他吃透了整个行业和竞争者情报的基础上。

当时，电子商务市场已经臻至成熟，阿里巴巴的江山如铁桶一般，无人能攻；但是，马云并没有故步自封，而是有着长远的打算。

他每天沉浸在对行业信息的搜集和整理、分析和判断中，时刻关注着电子商务领域以及竞争者方面的情报。其中，颇具实力的竞争者——易趣的动态最引起他的注意。

情报显示：易趣已经占领了中国80%以上的市场份额，而eBay已在2002年以3000万美元收购了易趣1/3的股份，并在2003年以1.5亿美元的价格收购了易趣余下的股份，并允诺继续增加对中国市场的投入，以增强在中国市场的绝对领先地位。但是，很快马云就发现了eBay的阿喀琉斯之踵。其中最重要一点就是客户对eBay坚持收费的原则怨声载道。

马云认为，在那个时候就采取收费模式，时间上很不合适。

针对竞争对手的弱点，在前期没有进行任何市场推广的情况下，2003年5月10日，淘宝网正式上线。20天后，淘宝网迎来第一万名注册用户。

2003年7月7日，阿里巴巴正式宣布投资1亿元开办淘宝网。淘宝成立后，马云对情报做出了规划，对情报目标锁定在3个领域：企业文化的微观情报、消费者情报、技术情报。

马云做的第一件事是把阿里巴巴"客户第一"的理念，移植到淘宝上。马云最知道客户需要什么，消费者情报始终是他放在首位的东西。淘宝进入正轨后，马云考虑到网络支付环境的特性，认为不安全的网络支付可能引发一场危机，因为马云深切知道，没有安全支付，就没有真正的电子商务。

为了提前规避，淘宝在中国第一个推出了确保网络交易安全的产品——支付宝，通过跟国内主要银行以及相关部门的合作，让网络交易真正变得安全放心。

支付宝解决了网络支付的安全问题，接着马云又着手解决融资整合的问题。他通过对投资者情报的分析，排除了与百度战略整合的可能性，最终选择了杨致远带领下的雅虎。

雅虎决定投资10亿美元给淘宝，其中7.5亿用于购买淘宝股份，另外2.5亿用于淘宝运营和发展的后备资金。就这样道路平铺了，淘宝开始像野草一样疯长。

现在再回过头来看我们的标题——马云是朵什么云？相信读者们也有答案了。

不错，这朵云是情报力之云。有了这朵云，就能在蔚蓝的天空里织就各种传奇故事。

5万人占领淘宝

5万人"占领淘宝"的事件，被视为"民权挑战霸权"，影响尤为深远。

当初，淘宝初创的时候，马云及其团队最看重的就是客户资源，因此，马云承诺淘宝免费3年。

两年多来，淘宝面临着许多质疑，可是毕竟胜利者是不受谴责的，淘宝的业绩击破了一切流言蜚语。当然，也有许多从淘宝网获利丰厚的客户有过缴纳一定费用的表示，可是淘宝高层却认为时机不对。

马云也说过："如果一个人脑子里想着人民币，眼睛看到的是美元，嘴巴吐出来的是英镑，那这样的人是永远不会真正把客户的需求放在第一位。"

言犹在耳。可是，2011年北京的金秋时节却发生了5万人占领淘宝的事件。根源就是淘宝大幅提高客户的年费和保证金。

我们先回顾一下事件的经过：

2011年9月初，有传言称淘宝商城将发布"新规"，大幅提高年费和保证金，对此，商城内众多中小卖家纷纷对此求证，但淘宝并未回应和证实。

2011年9月22日，淘宝商城公开辟谣，发布《阿里巴巴：提高年度费率传言不实》的消息，中小卖家情绪暂时稳定。

2011年10月10日中午，淘宝商城突然发布《2012年度淘宝商城商家招商续签及规则调整公告》，大幅提高年费和保证金，新规执行时间设在了10月17日，此前的传言被证实，不少商家感觉被耍，情绪高涨。

2011年10月11日21时，不满新规的中小卖家开始在网上聚集，随后对大商家进行恶意攻击。

2011年10月13日，反淘宝联盟参与人数超过5万人，攻击范围扩大到直通车、聚划算。

2011年10月17日，在商务部表态后，手写5个"忍"字的马云回到国内，闪电出台5项新措施，投入资金18亿元，对新规进行了让步调整。

可以看出，在整个淘宝商城新规引发的地震性事件中，中小卖家是最大的受害者，他们痛骂淘宝冷血，而那些销量排行榜前列的大卖家则一副"事不关己，高高挂起"的看客态度。

无可置疑，商家把矛头指向了监护不力的马云。马云几番挣扎，无奈地做出了妥协。但是由此酿成的"5万人占领淘宝"的恶性事件，也彰显出淘宝危机管理之弱。

马云的情报力是有目共睹的，可是这次却失去了预警。套用一句网络流行语："重视，或者不重视，情报就在那里，不悲不喜。"情报是没有感情的，可是，对于情报的不同态度却能带来悬殊的结局。

马云作为互联网教父，谙熟生态中的规律和趋势，可是对新环境下的情报却比以前迟钝了许多。

而且，任何一个网络事件中都有大量"局外"的围观人，难道这些"局外"围观人真的是"无关"吗？大家都是网络生态中的一分子，这才是最为重要的。

虽然，电子商务这一块法律尚不完备，但是，也是风险最大化的时候，而马云在这次危机中最不应该疏忽的就是法律风险。

淘宝的中小卖家只能严重依赖于淘宝商城，对淘宝新规调整则无任何博弈和谈判能力，"占领淘宝"维权只不过是表象，其本质是商户对其涉嫌滥用市场支配地位的不满。

从阿里巴巴与大股东雅虎一触即发的战争，到2011年6月的支付宝股权悄然转移事件，再到"平息"不久的"5万人占领淘宝"的恶性事件，短短一年内，马云经历了一场过山车似的风险危机。

曾经的马云，其成功归功于敏锐的情报力，但今天淘宝遭遇的危机，我们不能简单以马云情报力下降了来解释。

企业情报力的建设是一项系统工程。企业创业之初，可以凭借企业家个人敏锐情报力来做指引，而一旦企业做大做强，走向完全的规模化，则需要企业层面建立属于企业本身的情报力。

同时，由于情报力与风险管理是紧密相连的，如果企业家不重视风险管理，其创业时的所天然具有的情报敏锐性同样不能够适合企业风险管理的需求，也就无法根据情报对企业所可能面临的危机风险进行识别和评估，当然，也就谈不上真正有效的应对了。

风险之魔鬼藏于细节，情报之细节决定成败。唯有充分理解风险管理是管理的最高境界，才能够深刻理解情报力的真正价值。

第四章
并购宏图：
大战略尚需大情报

中国车企第一并购案为什么归于失败？
华为并购屡屡受挫，拷问冬天究竟在哪里？
TCL要想实现鹰之重生，最可依凭的力量是什么？
联想并购IBM的PC业务，为什么是一场可以"联想"的败局？

Magic code of successful enterprises in the mobile internet age

INTELLIGENCE WAR

上汽收购双龙：知己不知彼的高昂学费

跨国联姻

世界上绝大部分伟大的企业都是靠并购快速成长壮大的。

随着经济全球化趋势的加深，中国经济的壮大，越来越多的中国企业希望通过跨国并购的方式实现企业规模经济，进而提升自身的国际竞争力。

跨国并购是一项复杂系统的过程，尤其对于中国本土企业来讲，虽然说现在是不差钱，但是因为钱包鼓了就盲目进行并购，必定是输多赢少。据不完全统计，目前中国企业并购失败率高达70%，海外并购失败率则更高。

什么原因导致中国企业并购失败？

或许，从上汽收购双龙失败的案例中我们能得出一些结论。上汽与双龙，这段跨国联姻始于2005年。

上汽，是中国三大汽车集团之一，世界500强企业。

韩国的双龙成立于1954年，一开始生产重型商务车和特殊用途车辆，1991年跟奔驰结盟后，其产品MUSSO系列成为韩国四轮驱动越野车的代表。

事情发展到1997年，双龙因资不抵债而被大宇集团收购。1999年，大宇集团解散时，双龙被分离出来成为独立的上市公司。由于经营不善，双龙开始走下坡路。双龙的债权债务出现严重倒置，公司濒于破产。

为此，双龙的债权团开始探讨向海外出售股权，以便收回其投入的资金。2003年下半年，债权团邀请海外企业前来投标，从中遴选合适的购买对象。

2004年7月，上汽中标，以每股1万韩元，总计5亿美元的价格，收购了经营状况岌岌可危的双龙48.92%的股权。2005年，上汽又增持双龙股份至51.33%，成为其绝对控股的大股东。

我们不禁要问：双龙摆脱债务的动机如此明显，为什么上汽还要蹚这滩浑水呢？

上汽有自己的打算。上汽从全球汽车行业的整体态势出发，认为双龙虽然衰败了，但是底子还在。双龙走下坡路的原因很多，比如成本过高，国际油价的动荡等，可是，先进的技术仍然令上汽垂涎。

基于行业情报的分析，上汽想把先进的技术"拿过来"，把双龙半个世纪积累的品牌优势借为己用，方式有很多种，最后，它选择了并购。

对于产品情报，上汽也对双龙各种产品进行了综合分析。最终，并购得以发生，归结于上汽看重了双龙在生产SUV汽车上的品牌优势和技术优势。

SUV车是双龙的主打品牌，其中雷斯特、爱腾和新款柯兰多是深受车迷喜爱、品牌知名度相当高的车型，而且历史上的销量一直令业界仰视。相比之下，中国同类型的车就差远了。于是，上汽为了能够获得双龙SUV型车的技术和品牌优势，不惜血本收购了在韩国看来是一块烫手山芋的双龙公司。

扭转颓势

2005年，上汽正式入主双龙，第一件事就是公司治理方面的棘手问题。公司治理也是企业微观情报的组成部分，如果解决不好，容易遭受被动。

按照中国人的习惯，新官上任先要烧一把火。上汽的第一把火就是撤掉原双龙汽车株式会社的社长苏镇，通过换头，为下面大刀阔斧的改革铺路。

公司治理这一关过了，接下来就是企业管理情报的分析。上汽发现双龙在管理方面存在着巨大隐患，一是生产秩序混乱，缺乏有效的规章制度，二是生产粗放，生产模式很难适应现代化生产的要求。

立足于这些细微的情报分析结果，上汽做出了调整。

2006年，上汽管理层通过整顿长期散乱的生产秩序，建立精益化生产体系，实行质量控制的"全面振兴计划"，当年成功地实现了主营业务盈利。

2007年，国际油价直线上扬，韩国政府又"落井下石"地取消了柴油车的补贴，这使得局面刚刚好转的双龙急转直下，再次面临严峻危机。

市场态势如此严峻，上汽好不容易把双龙起死回生，不能再让它跌倒。市场很不利，但是并不是走投无路。上汽认为，中国还是一个优良市场，如果把双龙引进中国，危机自然可以迎刃而解。

上汽着手打开中国市场，而且大力降低汽车成本。关键时刻，上汽集团副总裁墨斐入主韩国双龙，管理层与工会达成协议，2007年为无罢工之年，上下齐心，结果取得双龙整体扭亏增盈的业绩。

此外，利用上汽的影响力，双龙先后4次成功地进行了包括获得巨额贷款和发行债券的融资活动。上汽尝到了甜头，这些开局良好的举措都建立在对行业态势、市场态势、产品和公司管理等情报的基础上，可谓弹无虚发，百发百中。

经过实战建立起来的情报优势，上汽并没有浅尝辄止，而是在全球范围内，同时进行了几次类似的并购，分别是2004年，上汽以6700万英镑购入罗孚75、25两款车型和全系列发动机的知识产权，南汽以5300万英镑收购了罗孚和发动机生产分部，之后上汽、南汽合并。

有了情报力的稳固支撑，上汽收获了很大的成功。比如，上汽成功打造了荣威品牌，销量稳步增长，品牌溢价堪比合资车厂，成为了中国汽车自主品牌中最成功的模式之一。而后，通用收购韩国大宇，使其成为通用在亚洲市场的排头兵，而上汽则出资6000万美金收购了10%的通用大宇股份。

可以说，这些并购都是可圈可点的。但是，同样的胜利却没能在双龙那里得到复制。

蜜月期昙花一现

2007年风雨飘摇，可是上汽主导下的双龙毕竟取得了可喜的成绩。双龙的3款主打车逆市突起，牢牢稳固了其在市场上的品牌地位和占有量，而其柴油SUV已拥有中国同类市场90%的份额。因此，2007年号称上汽与双龙的"蜜月期"。可惜，好景不长。中国市场的红火解决不了全球市场的疲软。

上汽在产品情报方面对双龙有所判断，认为双龙的人工成本相对较高，产品单一，加之原油价格高升，金融危机日益加剧，使得双龙内外交迫。

上汽以为自己掌握先机，情报系统事先已经做出了预警，但是，它轻视了困难的严重程度。对不利的态势估计不足，使得上汽与双龙的所谓的蜜月期很快临近尾声。

2008年前9个月，双龙出现了1083亿韩元的亏损。双龙2008年汽车总销量仅为92665辆，比2007年减少了29.6%，其中12月的销量同比降幅高达50%以上。

双龙沉沦得如此之快，而且还是在上汽的极力呵护下，这可让上汽大跌眼镜。上汽对这种严峻局面缺乏准备，而且没有头绪，不知道该从哪里调整。

就在上汽面对双龙困境进退维谷之际，隐藏很深的工会问题又浮出水面。其实，上汽从开始之际，就对韩国的工会文化部缺乏了解，并且也一直存在着矛盾，只不过，这个矛盾没有完全激化出来。而一旦机会成熟，这个埋藏已久的地雷爆发时，上汽才感觉到威力所在。

面对危机，上汽没有心情分析情报，而是将目光呆板固执地锁定在了双龙产品的高成本上。这其实也无可厚非，双龙的产品成本确实高，作为控股的上汽要求降低成本没错，可是，上汽却犯了一个低级错误。

那就是对韩国工会文化不了解。可以说，上汽对于韩国的工会文化情报了解不足。上汽对双龙眼前的拯救和初期带来的繁荣，只不过掩盖了工会文化所隐藏的危机。短期的虚假繁荣蒙蔽了上汽的情报双眼。

与工会过招

事实上，从上汽入主双龙，工会就没消停过。

事情的经过是这样的。上汽要求裁员,双龙工人们不同意,经常举行罢工示威。上汽想尽快摆平工会的阻挠,可是,工会不买账,罢工活动愈演愈烈。而且,经过这么一折腾,韩国舆论纷纷抨击上汽"欲图窃取双龙先进技术,正在制造中韩外交麻烦",让上汽处于很被动的位置上。

由于销量大幅下滑、工会的顽固抵制以及舆论的恶性引导,双龙的运营状况不断恶化升级,竟然到了发不起薪水的地步。

2008年12月初,双龙卖掉位于韩国平泽港口的一半工厂基地,目的在于加强短期财政运营。到了中旬,双龙通知员工:预计仅今年就将出现1000亿韩元以上的赤字,12月经营资金短缺,因此无法发放工资。

上汽提出,可以为双龙提供2570亿韩元的救济性资金援助,但前提条件是双龙必须裁员1000人。结果,这种提议遭到了双龙工会严词拒绝。不仅如此,工会大发威,动员1000多名职员参加集会,要求双龙立刻终止结构调整、不允许向上汽提供技术,且不同意单方面拖欠12月工资。

上汽也不示弱,回应了工会组织的集会。声明说:如果双龙不能满足裁员、工会结构调整的条件,上汽将从韩国撤资。

双龙工会毫不退缩,再次举行更大规模集会,将公司运作不佳归罪于上汽,称因为上汽没有遵守"投资1.2万亿韩元和年产33万辆"的承诺,并且汽车科技外流,因此导致了目前的经营危机。

双方的矛盾愈演愈烈,最后一发不可收。

2009年1月16日,双龙工会在中国大使馆前举行示威,要求中方经营班子退出,称上汽集团窃取了双龙的核心制造技术,并试图将事件升级为中韩两国外交事件。

第二天，在京畿道平泽市元谷洞，双龙工会的13名人员挡住3名上汽职员乘坐的汽车，将3人监禁起来，并抢走了他们随身携带的笔记本电脑，理由是"笔记本电脑中有核心机密"。

事情越闹越大，无法收场，最后韩国首尔地方法院站出来，平息了这场风波。

法院的做法很简单，那就是启动双龙"回生程序"，即韩国破产保护流程。最后法院判决：上汽将放弃对双龙的控制权，但保留对其部分资产的权力。这意味着上汽永久地失去了对双龙控制权。然而，上汽对这样的结果却伤不起。

到底双龙能不能起死回生还很难说，但是，有一点可以肯定，上汽输了，中国车企海外并购第一案以失败而告终。

文化情报也很重要

上汽败在哪？归根结底败在不了解韩国工会文化的情报上。

2006年跟2007年的良好开局，上汽以为自己的情报工作做得已经足够了，事实已经证明，对行业、市场、产品、管理等方面的情报做得很充分，决策也相当正确，预警也有，可是，到头来，上汽依然败下阵来。

原因很简单，上汽没把文化当成一种情报。

情报分宏观、中观、微观三个层次，其中宏观情报就包含着文化层面的内容。尤其是中国企业到海外并购，文化问题始终都是一个难以逾越的门槛。细数中国企业海外并购失败的案例，可以说相当部分都是存在对文化情报不重视的因素。

当年，中国京东方集团和盛大集团在韩国并购对技术采取"杀鸡取卵"的做法，让韩国社会和舆论不满，留下了很大的后遗症，导致韩国人不相信中国企业。

前车之鉴不远，上汽并购之前就当留心，可是，事实却是它没把以前中国公司的教训当成一回事，并购后没有在文化方面多做努力，在员工的薪酬与福利方面举措失当，因此，遭遇双龙工会的强烈抵制，进而引发败局也在意料之中。

工会在韩国一向都很强势，是韩国企业所特有的一种文化现象。可以说，在上汽并购双龙的整个事件中，工会对成与败起到了决定性作用。

在韩国有两大工会：全国劳动组合总联盟和民主劳动联盟。都被看成是由劳动者作为主体、自愿团结组织的团体会联合体，目的在于维持和改善工作条件，提高劳动者经济和社会地位。

为什么韩国工会这么强势呢？这是有历史原因的。

20世纪80年代，韩国开始了民主化进程，工会在此进程中，性质开始发生转变。由一开始的纯粹的工人组织，变为有权参与企业管理的特殊组织。它通过组织罢工、封锁工厂等方式与管理层进行谈判。企业要想管理顺畅，正常运营，必须取得工会的支持和协助。

加上韩国是民选政府，可以调解企业与工会之间的矛盾，但却无权干涉工会的罢工活动，这也导致工会越来越强势。上汽没有意识到韩国工会的特殊性，拿中国的工会文化去考量韩国的民族文化和历史积习，无异于自找苦吃。

上汽收购双龙一案值得中国企业反思。

情报的意义在于知己，知彼，知环境。可以说，上汽在这三方面都有缺失。知己，是件难事，人最难认识的就是自我。上汽作为中国汽车行业的翘楚，拥有最强的人力、财力以及管理能力，但是情报力不强，同样行不通。

上汽因袭中国汽车产业的一贯思维，以技术换市场，岂不知这种思维风险巨大。既然是"换"，必将受制于外部因素，而外因是多种多样的，只要情报力的支撑跟不上，栽跟头是一定的。

而且立足于"换"，必将导致对自主研发的忽视，使得风险一旦发生，自保都费劲。

知彼，看似容易，实则需要下苦功夫。双龙首先是一家汽车企业，其次是一家韩国企业，再次是一家处于困境的企业。它为什么深陷困境？韩国企业有什么特殊的地方？同为车企，它有什么地方值得借鉴，什么地方值得警示？不把这些情报搞通搞透，一味垂涎其品牌和技术优势，最终难免偷鸡不成蚀把米。

知环境，其实已经包含了知己知彼的意思，但要更深更远。一国的政治、经济、文化、外交、科技、教育等；一个企业的战略、文化、管理、市场、运营等，这些情报都是环境的组成部分。

文化情报，不论是国家文化还是企业文化，都是"知环境"的题中之义。希望上汽并购失败的案例，能够引起中国企业对并购对象所在国的文化情报的重视。

华为海外并购：冬天在哪里

伤痕累累并购路

华为在进军海外市场的路上频频受阻，并购之路可谓伤痕累累。

2010年，就在印度政府即将发放3G牌照之际，印度内政部要求华为一个月内披露其公司所有权的全部细节。

几个月前，华为还以为胜券在握，可是转眼之间，已身陷麻烦之中。这一事件说明，尽管华为此前做好了必要的准备，但是未来的道路上还有更多棘手的挑战。

印度是华为在亚太最重要的海外市场。在华为上一财年的全球营收中，印度市场贡献了大约14亿美元，占11%，比2008年增加了一倍以上。

为了缓解印度方面对华为根深蒂固的猜疑，华为施展魅力攻势，派驻印度的工作人员取印度名、着印度服装。华为副总裁姚卫民也取了"拉杰夫（Rajeev）"作为自己的印度名。但是，这些做法管用吗？

事实证明，这么做只是华为的一厢情愿，它的并购之路并不能因此而变得平坦。

我们可以看看华为在并购之路上的跌跌统计。

2003年，思科在美国德克萨斯州东区联邦法庭对华为的软件和专利侵权提起诉讼。长达77页的诉状指控华为在多款路由器和交换机中盗用了其源代码，使得产品连瑕疵都存在雷同。

2004年，日本富士通公司致函华为，正式通知其员工朱宜斌在美国SuperComm展会上因窃取竞争对手的产品信息被抓获。

2007年，华为曾携手贝恩资本欲收购3Com，但该交易被美国外国投资委员会因安全问题阻止（最后，3Com被惠普成功收购）。

2009年，华为曾试图收购北电网络的LG北电资产，但该资产最终被爱立信购得。

2009年，印度政府要求运营商不要从中国公司购买安装在敏感边境地区的通信设备。印度政府开始对华为生产的SDH传输设备征收反倾销税。

2012年3月,澳大利亚政府以担心来自中国的网络攻击为由,禁止中国华为公司对数十亿澳元的澳大利亚全国宽带网设备项目进行投标,并且得到澳大利亚政府总理茱丽亚·吉拉德(Julia Gillard)的公开支持。

我们再看华为2010年收购美国三叶系统公司的案例,相信能带给我们一些启示。

2010年5月,华为出资200万美元打算收购美国三叶系统公司包括知识产权在内的特定资产的收购。

区区200万美元,放在全球并购浪潮的宏观视野下,可谓是毛毛雨,然而,就是这场毛毛雨搅动了美国政府的神经,使其再次祭出"妨害国家安全"的大旗。此旗一出,中国企业望风披靡,必败无疑。

于是,华为悻然退出,心中不平,高声呼喊公平待遇。

一家是全球仅次于爱立信的第二大电信设备制造商,一家是在美国名不见经传的专门研发服务器虚拟化技术小型高科技公司,两家怎么走到一起的,又怎么被迫分手的?

这一切都得从情报说起。

三叶最厉害的地方在于计算机尖端技术——"云计算"技术很是发达。三叶对于云计算的技术研究,除了对以太网和光纤通道架构进行虚拟化之外,还能实现"多虚一"功能,即把多台计算机服务器并联成一台,将一些低成本的X86服务器虚拟成一个强大的多处理系统,从而提升服务器的工作能力和工作容量。

说到底,三叶是目前全球唯一拥有"多虚一"核心专利技术的公司。华为基于自身对云计算技术的渴望,而三叶是此项专利技术的唯一持有者，加上三叶身陷倒闭困境，华为才决定收购三叶。

然而就在交易稳步进行的时候，半路杀出个程咬金。美国政府认为华为收购云计算专利技术妨害了美国国家安全，因此，华为的并购行为不能再继续下去，必须退出。

美国国家安全就像是一个布袋，仿佛能装天下万物。一旦收购行为引起美国政府的忌惮，它就会张开布袋，喊一声：收！如此，多少努力都会付诸东流。

那么，华为事先没有做出"布袋"预警吗？几番在美国收购受挫，难道华为就不能做出反思，做好准备工作吗？可以说，华为绝对算得上中国企业里的并购狂人！

面对华为海外并购屡屡失败，我们不禁要问：华为哪里出了问题？这么多的并购努力为什么最终都付诸东流？

当然，华为的并购之路走得如此艰难，肯定会有来自外部的强大敌意。

外部的敌意主要来自外国政府部门。以美国为例，中国企业在美国进行并购，败多成少，其中最主要的原因就是美国政府从中作梗。

前有中海油收购尤先科，后有华为的几次并购，都是失败的结局。从中可以看出美国政府很大的敌意，那么这些敌意从何而来呢？

首先，美国敌视中国的天然思维作祟。

中美在"二战"中是盟国，朝鲜战争中走到了对立面，此后又有长达30多年的冷战。苏联解体后，美国的冷战思维并没有随之结束，而是时不时地表现出来，将冷战的目标潜意识地对准了中国。

在冷战思维的不死阴魂下，美国给中国、中国人、中国文化、中国企业都戴上了歧视、敌视的帽子，戴着有色眼镜看待中国。这是一种先天的思维模式，改变它是一个很艰辛的过程。

其次，中国迅速崛起，引起了美国的警觉，这种警觉引发了敌意。

中国于2010年超越日本成为世界第二经济大国，这样的成就既让美国艳羡又痛恨。中国的崛起不可避免地挑战美国独大的地位，这是美国所不能容忍的，因此，这股邪火殃及中国企业也是情理之中。

第三，某些中国企业长期以来的不良形象致使美国产生敌意。

某些中国企业不重视游戏规则，不重视知识产权的保护，往往给美国人一种窃取技术情报、危害安全的不良印象。

美国《华尔街日报》曾有报道：华为公司在美国面临的最大难题是美国的观念，每周都有美国政治家和企业领导人谴责中国侵犯美国知识产权、电脑黑客活动、人民币汇率偏低、贸易不均衡等负面话题，这种叫嚣使决策者先入为主地以怀疑眼光看待中国投资。

外部敌意浓厚，但是那毕竟是外因，而外因最终是通过内因来起作用。说到底，华为并购屡屡失败案依然是我们中国企业的内部治理做得不够好，是中国企业对情报的双向性特征认识不够，同时对外部宏观环境的把握也很不足。

我们不排除或者也无法排除美国固有偏见的因素，但是我们应该从自身找出缺点。我们无法改变风的方向，但是我们有能力改变帆的角度。也唯有如此，我们才有机会进步。

因为神秘，所以不被信任

华为一直是一个神秘公司。

首先，华为的股权结构很不透明。

华为一直推行一种内部的全员持股方案，要求每个员工都拥有股份，任正非称"华为是每一个员工的华为"。

从表面上，这应该是一件好事，毕竟员工与华为共同发展，从华为的发展中也得到了实惠。但是，外界却对华为"全员持股"给予了"雾里看花"的不良评价。

原因是什么？粗略分析，有如下几个方面原因：

第一，员工并不是"主动"购买公司股份，而是事实上要求一定购买，因为不购买将可能工作不保。

第二，每一个员工并不知道购买的股份到底占有华为公司总股份比例的多少，这一点从来未见准确的数据，既然不知道占有多少股份比例，也就不知道享受多少分红权利了。

第三，员工购买的股份并不是法律意义上的"股份"，因为不可以转让，并且有可能因为丧失华为的工作而丧失股份。

第四，没有"股权证"等法律凭据，员工无法获得法律救济。

正是这种"雾里看花"的员工股权方案，将导致华为"潜伏"更多的危机与风险，如华为电气以65亿元人民币出售给全球电气大王爱默生时，就因此发生过员工激烈反对的"风波"，而该风波最终以华为的妥协而结束。

事实上，"雾里看花"的员工股权方案，也是外界质疑其的重要原因。

华为的神秘，除了复杂的产权关系，还有近乎封闭式管理结构。

也正是这种封闭式管理模式，导致外界对华为一直充满了种种猜想，也由此引发了很多危机事件，如"接班人风波""安全门""拒绝门"等。正是因为华为的神秘，这些看起来似乎很正常的事情，往往被外界无限地放大——当然，一切都基于神秘背后的猜想。

多年来，虽然华为也有不断地增资动作，也试图去理清和调整其复杂的股权关系，建立一个规范、透明的机制，并最终走向上市之路，但是，步伐一波三折，进展缓慢，甚至使得帮助其制订上市方案，完成股份制改造的高盛、摩根都感觉十分棘手。

很显然，一个走入公众视线而成为上市公司都如此"艰难"的华为公司，又如何让外国经济安全审查机构放心呢？

华为的神秘以及"不招待见"，与其神秘的狼性文化有着极大的关系。2011年初，华为当家人任正非正式提出了"华为不再做可恶的黑寡妇"，由此才宣告浸淫华为多年的狼性文化结束。

任正非所讲的"可恶的黑寡妇"，其实是世界上最臭名昭著的毒蜘蛛，这种蜘蛛有着强烈的神经毒素，身体为黑色，并由于这种蜘蛛的雌性会在交配后立即咬死配偶，因此民间取名为"黑寡妇"。当然，华为狼性文化所形成的"黑寡妇"形象，并不可能因为任正非信誓旦旦的一句话而消除。

如果从企业抢占市场和争夺利润来讲，"狼性文化"无可厚非，因为似乎没有狼一样的精神，你无法在白热化竞争中脱颖而出。但是，如果"狼性文化"一旦成为华为文化的核心（事实上，在一定程度上已经成为华为文化的核心组成部分），这是非常可怕的。

一个企业一旦被贴上了"狼性文化"的标签，那么社会如何评价？合作伙伴如何看待你？竞争对手如何对付你？员工又该如何看待这个公司？员工又该如何相互相处？你将面临一个怎样的生态环境……

事实上，华为的强势"狼性文化"已经让海外很多国家和企业敬而远之，并导致很多正常的商业项目失败。这些都能够体现"狼性文化"所带来的可怕后果。毕竟，对于外国政府和企业来讲，"狼来了"可不是什么好事；毕竟，神秘的狼并不受人类的欢迎。

我们认为，一个负责任的企业家，不仅仅能够奉献利润，更要经正确的文化传递给社会，因为任何资源都可能会枯竭，唯有文化方能生生不息。

世界上最成功的人是谁？是释迦牟尼佛。为何他成功？为何众人见到他的肖像都要跪拜？是因为他贡献的利润吗？当然不是，是因为他给人类带来的经久不衰的文化。

情报的双向性

情报具有双向性，当你在搜集对方情报的时候，对方也正在搜集你的情报；而一个企业要立足于这个世界上，就要与社会相关主体（如合同相对人、利益相关人、监管机构、自然环境、社会环境等）发生各种各样的关系，而在发生关系的同时，就必然会客观地"释放"一些情报。

同时，如果一个企业要取得社会的信任，也当然需要有意识的释放出一些情报，如良好品牌树立、社会责任履行、自觉遵纪守法等等。尤其是在移动互联时代，企业近乎"裸体"透明化经营，即使是企业不愿意主动"释放"的信息，往往也会传遍整个网络世界，如我们本书中讲到的所有失败案例，并不是企业本身愿意释放的情报信息。但是，正如"好事不出门，坏事传万里"的俗语，企业的任何负面情报信息，都难以隐藏太深太久。

很难想象，在今天网络如此发达的时代，你愿意与一个在网络上没有任何情报信息显示的公司发生大额交易；也很难想象，在社会文明程度如此发达的今天，你愿意跟一个任何情报都不了解的人谈婚论嫁。

当然，对于作为公众的上市公司，对外及时准确地披露信息是其法定的义务，而披露虚假信息，或者故意隐瞒、不披露信息是要承担严重的法律责任。

我们讲企业的情报力,并不仅仅是简单地索取所需要的宏观、中观或微观情报,而应该同时适应移动互联时代的需要,及时准确地向社会传递有意义的自身情报,当然,有关企业商业秘密并不在这个范畴之列。

即使企业因为不慎出现了对自身不利的负面情报信息,也应该正确应对,释放出正确积极的情报信息去冲淡原有负面信息,从而达到化危为机和化腐朽为神奇的目的,并让社会公众知晓企业虽处危机仍不失为负责任的企业。

华为虽然不是公众公司,但是也应该及时披露相应的除商业秘密以外的信息,才能够让外界了解一个真实的华为。但遗憾的是,通过华为公司治理及并购失败的种种迹象,我们发现华为一直对外释放着一种负面的情报信息。

当然,对外释放良好情报信息,并不是凭空就能够实现的,这一切都源于良好的公司治理。也唯有良好的公司治理,才能够向外界披露出善意真实和能够充分展示企业形象的情报信息,才能够获得更多的合作和发展的机会。

唯有公开的企业,才是可信的企业,才能够赢得社会的尊重。

TCL并购之路:鹰之重生靠什么

注定要失败

2002年,TCL向欧洲市场挺进,收购了德国老牌家电企业——施耐德,这让人眼前一亮,自豪感油然而生。因为中国企业收购欧洲公司这可是破天荒的第一遭,以前都是西方人收购中国的公司。但是,这却是一次注定要失败的收购。

失败的原因就是TCL的情报战略出现了偏失。

首先,TCL对全球的家电行业进行了梳理。一个清晰的事实是,全球一流家电企业都被日韩所垄断,如三星、索尼、松下等知名品牌;相比之下,欧洲家电企业因为人力成本过高,产业结构不合理,而日渐势微,正在下坡路;中国国内的家电企业恰逢春天,正是得意之时。由于消费与出口的推动,家电公司欣欣向荣,以TCL为例,TCL在当年国内市场净利润增长达到13倍。如此业绩让它踌躇满志。

其次,收购对象的渠道商情报让TCL跃跃欲试。

施耐德具有百年历史,20世纪90年代开始衰落,但它有一个TCL梦寐以求的优势,那就是遍布欧洲的分销网络;收购以后,TCL可以避开欧洲对中国家电行业的贸易壁垒。

因此,TCL总裁李东生心中产生一片亮丽的愿景:一旦收购完成,大量家电畅通无阻的出口到欧洲,利润因此而疯长。但是,梦幻总是难以成真。李东生的梦幻远景缺乏足够的情报分析支撑:只看到好的一面,坏的一面被忽视了。

收购刚半年,TCL亏损2000万港元。这段时间,TCL没有多少功夫进行资源整合,只忙了一件事:把施耐德那些库存消耗掉。

没有见到利润,反而是收获巨大的损失,这无疑意味着收购彻底失败了。

那么,TCL的情报偏失在什么地方呢?

第一,对收购对象的情报分析得不全面。TCL只看到了施耐德的分销网络,却忽视了这家老店日趋没落的处境,一个没有品牌支撑的分销网络有什么意义呢？还不如直接卖TCL自己的产品呢！

第二，TCL对德国的家电行业情报判断错误。当时德国家电市场趋于饱和，大路货没有市场，欧洲消费者需要的高精尖产品，施耐德生产不了。如此一来，TCL麻烦了，贴牌也不被认可，最终的结果是产品卖不出去。

第三，TCL忽视了法律风险。施耐德在一些国家的品牌使用权和当地的代理商存在纠纷，当TCL重新要做这些国家业务的时候，发现面临的首先不是市场问题，而是法律问题。

很显然，这些情报偏失导致TCL进军欧洲首战不利。也很显然，施耐德撑不起李东生的美丽梦想。

知道错了，坚决不改

情报的一个重要的功用就是纠错，科学的情报可以帮助企业改正错误。

TCL收购施耐德失败的经验教训本应该转化为极有价值的情报，促使TCL及李东生调整并购政策，但是，即使李东生收获了教训，却顽固地执行错误的并购策略。

教训没有转化为有价值的情报，那么，教训等于零。

施耐德败局未远，TCL又将目光锁定在新的并购目标——汤姆逊身上。汤姆逊是世界上拥有彩电专利技术最多的公司，在全球专利数量上仅次于IBM，每年专利费高达4亿欧元。

如果能够得到这些专利技术，TCL将如虎添翼，李东生的野心又开始膨胀，他在等待机会。可是，汤姆逊除了专利技术这一项仅存的优势外，更多的是颓势。即便是这些专利技术，TCL也没能事先做好科学的估值。专利固然可贵，但是处理不好却是一块烫手山芋。因为专利的背后牵扯着很多利益。

要知道，专利和知识产权的价值在汤姆逊现存资本中占有很大的比重，而专利和知识产权的估值，又不是孤立存在的，要与其所在领域的预期兴衰紧密联系，如果在未来的整合过程中出现了新的问题，如行业出现衰情、员工离职或解雇、人力成本上升等，专利的估值又该如何再评估呢？

此外，还有渠道商情报的问题。汤姆逊在欧洲、北美地区拥有强大的销售网络不假，可是欧盟和北美是全球市场最集中、规模最大、成熟度最高的区域，已经被国际大型企业垄断和瓜分，要想挤进去，谈何容易？种种不利的情报因素，以铁的事实摆在TCL面前，可是TCL没有认真搜集和分析。

在盲目乐观和急功近利的收购观念指导下，当机会来临的时候，汤姆逊要退出彩电业务。TCL仅仅花费4个月的时间，就把汤姆逊拿下。困境紧随着并购的完成而至。

首先，TCL从汤姆逊收购的CRT彩电生产设备和专利技术已经过时了，电视行业迎来了液晶时代。这既是一条要命的技术情报，又是一条致命的行业态势情报。最让TCL承受不起的是，汤姆逊3万余专利技术绝大多数都是CRT显示技术。这样就是说，汤姆逊赖以"增值"的技术已经成为鸡肋。

其次，欧洲的运营成本过高，尤其是员工成本很高，而彩电行业近几年一直处于低利润时期；再加上TCL欧洲的业务体系反应速度过慢，产品还未上市就已大幅降价。

行业情报和技术情报出现误差，产品成本无法降低，两股火交相蒸煮，TCL能不烂吗？

果然，TCL陷入销售困难，亏损不断。在2006年TCL集团在半年报中，上半年总体亏损7.38亿人民币。2006年9月底，TCL多媒体的欧洲业务已累计亏损2.03亿欧元。

教训何其惨痛！专利技术情报，目的在于通过对专利强大公司的收购，促进技术跨越式发展。如果情报工作做得充分，各种风险都做出预警，败局也可避免。

赌博心态是大忌

TCL并购阿尔卡特手机，从一开始就存在赌博心态。当时，收购汤姆逊败象未露，TCL得意忘形之下，再次向阿尔卡特手机发起了攻击。

尽管TCL收购汤姆逊最后失败了，但整个过程可圈可点：情报战略是存在的，毕竟TCL付出了1000多万欧元的咨询费（帮TCL成功实行并购，并购后的事情却不负责），只不过情报出了偏差，一些重大的情报被忽视了。

相比之下，TCL收购阿尔卡特手机就显得急躁与草率，连咨询费都省了，未免有赌博之嫌。蛮干的结果是，咨询费用虽然省下了，但收购当季度却出现了3000万欧元的亏损。

TCL为什么这么自信呢？这得从它转战手机领域说起。

TCL进入手机领域后，在万明坚的领导下，TCL的手机很快进入中国5强。这位万明坚既是个天才又是个狂人。他让TCL手机从无到有，从弱到强，短短4年每年增长率100%，TCL70%的利润是由他创造。

正是这样的业绩让他忘乎所以，自信心极度膨胀。

在万明坚眼里，国内市场不过是小菜一碟，他需要开拓国际市场，让他的传奇继续上演。他的战略眼光是好的，但相应的情报战略支撑却很薄弱。

电视行业的并购屡屡失手，手机行业就能产生奇迹吗？万明坚仿佛在进行一场豪赌。在TCL收购阿尔卡特之前，早有台湾的明基与大霸公司进行过尝试，可是最终都因为有收购欧美企业失败的经验而却步，TCL刚刚经历了两次并购失败，这次却再次大胆向前，几乎丧失了理智。

此时此刻的TCL完全丧失了情报力。

为什么阿尔卡特急于转让手机业务？为什么台湾的公司和内地的夏新公司都拒绝收购？并购以后，技术与成本、文化与体制、市场和渠道等怎么进行整合？手机领域的新趋势是什么？阿尔卡特的舆情如何？

所有这些，相信万明坚统统没有考虑。而面对TCL抛出的橄榄枝，阿尔卡特却在偷着乐。

并购如期进行，然后并购后出现了巨额亏损就像一记无情的耳光重重地抽在了TCL的脸上。TCL终于为自己的豪赌付出了惨重的代价。

并购是企业的大战略，大战略需要大情报，而赌博心态是情报战略的大忌。一旦实施并购的企业有了赌博的心理，结局是必死无疑。

角色缺失

按理说，在收购阿尔卡特的整个过程中，作为TCL的高层管理者，李东生应该全程参与，盯紧各个环节，抓好情报工作，可是，我们见到的是他在整个收购过程中的角色缺失。

他不但角色缺失，他的一些想法在某种程度上还加重了万明坚的赌博心态。当初，李东生曾对TCL收购阿尔卡特手机业务进行过美好的设想："中国的低成本"加上"阿尔卡特的技术"，会促成TCL手机的跨越式发展。万明坚体会到总裁的这个意思，在收购问题上更加毫无顾忌，有恃无恐。

其实，那只是李东生一厢情愿的想法。

因为TCL最核心的竞争力——在制造方面拥有低成本优势——并非如想象的那样强大。尤其是在供应链如此发达的今天。大的企业完全可以动用印度、越南、东南亚地区的低成本供应链资源，让TCL的优势化为无形。

具体到手机产品上，TCL只是在一些低端机型上可以采购到便宜的零部件，很多高端机型的材料都必须到价格昂贵的欧洲和日本市场购买，这样算下来，实际成本并不低。

所以说，科学的企业战略是建立在相对完善的情报系统基础之上的，单方面的，或是某位领导人的臆想或一厢情愿，不足以支撑一个科学的决策，而且会引起很大的损失。

科学的情报产生科学的决策，科学的决策需要冷静理智的高层管理者来制定。但是，李东生的盲目乐观导致万明坚的铤而走险，李东生的角色缺失又使错误一而再再而三地延续，这一连串的错误的结果就是巨额亏损。

由于企业的并购活动对企业的战略和财务绩效具有重大的影响，因此，企业的领导人，无论是总裁也好，CEO也罢，都必须积极参与，高瞻远瞩地做出科学的决策。

这绝非形式主义，而是现实需要。

企业在并购前或并购中实施的情报战略是个系统工程，包含着宏观、中观、微观的各个方面，如并购的大环境——并购对象国家的文化与体制；并购对象的行业、市场、技术、产品态势；并购对象的企业战略、财务状况；并购对象的价值评估，管理层能力；并购方案如何设计？并购合同如何制定？并购进程如何把控？并购后如何整合……都需要企业领袖来把控。

如果企业领袖不能提纲挈领地主导情报战略，那么，即使有正确科学的情报，也容易被忽视掉，这必将导致决策失误。然而，在收购阿尔卡特的过程中，起主导作用的是TCL移动的掌门人万明坚而不是李东生。事后，李东生不得不承认，并购阿尔卡特时，管理层看问题过于简单，最终导致了败局的发生。其实，这都是李东生角色缺失产生的不好影响。

文化整合就是情报整合

TCL收购阿尔卡特以后，原阿尔卡特的员工突然之间感到不适——游戏规则开始按TCL的思路在改变。

许多阿尔卡特的员工都表示他们不习惯TCL的规则，而且觉得从并购的那一天起，一种不安全感就在办公室里弥漫。这样的困扰还表现在薪酬待遇、激励机制、企业归属感等方面。后来，TCL派来了一批管理者，但他们对这些困扰束手无策。他们不仅很难融合到员工中去，反而被员工看做是一种入侵。

这是一种普遍现象。当弱势企业并购强势企业时，强势企业的员工对并购公司态度比较敏感。阿尔卡特的品牌、文化和影响要强于TCL。如果TCL不能用强有力的管理过程使被购方以崭新和更有意义的方式来理解他们的义务，那么，并购对象的管理人员就会产生困惑和不满，甚而选择离开。

TCL国际化过速，充分暴露了其自身的短板：基于情报战略的文化整合的不力和薄弱。可以说，TCL跟阿尔卡特表面上融合到一起，但很难实现协同合作，这就是典型的貌合神离。

并购之后，所有工作中的重中之重就是整合两个公司的各种资源。第一件事就是稳定军心，在这点上TCL做得不是很好。优秀员工大批流失，管理流程不通畅，人力资源受到很大阻力，队伍离心离德。

并购后如何在文化和体制的层面下整合资源，是并购企业面临的最大问题，内部不稳，何谈与旁人竞争。阿尔卡特的人力不习惯TCL的管理模式，TCL就应该根据情报因地制宜。

因此，企业文化整合说到底是情报整合。

并购整合是一件困难的事，需要对并购双方的所有情报进行梳理和分析，找出整合过程中的症结所在，然后根据情报分析结果，对症下药，逐步解决。不要幻想一口吃个胖子，两种不同的企业文化、企业战略、人力资源战略，管理战略、营销战略……相互碰撞，必定是个长期激烈的过程，加上中外两国的政治、经济、文化、体制等大环境的差异，更增加了整合的不确定性和难度。

但是，只要有明晰的情报战略，只要有行之有效的情报系统，只要企业领袖拥有敏锐的情报判断力，并购企业间的整合并非不能成功。雷诺并购沃尔沃卡车，太阳微系统并购存储技术两个案例都是文化整合的成功案例。

在全球化趋势日渐加剧的今天，留给中国企业做大做强的时间并不多。并购发生之时，如果文化整合不力，情报战略出现失误，一味地盲目扩张，四处出击，使得并购成为一种投机行为，而非战略行为，这是十分危险的。

鹰之重生

李东生在《鹰之重生》里写道：

"鹰的故事告诉我们：在企业的生命周期中，有时候我们必须做出困难的决定，开始一个更新的过程。我们必须把旧的、不良的习惯和传统彻底抛弃，有时可能要放弃一些过往支持我们成功而今天已成为我们前进障碍的东西，这样我们才可以重新飞翔。这次蜕变是痛苦的，对企业、对全体员工、对我本人都一样。但为了企业的生存，为了实现我们的发展目标，我们必须要经历这场历练！像鹰的蜕变一样，重新开启我们企业新的生命周期，在实现我们的愿景——'成为受人尊敬和最具创新能力的全球领先企业'的过程中，找回我们的信心、尊严和荣誉。"

"我们重新拟定了企业的愿景、使命和核心价值观——

TCL愿景：成为受人尊敬和最具创新能力的全球领先企业。

TCL使命：为顾客创造价值，为员工创造机会，为股东创造效益，为社会承担责任。

TCL核心价值观：诚信尽责、公平公正、知行合一、整体至上。"

《鹰之重生》洋洋两千字的雄文，道尽了TCL并购之路的艰辛和失误，以及无时无刻不在的忏悔。痛定思痛，李东生总归是意识到了盲目并购带来的巨大风险，模糊的情报战略引起的并购决策的短路。

全面深刻地剖析自我，这是改变的良好开端，也为未来的鹰之重生的道路打好了思想基础。

那么，究竟该怎么做才能使鹰重生呢？正如李东生所说的那样，老鹰为了重生，不惜敲断自己老化的嘴喙，啄断衰败的脚爪，脱胎换骨，度过5个月的漫长沉痛期，然后才能再次一飞冲天，傲视天下。对于

TCL来说也是一样，最需做的就是脱胎换骨，做足内功。

我们认为，TCL最为紧迫的任务就是建立企业的情报战略系统，在情报的辅助下，重塑企业文化，审视企业战略，把脉企业管理，预警企业风险，掌控行业脉搏，在每一项决策之前都要考问自己情报是否准备充足，分析完备，判断合理。

中国企业海外并购没有丰富的成功经验可供选择，失败的经验倒是比比皆是，因此，并购如有过河，得摸着石头过；每前进一步，都得投石问路；对各种风险保持警惕。而这至为重要的探路之石，就是企业的情报力。

《鹰之重生》，充满了深刻的反省，也堪称一份情报失误的检讨书，逐字逐句去读，到处都是对轻视情报、忽视风险的追悔和自责。

亡羊补牢犹未晚。这本书的预警效果已经有了，相信能够为TCL走出困境，为实现鹰之重生提供旷世强音。

联想收购IBM：不用"联想"的失败定局

先失一招

在中国企业掀起并购狂潮的时候，联想也不甘人后，而且一出手就是大手笔——兼并了蓝色巨人IBM的全球PC产业，让其他并购相形见绌，自叹弗如。

就并购对象的实力和地位来说，2005年的联想并购IBM绝对算是壮举。为此，联想人为此雀跃，大多数中国人为此自豪。但是，事情已经

并购宏图
大战略尚需大情报

过去7年了,我们现在能给联想并购IBM作了结了吗?7年的时间,说长不长,说短不短,但对于鉴定一次并购的成功与否足够了。而鉴定结果就是:联想并购IBM是一场不用"联想"的败局。

并购行为发生后,联想和IBM文化整合经历了漫长的时间,其间白云苍狗变幻无常,以至于2008年末,其PC业务亏损1亿美元,不得已,柳传志于2009年重出江湖,与杨元庆重掌联想?

试问:如果联想并购IBM成功并发展顺利的话,何必再让老将出马呢?

不要相信联想PC世界老二的地位和成绩,那是虚的,而失败的实质却通过重重迷雾向人们显示出来。因为联想收购IBM的PC业务在并购之初就先失一招。

那么,联想失在哪呢?依然是情报上!

想想当时全球PC市场的大情报。有两个明显的趋势,一是PC业务式微,二是智能手机、平板电脑的崛起。再加上时代正在发生深刻的变革——移动互联时代加速到来,以及物联网的悄悄萌芽。

传统PC市场的疲软是有目共睹的,市场一步步遭到智能手机和平板电脑的冲击。这种趋势越来越明显,据最新的一份调查显示:46%的人认为平板电脑会对传统PC取而代之,如果把平板电脑也计算在PC之内,苹果会成为全球第一大电脑厂商。

这也是为什么IBM放弃PC业务,转而实施"智慧地球"战略的深刻原因。IBM立足于精准的情报战略,一步跨入物联网时代,把一个沉重的历史包袱,一个夕阳产业——PC业务转给了联想,联想不想想并购背后的情报大战,相反,自以为得了便宜,怎能不败?

如果看不清IBM抛弃PC业务的深意,怎么对竞争对手的情报也视而不见呢？当时，联想的老对手戴尔正把主要精力转向IT服务和企业存储市场，PC市场排名第一的惠普曾一度宣布要放弃PC业务。

这些举动的背后都隐含着对联想来说极其有价值的情报，可是，联想并没有意识到情报的重要性，依然在PC的夕阳之路上苦苦追求。

并购失败

对于联想并购IBM的PC业务，著名经济学家郎咸平曾提出4点质疑：

第一，联想没有充足的消化能力。IBM的PC业务的规模比联想大3倍，联想不具备相应的消化能力，导致亏损也是情理之中，可谓"贪多嚼不烂"。

第二，在文化整合和控制员工成本方面联想存在巨大压力。并购后最重要的一件事就是文化整合，联想既无经验又准备不足，另外，如果为了控制成本而降低IBM员工的薪酬，一是对当地的工会投鼠忌器，二是必然导致人才流失。

第三，联想在人力资源储备上准备不足。由于海外的主办业务被出售，并购后，联想重打鼓另开张，国际化人才储备不足，必使它举步维艰，这些国际化经验不足的员工怎么能快速有效地启动IBM的业务呢？

第四，双方管理层的冲撞使文化整合雪上加霜。并购后的联想公司如何处理双方的控制权问题？双方的文化差异巨大，强弱分明，怎么进行文化的整合？如何安抚原IBM的员工？

其实，这些问题并购之前，联想高层就应该意识到。情报工作不就是为解决这些问题而设的吗？可是，他们在尚无良策以对的条件下就盲目发起并购，怎么说也有点躁进。而躁进是要付出代价的。

不可否认，在并购之后的3年时间里，联想的销售额逐步增加。然而，就在杨元庆声称"可以把这次并购看成一次成功的并购"之际，2008年，联想业绩明显下滑，利润大幅亏损。截至2009年3月31日，其营业收入为149亿美元，同比下滑8.9%，净亏损2.26亿美元。这是联想历年来最大的一次亏损。

虽然在全球PC业务不景气的情况下，联想出现亏损似乎合乎情理，但其亏损规模却已超出了业内预期。如果说联想国际化遭遇挫折，有情报战略及市场运营方面的失误，但并购整合方面的风险也是诸多问题根源之所在。

在2009年初，联想进行人事调整，用纯中国团队经营海外市场，联想前期聘用的很多海外人才相继离职。这显示出联想跨国并购后企业文化面临较大冲突，而这种冲突在公司业绩不佳的时候，表现得较为明显。

文化整合即情报力的整合。没有强大的情报力，并购不可能成功。

补救无力

看IBM把"智慧地球"战略发展得红红火火；看苹果把平板电脑、智能手机搞得有声有色，俨然创造了一个帝国；看三星的智能手机的出货量大得惊人……这个所谓PC销售世界排名第二的联想坐不住了。

杨元庆——这位刚刚入主联想的新主人站在镁光灯下不禁感慨万分：如果无视行业的变化，那简直就是自寻死路。

这是联想第一次由一个最高层的领导公开表示要对行业情报加以重视。领导层的重视必定引起巨大的效应，于是，联想的补救行为开始了。

杨元庆说出这番话是经过深思熟虑的。

首先，最近两三年移动互联的趋势深刻地改变着这个时代和人类的生活，这是最大的情报，谁忽视它谁必将被淘汰。在新时代，更多的人选择利用智能手机上网和处理事务，而且屏幕越来越大且技术先进，PC加速衰落。

其次，技术创新加速，联想与竞争对手的技术差距加大。

所以，杨元庆要奋起直追，但是，宏观情报的精准到位，还需要微观情报的精密配合，才能产生化腐朽为神奇的力量。

而联想自身的情况是，商业模式的创新遇到了瓶颈。

联想之所以能做到世界第二的位子，在于以生产和销售为重心，依靠低廉的价格和规模占领市场。可是，这种模式在新时代和新的技术条件下行不通了。联想失了先机，现在必须有所补救。杨元庆立志要让联想成为全球个人移动互联终端领域的领导性厂商。

2009年，杨元庆要求其团队研发苹果式的智能手机。但是3年过去了，任凭联想如何努力，都无法挤进智能手机的第一梯队。霸主地位被苹果、HTC、三星等大牌牢牢掌控着，几分天下也轮不到联想的份儿。

2011年联想的平板电脑也面世，初战成绩不错，取得了仅次于苹果的销售量，但是，另外一组数据对比却是：在市场占有率上，联想仅占6%，而苹果却高达70%。

调查数据显示，在2011年第四季度，苹果的利润占比达到整个市场的80%，但是其市场占有率却仅为8.1%。

我们暂且不评价联想将苹果定为其唯一的竞争对手的举措，但就市场占有率和利润占有率来说，联想无疑难望苹果之项背！

不过联想杨元庆积极发展智能手机、平板电脑的思路没错，但是依然错过了行业情报把握的最佳时机，同时也反映出情报并没有成功地转化为企业的竞争优势，从而导致技术落后以及缺乏创新的商业模式。

那么，又是什么原因致使联想在技术创新和商业模式创新上举步维艰呢？

早年埋下的羸弱根源

想想联想以前是干什么的？组装电脑的！这种天赋的性格决定了联想始终不能站在技术创新的前沿。但是，并不是说技术不行，联想就不行，而是联想压根就不想"技术立国"。联想最厉害的地方在于其渠道商。

这是联想长期致力于渠道商情报研究的结果——联想对渠道商自有一套办法，它自己的销售队伍不断地在各地巡查，搜集渠道商情报，然后反馈到总部，分析后得出渠道商精准的差别化需求。因此，它的渠道商网络不仅宽广，而且还能把控得住。

联想成功占领俄罗斯市场就是最有力的证明。一开始，联想在俄罗斯的大客户都是政府以及一些企业，个人零售市场一片空白。

为了打开庞大的个人消费市场，联想开始做渠道商的工作。一是频繁拜访大的渠道商，然后跟终端零售商亲密接触，说服这些终端小商卖联想的电脑，进而推动大渠道商也加入到卖联想产品的行列。此外，联想还做了消费者情报的调查，引进了更符合俄罗斯普通市民需求的联想产品。

前期的准备工作做好了，金融危机也随之而来。在这场席卷世界的危机中，俄罗斯卢布急速贬值，美元升值。而渠道商纷纷以美元买进，然后以卢布卖出，这下可麻烦大了。一升一贬之间，每卖出一台电脑，渠道商都要赔钱。于是，渠道商不得不积累库存，宁可烂到仓库里，也不卖；另一方面，消费者有很大的需求，同样也是得不到满足。

联想根据情报立刻做出反应，推出了一款比当时俄罗斯电脑市场最低端产品还要便宜20%的上网本，结果一炮打响，一下子卖疯了。这种对情报的灵敏嗅觉，是联想长期在一线市场摸爬滚打训练出来的。联想在俄罗斯市场的效应很快点燃了整个新兴市场。

可是话又说回来，联想在新兴市场以及渠道商的优势，跟技术无关。它走得是低价格、规模化的道路，而不是靠技术创新。可以说，PC的技术创新能力都集中在英特尔等上游厂商那里，处在下游的联想这些年忽视了技术创新，当技术进步引领移动互联网大幕开启的时候，联想才真正地感觉到力不从心。

从这一点上我们也可以看出，联想对供应链情报的不重视。在供应链背景下展开竞争情报的研究意义重大。通过对上游或下游厂商的密切关注，甚至是结成亲密联盟，共享情报资源。供应链联动起来，将环境情报、市场情报、财务情报、制作和运行情报、营销情报、技术情报、产品情报、公司内部情报等一系列的情报一网打击，在此基础上再进行决策，那就相当给力了。

但是联想怎么做的呢？只关注组装和市场、营销，却忽视了最基本的技术情报。这就为移动互联时代陷入被动埋下了伏笔。

扑朔迷离的智能手机业务

并购以前，联想的多元化战略失败后，唯一保留下来的业务就是手机。情报告诉联想：未来PC和手机一定会有亲密的接触，而这个时代就是移动互联时代。为此，联想也进行了相关产品的研发，希望能够追赶苹果后尘。

尽管情报准确不假,可是具体到以技术为支撑的产品研发上,联想就感到很吃力,其生产出来的产品始终比业界领先者(如苹果、三星、HTC等)落后一代。

2008年,联想研发小组做出了一台叫Beacon的手机,它采用双屏折叠式设计,合起来正面是标准手机键盘和小屏幕,翻开来则上为大屏幕、下为QWERT全键盘,其设计思路是联想当初设想的完美体现——PC与手机的完美融合。

可是,在Beacon推出的前 年,苹果就发布了第一款iPhone。而且更早的时候,苹果就已经收购了做多点触控技术的公司FingerWorks,使得触摸屏技术在苹果的手机上得以应用。此时此刻的联想却在向黑莓学习,给自己的智能手机配置了物理键盘。

竞争情报的研究方法有很多种,其中一种叫定标比超,通俗的理解就是给自己的设立一个标杆,向它看齐,针对它的全方位指标进行跟踪比较,然后实行追赶。再看联想,主要竞争对手分析不明确,盲目模仿已然落伍的黑莓,不但导致了自己的落后被动,还导致了错失机遇,让别人捷足先登。

以前做过智能手机代工的HTC,对智能手机的发展前景非常看好,当Google要推出自己的智能手机操作系统Android时,HTC最早与其合作。

联想却错失良机。HTC于2009年年中推出其第3代Android手机G3时,迅速成为横扫一片的"街机"。而此时的联想却深陷PC业绩不佳的泥潭。

显然,联想并购IBM全球PC业务,带来了其对移动互联时代情报的迟钝，并错失了发展的最佳良机。

为此，柳传志曾公开承认：如果要说联想并购IBM有什么坏处，那就是耽误了其在移动互联时代的布局时机。即使延迟一步，但也决不放弃。

随着老对手惠普和戴尔也推出了各自的智能手机，联想着急了，看来，这是一场不得不参与的行业变革。

联想没有从技术和操作系统上寻思出路，反而又从过去曾经成功的经验中发掘灵感。它的低价格、高性价比策略，规模效应再次向它招手，于是联想很快确定了自己的突破点：联想要打造一款"价格只有iPhone的一半，立足于中国市场"的智能手机。

这样的决策科学吗？又有怎样的情报依据作为支撑呢？结果似乎能够说明一切。

2010年，联想新产品乐Phone上市，屏幕尺寸与iPhone相近，定价约为2800元。与联想铺天盖地的营销攻势形成反衬的是乐phone在市场遭遇的冷遇。这款手机与同期上市的三星I9000相比，太显厚重，外观并不美观，操作系统落后，屏幕的流畅程度与iPhone相比，相差悬殊。

或许另外一组情报值得联想去"联想"：

当时，苹果、三星、HTC这个梯队里，后两者的价格都比苹果要低，但是卖火了，为什么？因为三星拥有大量核心技术作支撑，又有充分的关键部件的生产能力。其产品屏幕大，机身薄轻，价格低，性价比很高；HTC有先发优势，品牌优势已经确立，随后推出的几款产品延续了以前的火爆。

"联想"起来，联想的优势在哪里呢？

商业模式更为重要

当然，对比苹果的智能手机，就不能不说苹果的智能手机商业模式。苹果虽然市场占有率仅为8.1%，但是利润却占到了整个市场的80%！这是什么概念？这意味着什么？我们该对此做何种"联想"？

这无疑是疯狂的，而疯狂背后，一定有其独特的基于移动互联时代的商业盈利模式。

说到移动互联时代，相信很多中国企业想到了以苹果为代表的"炫丽"的智能化手机产品。难道情况果真如此吗？其实，这是大错特错！

现代管理学之父彼得·德鲁克曾经说过：当今企业之间的竞争，不是产品之间的竞争，而是商业模式之间的竞争。

很显然，虽然很多企业处于相同的行业，有着相同的技术和产品，但是企业之间的命运完全不同。一些商业模式先进的企业往往能够获得大大超过行业平均水平的收益，因此可以说，商业模式的创新一定程度上决定了企业的命运。

那么，苹果的商业模式又是什么呢？就是"将最好的软件，装在最好的硬件里！"不用深入的研究，也不用华丽的词语，这就是苹果的商业模式。

当很多企业在发愁如何销售音乐播放器时，苹果推出了iPod+iTunes网上音乐点播商店，提供一首歌曲只需付费99美分的合法音乐下载。当然，只有使用iPod才可以播放从iTunes下载的音乐。很快，苹果出售的不仅仅是iPod，也不是iTunes上下载的廉价音乐，而是一种文化——因为从iPod上的iTunes下载的音乐，已经成为文化符号或身份的象征。

当联想和金山为各自的"乐PHONE"和小米手机赢得些许市场而

沾沾自喜时，苹果的iPhone早就打响了一场iPhone+AppStore的战役，并彻底改变了传统手机和出版行业的新秩序。

AppStore凭借一站全包式的开发、销售、下载管理服务和销售额三七分成的政策吸引第三方软件开发者为iOS平台开发软件，迅速得到了开发商和iPhone、iPodtouch、iPod用户的欢迎，软件数量和下载量飞速增加，一年内就突破10亿次大关，3年内又完成了100亿下载的惊人成绩。

是的，苹果的商业模式不是硬件层面的创新，而是开创了一个全新的商业模式——将最好的软件装在最好的硬件里，当然，这其中还有给予消费者优质的服务。

当然，这一创新的商业模式，正是苹果疯狂利润的真正来源。

包括联想在内的移动互联行业的分食者们，是否也应该对这样的商业模式情报进行思考呢？

第五章

决胜海外：
一张亟待绘制的风险情报地图

INTELLIGENCE WAR

Magic code of successful enterprise in the mobile internet age

全球化的今天，中国企业"大航海时代"的航线图准备好了吗？
面对贸易壁垒，中国企业应该如何做出预警？
应诉反倾销，如何考验一个企业的情报力？
伤不起的铁矿石谈判，为什么中国总是处于被动局面？
国家级的风险情报战略举措是什么？

走出去：直面更为扑朔迷离的风险环境

政治风险

政治风险是中国企业走出去，进行海外投资与贸易的最首要的风险。政治风险是指完全或部分由政府官员行使权力和政府组织的行为而产生的不确定性。政府的不作为或直接干预也可能产生政治风险。政府的不作为是指政府未能发出企业要求的许可证，或者政府未能实施当地法律。直接干预包括不履行合同、货币不可兑换、不利的税法、关税壁垒、没收财产或限制将利润带回母国。

政治风险也指企业因一国政府或人民的举动而遭受损失的风险。归结起来，政治风险主要包括：

1.征收和国有化：指东道国政府采取的国有化性质或者歧视性的行为，导致被保险人或项目企业丧失其通过投资获得的权益和收入，如控制权、收益权、所有权、处置权。例如，20世纪六七十年代，南美洲、非洲一些发展中国家兴起的国有化运动导致一些外国企业被东道国收归国有。

2.汇兑限制：指东道国政府采取行动，造成被保险人或者项目企业无法将投资收益兑换为可自由兑换货币或无法将可自由兑换货币汇出东道国。例如，2002年阿根廷货币危机导致政府发布禁令，禁止外国投资者的外汇汇出阿根廷。

3.战争和政治性暴力事件：指东道国参与的任何战争（无论是否宣战）或者在东道国内发生的革命、内战、叛乱、暴乱和政治性的大规模骚乱和恐怖活动。例如，第二次世界大战、越南战争、海湾战争、伊拉克战争、利比亚战争等都让一批外国投资者受到重创。某日本化学企业在伊朗投资的化工厂因伊斯兰革命的爆发而遭受严重损失。

4.政府违约：指东道国政府非法解除与投资项目相关的协议或者非法违反或者不履行与被保险人或项目企业签订的合同项下的义务。例如，在主要政党轮流执政、缺乏政策连贯性的国家，新政府上台后往往对上届政府执政期间签署的合同多方刁难，甚至单方面终止上届政府签署生效并已实施的合同或协议，对中国在该国的投资项目公司或工程承包公司造成了重大损失。1997年亚洲金融危机期间，由于印尼政府提前终止了十几个电站的特许权协议，导致外国投资者遭受了不同程度的损失。

战争风险

战争的危害不言而喻，它给企业的投资与贸易行为带来的风险往往无法估量，甚至是毁灭性的。

利比亚战争就是一个生动的例子。在利比亚战争中，卡扎菲被制裁了。可是，对于中国人来讲，利比亚却是永远的痛。中国历史上规模最大的撤侨行动，数日之内，几万中国人陆续撤离利比亚。

人是走了，但是那些留在利比亚的巨额投资怎么办呢？

根据商务部的数据，中国在利比亚在建立的大型项目共计50个，涉及合同总金额达188亿美元，因当地武装冲突，这些项目的运营状况受到了严重影响。

同时国资委透露，共有13家央企在利比亚的项目被迫暂停，这些投资主要集中在基建、电信领域。中国铁建、葛洲坝、中国中冶和中国建筑4家大型上市央企已发布公告，显示4家被迫停工的合同总金额达到了410.35亿元。

损失的数额触目惊心，而且这仅仅是在利比亚一个国家打的水漂。

最近伊朗问题愈演愈烈，波斯湾的战争气氛浓烈，以色列磨刀霍霍，美国航母在霍尔木兹海峡穿梭游弋，向伊朗施压。伊朗也不示弱，坚持在核问题上不妥协，面对美欧的威胁，扬言给欧洲断油还以颜色。

当我们茶余饭后谈论美伊何时动手的时候，是不是想过美伊发生战争会给中国海外投资与贸易带来多大影响呢？

且看一个数据：伊朗原油的22%出口到中国，占中国原油进口比例的11%。这仅仅是能源领域的一个数字。中国和伊朗在很多领域都展开了合作，投资与贸易的数额可能大大超越利比亚。

因此，一旦两国发生战争，中国必将首当其冲地遭受损失。除了伊朗，叙利亚问题、朝鲜问题、南海问题、非洲问题、中亚问题等都是中国企业走出去亟待考虑的隐含着战争风险的热点问题。如果不提前预警，做好准备，等战争爆发后才想办法应对，一则已然晚矣，二则战争具有很多不可控性，生命尚且无法保证，何谈投资与贸易呢？

法律风险

有这样一个案例：

中国某建筑工程公司在加蓬承包了某项工程后，雇用当地临时工，发现当地用工成本高，因为最低工人工资必须覆盖2个妻子和3个孩子的生活费用。在工程竣工以后，麻烦更大了，因为临时工变成无固定期限的工人了，非熟练工人变成了熟练工人。

这种情况在中国是不会出现的。可以说是文化差异导致了这种尴尬局面的产生，但说到底还是劳动法领域的风险。

中国的企业家擅长务实、成本、创新的商人思维，但是缺乏严谨、合规、风险的法律思维，不注重法律风险的预防，更不注重法律服务的消费。

看看美国企业家是怎么做的。我们接触过的美国纪录片、电影等各种影像、资料告诉我们，当美国人谈判的时候，左边是律师，右边是会计师。相比之下，中国企业家左边是政府人员，右边是秘书。

这个可笑的对比反映出中国企业家不重视法律风险的实质性问题。

中国海外工程总公司（以下简称中海外）承包的波兰高速公路项目因中海外赔光家底而失败，正面临波兰方面的巨额索赔。中海外干了一半就跑回来了，人家还要状告中海外承担违约责任。

中海外一算账，说承担了违约金比履行合同还能省钱。国资委已经追究了其母公司中国中铁股份有限公司（中国中铁）的责任，并责令中国中铁对中海外进行清查。

项目失败原因是双方面的，一是中海外低估了项目的成本价，二是波兰供应商联合涨价封杀中海外。

但是，最重要的原因是中海外对合同的法律风险缺乏必要的把握和控制。很滑稽的是，中海外手里不仅没有中文版合同，英文版合同也没有。这个案例对其他中国企业到波兰开展投资和贸易活动都投上了阴影。

可以说,中国国内本身法律法规不健全,因此中国企业在遵守和适应规则方面,并没有形成良好的习惯和素养;而贸易发达国家大多法律及贸易规则比较健全,当然法律体系也比较复杂,甚至商业惯例的遵从方面也形成了良好的规律习惯。

因此,在中国企业走出去贸易和投资时,必然面临法律环境(法律、法规、地方法规、判例、商业交易惯例、贸易保护等)的陌生,加之二者习惯尊崇方面的冲突,必然导致风险的急剧增加。

社会文化风险

近年来,在中国企业"走出去"的数量、投资金额、覆盖范围不断扩大的同时,要注意到各种风险也伴随而来,其中很重要的一项就是社会文化风险。

社会文化风险聚焦于两点:一是中国企业到海外要入乡随俗,尊重当地的文化习惯、风俗习惯、宗教习惯;二是企业要注意在劳资关系、人权、环境保护等领域潜在的风险因素。

比如中国的石油企业"走出去"寻找和开发利用境外油气资源受到多方面的阻碍和干扰,原因就是中国的石油企业不注意顾及当地的生态环境影响、人权以及社会治理等问题,甚至被媒体渲染为在工程现场施工中破坏当地生态环境,野蛮作业。

因此,中国企业"走出去"的同时,必须注意保护好项目东道国的生态环境,增强企业的社会责任感。这样,才能规避相应的风险。

造成社会文化风险的因素很多。首先,不少"走出去"的企业在国内经营中社会责任意识比较淡薄,没有很好地承担社会责任,还没有认识到社会责任对企业可持续发展的重要性。加上中国企业普遍还未建立起有效的社会责任治理结构，还不能将社会责任与企业的生产经营有效融合。

其次，中国走出去企业应该主动积极地了解东道国的社会文化和政治法律制度，不能简单地将国内的做法移植到国外，这样会导致员工不满甚至违反东道国法律。

在这方面，五矿集团在澳大利亚开沟通会的做法值得其他企业借鉴，通过及时地与当地土著族长的沟通，谈好利益分成，为当地居民提供教育、培训和就业机会，并且承诺对当地的文化遗产和环境进行保护。

因此，中国企业在走出去的过程中，不仅要与东道国政府搞好关系，还要与当地有影响力的NGO，包括宗教团体搞好关系。其实，社会文化风险是可以预警的，但是这方面的工作一直得不到中国政府与中国企业的重视。

知识产权风险

知识产权风险包括在法律风险之内，这里单独提出来，是因为它实在是太重要了。知识产权重要性不言而喻，不仅是中国企业海外并购的核心目标，也是东道国敏感、顾忌的领域。

知识产权风险包含知识产权尽职审查、知识产权谈判、获得知识产权的交易手段、知识产权登记和并购后知识产权整合等多个环节，须对知识产权风险有清晰认识。

知识产权受限于地域性、时效性等因素，不一定能够随股权一并转移。在中国企业海外并购过程中，必须做好知识产权的情报工作——知识产权资产是否存在、所有权归属、实际控制权、知识产权的经济价值和战略价值,以及侵犯这些知识产权的潜在责任。知识产权风险中包含一项对企业走出去意义很大的知识产权海关保护,也叫知识产权的边境保护。

2003年12月27日,一只集装箱运抵荷兰鹿特丹港口,箱里装载的是东林公司巴基斯坦分厂生产的节能灯。按以往的惯例,东林的客户很快就可以办妥通关手续,将货物运走。

但是这一次情况发生了变化。鹿特丹海关当局没有解释任何理由,就将这只集装箱扣押。经过漫长的等待,海关官员命令打开箱子,对货品进行检查。就这样,这箱货物跨越年度,被整整拖延了1个月。2004年1月26日,客户终于将货物提走。

欧盟海关刁难东林公司的缘由,乃是由欧盟节能灯厂商以及相关调查公司向欧盟提交的一份秘密报告。在这份秘密报告的发起人名单赫然有西门子的子公司欧司朗。原来,"萤火虫"居然被其"老大哥"西门子抢注!

西门子及其子公司欧司朗全线狙击中国产品的套路,就是"反倾销"加"抢注东林公司商标",然后利用海关知识产权保护进行阻击。

东林公司只是中国照明灯饰企业遭遇知识产权壁垒的一个案例,类似的遭遇在其他行业也频频发生。

商标保护具有地域性。目前世界上大多数国家和地区都采取"注册在先"原则,即谁先在该国和该地区注册商标,谁就拥有商标的专用权,并获得该国和该地区的法律保护。

商标抢注至少带来两种恶果:一是被抢注商标的企业产品不能以原有商标进入抢注地市场。如果要进入,只能另换商标,对企业无形资产将造成无法估量的损失；二是抢注者可以合法地把自己的产品冠以抢注的知名商标进入世界市场，挤压被抢注商标的企业市场开拓空间。所有这些风险，应该引起中国企业的警觉。

中国作为世界上最大的发展中国家，绝大多数海外投资都是由政府主导的国有企业的行为，投资领域也多在东道国敏感的领域，如资源、基建、交通以及金融领域，这些领域关系着东道国的经济命脉和国家经济安全。一有风吹草动，首当其冲的就是中国的巨额投资。

尤其是亚非拉国家，政府并非能够控制一切。一旦出现政治动荡，特别是反对势力的崛起，中国企业便不得不重新面临调整，投资甚至付之东流。当然，中国企业浓厚的"政商"结盟传统，使其在投资地所在国政治势力发生变化时，很容易招来新起势力的仇视。当然，不但在亚非拉，就是在美欧、日韩，中国企业的投资与贸易行为也面临着诸多的风险环境。

国家缺乏引导，企业必然盲目。由于中国在企业进行海外投资与贸易中缺乏战略性的风险预警，没有绘制出一幅具有指导意义的海外风险情报地图，属于国家层面上情报战略的缺失。

同时，中国海外投资与贸易往往不具备双边保护机制，缺乏对东道国的责任追究和国家违约行为的有效防范，不利于海外投资企业对于风险的规避。

另外，由于投资和贸易国投资政策、法律规则、国际惯例、社会文化等都与中国有很大区别，其中的风险也必然因此加大，而目前我们依然缺乏对海外风险的全面研究，由此导致中国企业"走出去"必然危机、风险重重。

铁矿石谈判：为何受伤的总是我

谍影重重

钢铁是一个国家经济的脊梁，而钢铁之原料——铁矿石正是这个脊梁中的脊梁。正因为如此，铁矿石贸易及谈判一直世人瞩目。

2008年，铁矿石谈判僵持不下，围绕着铁矿石的豪赌如火如荼地进行。谈判桌上的奋力厮杀仿佛是离我们很遥远的事情。直到2009年7月，"力拓间谍案"被捅出的时候，人们才露出惊愕的眼神，觉得铁矿石谈判无异于进行一场战争。

主角是一个叫胡士泰的澳籍华人，毕业于北京大学，是力拓中国铁矿石业务部门核心成员，也是力拓铁矿石谈判组成员。他负责营销业务，跟国内钢企非常熟，与这些钢企的高管往来密切，深谙与中国企业打交道的规则。一来二去，胡士泰掌握了大量关于中国钢企的可贵情报。

据悉，上海国家安全局从力拓公司拿走的电脑中储存着数十家与力拓签有长协合同的钢企内部资料。其中包括：原料库存的周转天数、进口矿的平均成本、吨钢单位毛利、生铁的单位消耗等财务数据，以及钢铁企业的生产安排、炼钢配比、采购计划等。

这些海量的情报靠胡士泰一个人窃取，是不可能的。纵使他有三头六臂，也弄不来如此数量庞大的资料。显然是在中国钢企内部出了内鬼。

一时间围绕着铁矿石谈判谍影重重。

中国是铁矿石消费大户，按照"消费者即是上帝"的常理，力拓微笑服务犹恐不及，怎么会在价格问题上如此强硬呢？关键是力拓手里掌握了中国钢企的绝密情报，人家知道你哪疼，然后把药价抬得高高的，你要是不能接受高价，对不起，疼死你！

我们来看一个对比。

2008年2月，宝钢与巴西淡水河谷公司达成了涨幅为65%的年度价格，按照惯例，力拓和澳大利亚的必和必拓应该接受这一价格。

可是，两拓翻脸了。要求中国根据澳大利亚与巴西之间巨大的运费差价，按照到岸价的水平倒推，获得运费补偿，谈判由此陷入僵局。僵局一直持续，几近破裂，以宝钢的妥协而告终，最终的涨幅达到了79.88%和96.5%。

这样天价的涨幅给中国的钢铁行业带来了严重后果。

人们不禁要问：铁矿石谈判，中国为什么这么弱？

因为有了胡士泰和中国钢企的内鬼，让力拓掌握了中国钢企的底牌——绝密情报，知道了你的需求量、成本和市场价格。你连一点讨价还价的余地都没有，拿什么跟人家争？

毫不夸张地说，在铁矿石谈判中，中国钢铁企业情报力的缺失是中国企业处于下风的本质原因。

中国钢企的软肋

中国钢企的软肋到底在哪？归根结底有两条：情报的缺失和技术的瓶颈。关于中国钢企的技术瓶颈，主要表现在钢材的高附加值上。主要指标包括屈服度、耐腐蚀度和金属抗疲劳度等。

中国进口的铁矿砂大量用于制造粗钢、螺纹钢和钢胚等半成品，而德国、日本等拥有尖端技术的国家，进口这些低端产品后通过技术加工生产出精品钢材，例如汽车底盘、不锈钢和白色家电钢板等，再以高价卖给中国的生产企业。

明眼人一下子就明白了。这跟"8亿条裤子换一架飞机"不一样。裤子换飞机，毕竟我们还能换来。可是，高附加值的钢材生产线全掌握在外国人手里。

1998年宝钢与德国的克虏伯公司合资，在上海投资了不锈钢板卷工程，目前所生产的所有高端产品都依靠德国的生产线，中国企业不能掌握核心技术。

由于中国钢铁企业缺乏核心竞争力，加上商业间谍活动的猖獗——力拓网罗了大批情报人员打入中国钢企内部——中钢协在铁矿石的谈判中处于何等弱势，不言自明。

此外，就是要立足于国内，保护国内矿山利益，是中国钢企发展的长远策略。要想成功抵制三大矿山涨价，可以倚重国内铁矿。但是，国内铁矿都是小打小闹，生产经营落后，先后被国家关停了一大批，这也是中国钢企的痛苦之处。

日本是怎么做的

2003年以后，日本将世界上最大的铁矿石进口国的地位拱手相让。位子是让出来了，可是铁矿石的定价话语权却紧紧攥在手中，不肯连带着地位的失落而转手相赠。40年来，日本在铁矿石谈判中翻掌为云，覆手为雨，这是为什么？

"二战"结束后，美国整顿了日本的各级商社，但是并不彻底。20世纪五六十年代，综合商社又改头换面，东山再起。

为了恢复日本的经济，日本最大的综合商社三井物产开始在海外购买铁矿石，然后和国外签订长期合同，进一步投资矿山，最后进入矿山企业的董事会。

久而久之，三井在铁矿石的贸易中顺风顺水，积累了丰富的经验，并且通过长期贸易合同、投资、参股、成立合资公司、参与经营等诸多手段与矿山企业形成了利益共同体。而三井跟日本的钢铁公司又通过相互持股或共同投资的方式，结成利益同盟。

例如，铁矿石价格上涨，拥有巴西淡水河谷18%股份的三井物产就多赚一些，然后在进行铁矿石贸易时再让利给新日铁，一个口袋进，另一个口袋出，肥水不流外人田。这也是为什么铁矿石谈判总是淡水河谷与新日铁率先达成协议。当铁矿石便宜了，新日铁成本降低，三井物产负责钢铁制成品销售的时候也可跟着获利。

在铁矿石谈判中，表面上是在新日铁等钢铁企业，其实真正的主角是综合商社。而且各家商社之间密切协作，把持了铁矿石的进口、钢产品的出口和运输。

在中国，日本也是这种做法。例如，三井物产把新日铁引入上海宝钢，成为其全方位的合作伙伴，而自己又与上海宝钢成立钢铁物流公司——宝井，从而深入到钢铁产业链的各个环节。

这招可够绝的。整个产业链都被商社掌控了，对中国钢铁企业各层面的情报了如指掌，然而再提供给其参股的淡水河谷，中国钢企不挨宰才怪呢。

此外，日本综合商社具有高度的情报战略性，为了位居全球，很早就开始了开发新的铁矿石产地，如印度、澳大利亚等新资源产地。

综合商社运用超级情报力，牢牢控制了铁矿石的定价权。

情报对决早已打响

中日之间围绕着铁矿石的较力早就开始了。

晚清末年，大清帝国落后挨打，有识之士奋而自强，一场轰轰烈烈的洋务运动开始了。洋务派大臣张之洞为了造出大清帝国的坚船利炮，力主在汉阳办铁厂。

总理衙门核准后，张之洞就开始操办铁矿石的事。于是，他从德国请了一位矿石勘探师，让他到中国各地找铁矿。当这位德国勘探专家将勘探的结果交给张之洞的时候，差不多同一时间，总理衙门就转来一封德国公函。这封信没看完，日本人就来了。

张之洞纳闷了，德国人知道了可以理解，毕竟勘探专家是德国的，他给自己的国家报信情有可原，可是日本人怎么会如此迅速地知道了此事？

结果，日本人跟德国都要求一件事：跟张之洞联合开矿。而且日本的要求更加肆无忌惮，竟然要求以中国的铁矿石充抵大清给日本的赔款。张之洞听后非常气愤。他哪里知道，日本人的情报工作简直超乎想象。

想当初，日本人夹着一块铁矿石过海关的时候，清朝官员大加嘲笑——我天朝地大物博，甚物没有？东洋小国之民，竟拿着冷石头当宝贝。日本人也在偷笑，随这块铁矿石一起到日本的还有极其重要的情报，那就是张之洞在湖北找到了铁矿。后来，八国联军进北京，日本人开着战舰直逼汉江。

从那个时候起，日本就一直觊觎着中国的铁矿石，通过其发达的情报力，对中国铁矿石的信息知之甚详。相比之下，清朝的情报力简直为零，更不知情报大战为何物。

时间走到"二战"时期，日本人在情报力的支撑下，对中国铁矿石资源明火执仗地强取豪夺。"二战"结束后，日本经济恢复重建，综合商社开始发挥关键作用，控制了巴西的铁矿石公司淡水河谷。随后全球布局,当中国满世界卖铁矿石的时候,发现日本人无处不在,不停在背后放黑枪。

对于澳大利亚的铁矿石企业,中日之间也曾展开争夺。日本得知力拓在铁矿石领域越来越强大的时候,再次施展无耻神功,作为唯一入侵过澳大利亚的国家,厚颜无耻地去跟澳大利亚攀亲戚,打算对力拓像对淡水河谷那样分一杯羹。可是,澳大利亚不买账,日本无法染指。

中国随着改革开放的深入,中国钢企崛起,对铁矿石的需求日益增加,力拓看清形势,将眼光瞄准了中国。可惜,中国没有日本综合商社的模式,要不然也能参股力拓,任凭铁矿石涨落都能稳赚不赔。而中国钢企不差钱,等缺了再买,结果导致了现在的被动和僵局。

他山之石,可以攻玉

日本是个钢铁资源极度匮乏的国家,可是日本钢企却能成功走出国门,占据世界钢铁行业的制高点,掌握铁矿石定价的话语权,这使得中国钢企不得不进行反思——我们差在哪?应该从日本企业的成功中吸取怎样的经验?

日本钢企走出去的成功经验归结起来有三条。

第一,日本强大的情报规划能力,使得日本企业能够从战略高度走出国门,抢占铁矿石资源的上游版图,占得先机。这当然跟日本资源匮乏有关,但更跟日本举国上下的情报意志有关。其实,日本钢企在走出国门之前早就对世界的资源版图以及各国的投资风险做了通透彻底的了解,在这份绘制好的风险情报地图的指导下,日企才能弹无虚发,一击命中,逐渐掌控了世界钢铁行业的话语权。

第二,综合商社情报力的庞大触角,延伸到世界的每一个领域,就像一群带有触角的蚂蚁军团，搜集资源战报，规划风险地图，最终将成熟且可以参考的情报源源不断地反馈到东京以及日本的其他企业。

第三，日本钢企走出去的独特模式具有巨大效用。日本钢企走出去，绝不像中国企业那样直接进行投资、并购，或者直接交易，而是通过互相参股、合资、参与经营的模式与东道国企业结成利益同盟。

日本方面的成功经验，无疑对中国钢企具有十分重要的借鉴意义。任何一个国家的企业要想成功地走出国门，都离不开政府的扶持和指导。国家应该从战略高度帮助企业绘制一幅风险地图，让企业知道哪里可以去，怎么规避风险等。

榜样的力量是无穷的，中国钢企也要建立类似于综合商社那样的情报体系，改变海外投资与贸易的模式，注重投资的战略性和宏观性。

中国资源同样也不富裕，也应该树立起日本企业的忧患意识，也应该拥有日本强大的情报意志。只有这样，中国钢企才能够真正走出去，才能够彻底避免资源短缺的危局。

贸易壁垒：百步神拳无影掌

伤不起的贸易壁垒

2011年上半年，国家质检总局组织在全国范围内开展了2010年国外技术性贸易壁垒（TBT）对中国出口企业影响的问卷调查。结果显示：2010年有31.74%的出口企业受到国外技术性贸易壁垒不同程度的影响；全年出口贸易直接损失582.41亿美元，占同期出口额的3.69%；

企业新增成本243.91亿美元。

调查还显示：对中国企业出口影响较大的国家和组织，排在前4位的是欧盟、美国、日本和澳大利亚，分别占直接损失总额的37.32%、27.02%、6.10%和5.73%；受国外技术性贸易壁垒影响较大的行业排在前5位的是机电仪器、化矿金属、玩具家具、纺织鞋帽和橡塑皮革，分别占直接损失总额的29.67%、18.55%、18.45%、12.08%、7.97%。

这只是技术性贸易壁垒的数据，加上绿色壁垒、蓝色壁垒、知识产权壁垒的损失，可能要大大超过600亿美元！

技术壁垒、蓝色壁垒、绿色壁垒、知识产权壁垒等统称为非关税壁垒。

非关税壁垒，又称非关税贸易壁垒，指一国政府采取除关税以外的各种办法，来对本国的对外贸易活动进行调节、管理和控制的一切政策与手段的总和，其目的就是试图在一定程度上限制进口，以保护国内市场和国内产业的发展。

非关税壁垒大致可以分为直接的和间接的两大类：前者是由海关直接对进口商品的数量、品种加以限制，其主要措施有：进口限额制、进口许可证制、"自动"出口限额制、出口许可证制等；后者是指进口国对进口商品制订严格的条例和标准，间接地限制商品进口，如进口押金制、苛刻的技术标准和卫生检验规定等。

非关税壁垒主要具有下列特征：

首先，非关税壁垒更具灵活性和针对性。非关税措施的制定与实施，通常采用行政程序，制定起来比较迅速，程序也较简单，能随时针对某国和某种商品采取或更换相应的限制进口措施，从而较快地达到限制进口的目的。

其次，非关税壁垒的保护作用更为强烈和直接。非关税壁垒（如进口配额）预先限定进口的数量和金额，超过限额就直接禁止进口，这样就能快速和直接地达到关税壁垒难以达到的目的。

最后，非关税壁垒更具隐蔽性和歧视性。非关税壁垒透明度差，隐蔽性强，而且有较强的针对性，容易对别的国家实施差别待遇。

不就是一只打火机吗

打火机事小，贸易壁垒事大。

温州人做打火机，几乎垄断了全球市场。可是，2001年10月2日，温州打火机协会副会长黄发静却收到了贸易合作伙伴欧洲打火机进口商协会会长克劳斯·邱博一份电函，告知欧盟正在拟定进口打火机的CR法规草案。

CR法规禁令要求进口到欧盟的2欧元以下的打火机必须加装防儿童开启装置，否则不准进入欧盟市场。就是这样一条看似简单的禁令，却让温州生产打火机的企业如热锅上的蚂蚁。他们突然感到泰山崩倒。

一场可以预见的灭顶之灾笼罩在素有"打火机王国"之称的温州。其实，欧盟搞这么一个禁令出来并不是什么新鲜玩意。早在1994年美国就施行过这样的法令，欧盟只不过是跟美国学的。

那么，为什么欧盟要下这样的禁令呢？这可得从打火机行业的全球市场态势以及竞争对手动态情报谈起。

温州打火机以物美价廉、品种繁多等优势打破了日本、韩国、欧盟等国垄断世界打火机市场的局面。目前其出口量约占总产量的80%，约占世界市场份额的70%。

因温州打火机的外贸出厂价基本上是1欧元左右，在欧盟市场极具竞争力，市场份额曾一度高达80%。这么高的份额几乎把国外那些打火机企业挤到了墙角。但是，欧洲的企业也不会善罢甘休，便到处闹罢工，工会也站出来，替这些企业说话。

于是，欧盟出台了CR禁令。该法规于2002年4月30日获得通过，并将在2004年强制执行。CR法规的出台，如巨石投海，反响极大。这意味着温州生产的价格在2欧元以下、装有燃料的玩具型打火机将禁止在欧盟上市。由此，温州的打火机出口受到了严重影响。

据悉，每年的岁末和年初都是温州打火机接收订单最旺盛的季节，而2001年入冬以来，接到的出口订单明显减少。

早在1994年美国出台类似CR法规的时候，温州打火机产业受到重创。这样的阴影挥之不去，没想到在欧盟狂飙又起。

温州打火机事件是一起利用国际贸易技术壁垒保护本国产业的典型案例，也是中国"入世"后，在国际贸易领域第一次遭遇WTO成员方的技术壁垒。

谁对谁错

实际上，CR违反了TBT协定的相关协定。

首先，CR是人为设置贸易障碍，与TBT中"……技术法规和标准，包括包装、标志、标签等不会给国际贸易制造不必要的障碍"原则相违背。

温州产的打火机安全性符合国际通行的ISO9004安全标准，虽然没有安装CR要求的安全锁，但一律采用金属外壳保护，儿童很难打开。

欧盟在没有任何证据证明温州打火机对儿童安全有威胁的情况下，

夸大了不执行CR法规对儿童安全所带来的风险，就是欧盟在为本土企业张目。

其次，CR法规违反了TBT协议中的"非歧视"原则。在欧盟打火机销售市场上，不但温州的打火机没安装保险锁，日韩的也没安。日韩的打火机都在2欧元以上，因此不必担忧CR法规所带来的影响，但是从安全性能角度来讲，中日韩的火机都是一样。因此，CR法规从本质上来说是在中国产品和其他外国产品之间产生了歧视待遇。

第三，CR法规违反了TBT协议中的"统一性"和"等效性"原则。温州的打火机已通过国际通行的ISO9004安全标准认定，而欧盟也无法证明ISO9004在欧盟境内是无效的。

第四，CR法规违反了TBT协议中的"技术援助"原则。中国是以发展中国家的身份加入WTO的，理应享有"技术援助"待遇。

第五，CR法规违反了TBT协议中的透明度原则。欧盟早在1998年就制定了CR法规的草案，中国作为欧盟打火机的重要出口国却直至2001年10月才通过非官方途径知道，欧盟显然违反了TBT协议的告知义务，使中国错过了提交相关意见的时机。

要论谁对谁错，其实没什么意义，争与不争，事实就在那里——中国的打火机行业已经遭受了巨大损失。

但是，理不说不明，关于温州打火机遭遇欧盟贸易技术壁垒一事，应该理清双方的责任。上面谈到了欧盟出台CR的种种不合理的地方。其实，中国的打火机企业也有失策之处。

情报力之弱

通过温州打火机在欧盟的遭遇，我们愤慨欧盟实施贸易保护主义的同时，不由地也从自身加以深深的反思。

中国有句俗语：苍蝇不叮无缝的蛋。如果中国企业内功做得足，情报力强大，欧盟的歧视性法案也是形同虚设。所以，纵然欧盟有种种的不应该，中国企业的情报力之弱也值得深刻警醒。

首先，温州的打火机企业在出口之前对欧盟消费者的情报掌握严重不足。欧盟消费者的主流趋势是什么？带有安全锁的打火机在欧盟是怎么一个发展情况？既然美国已经有过类似的法规出台，为什么没有引起温州打火机企业的警觉和采取措施？

其次，温州打火机企业对监管者的情报失察。欧盟对打火机行业的监管导向是什么？最近几年在打火机行业出现了什么新状况？欧盟内部对打火机行业有什么新的监管措施？有没有什么新法规出台的预兆？

要知道，中国企业走出去，不是以卖货为目的的。中国企业需要树立长远、战略的思维，把情报力做到极致。

总之，这些风险都是可以预警的。当然，基于对情报的把握，尤其是贸易国的消费趋势、监管趋势、立法动态等情报进行及时有效地搜集和分析，则能够及时预警分析，避免猝不及防，造成更大损失。

另外，在国家层面上，应该尽快建立非关税壁垒的竞争情报系统。

建立TBT情报系统

TBT是指技术性贸易壁垒，是非关税壁垒的最常见的形式之一。

TBT已成为制约中国产品出口最主要的贸易壁垒之一，因此，中国有必要建立TBT情报体系，及时准确地搜集、分析和通报TBT情报，以维护中国出口企业的利益和对外贸易的发展。

对此，中国已经开始有所行动。

中国有关TBT情报体系的功能主要集中在TBT信息的预警和通报上。一方面，商务部及下属各级商务系统建立了负责贸易救济和TBT预警体系，负责将国外有关贸易法规的新增和变化及时通报给国内企业和有关部门。另一方面，国家质检总局也建立了国内和国外TBT措施数据库，各级质检系统负责将国外产品质量检验检疫的最新情况通报给国内企业。

此外，科技部专门设置了技术性贸易措施战略与预警工程方案项目，从贸易与产业发展、环境保护和生活安全保障3个方面建立部门协调、行业主导、企业参与、科技支撑的TBT预警系统。

然而，在TBT预警之外，中国在主动反击和跨越TBT的功能方面却有所不足。TBT情报体系应由政府、中介和企业3个主体构成，三者的关系可简单概述为：政府向企业大力推广情报，提高企业对情报的认识和需求；政府扶持中介机构建设专家队伍和研究，挖掘、满足企业的TBT情报需求；企业领导高度重视，在政府和中介的帮助下顺利开展情报工作。

在TBT情报体系建设中，政府应起到主导作用。因为中国企业在情报工作方面十分依赖政府，尤其是大多数的中小企业获取、使用情报的能力普遍较弱。政府长期占据情报主导地位。因此，政府要利用多种便利条件向企业宣传和推广情报，充分发挥引导和推动作用。

TBT情报体系需要通过TBT情报信息系统实现其功能。所谓TBT信息系统，是面向企业竞争发展需要的新一代信息系统，是从企业竞争战略的高度出发，通过充分开发和有效利用反映企业内外部竞争环境要素或事件状态变化的数据及信息，并以适当的形式将分析结果情报信息发布给战略管理人员以提高企业竞争实力。

如何构建TBT情报信息系统？

首先，要具有实时监测TBT动态的功能。作为一种动态的环境监视和对手跟踪过程，情报是识别TBT的重要手段和有效工具。情报通过直接跟踪TBT的动态信息识别TBT。TBT形式多样，包括安全、卫生、环保、包装标识、信息技术、环境、社会、绿色、职业安全、反恐等各种形式，其中采取的主要方式是提高标准、增加检验检疫项目和技术法规变化。

此外，情报体系还能了解和监测竞争对手。TBT是一种贸易保护措施，其目的是为了保护本国同类产品的生产企业和行业。因此，获取竞争对手的产品生产、销售、对外国同类产品生产企业的态度变化等情报，可以从另一个侧面有效地识别TBT，把握TBT的发展脉搏。

其次，建设TBT预警功能。TBT情报体系能针对企业面临的TBT提供全面的竞争环境与竞争对手监测，及时了解国外技术法规、标准制定和修改的动态以及实施的情况，在危机尚未发生时及时做出预见性的警示，起到环境监测和危机预警的功能。

第三，建立主动反击和跨越TBT的功能。在瞬息万变的对外贸易环境中，通过TBT情报体系的监测与及时传递，如果发现已经实施的TBT有违反WTO规定而构成实质意义上的TBT，企业可以通过争端解决机构提出诉讼请求，将危机带来的损失降到最小。

对于将要实施的或正在暗箱操作的TBT，中国立即采取应对措施，使企业应对TBT从消极、被动和事后弥补的应对型提升到积极、主动、灵活的预防和反击型，有效降低企业出口风险并跨越TBT。

反倾销：我们自己打倒自己

最大受害者

反倾销（Anti-Dumping），指对外国商品在本国市场上的倾销所采取的抵制措施。一般是对倾销的外国商品除征收一般进口税外，再增收附加税，使其不能廉价出售，此种附加税称为"反倾销税"。

据统计资料显示，自1995年以来，中国连续15年成全球反倾销最大受害者。而伴随金融危机的爆发，中国出口产品成为众矢之的。

据商务部统计，2009年共有22个国家和地区对中国发起116起反倾销、反补贴、保障措施和特保调查，直接涉及出口金额126亿美元。

去年中国GDP占全球8%，出口占全球9.6%，而遭受的反倾销占全球40%左右。数字对比，让人大吃一惊！

对于中国企业遭受反倾销的外部原因，分析起来无外乎两点：

第一，贸易保护主义盛行，采用反倾销措施挤占别国市场。一些国家在保护本国产品的国内市场经济及政治利益驱动下，经常使用反倾销手段。

第二，中国市场经济地位，许多国家尚不承认，以此为由，对中国肆无忌惮地采取反倾销。中国虽已加入WTO，但根据中美达成的协议，在中国"入世"15年内世贸组织成员方仍然可以把中国视作"非市场经济国家"。

根据世界贸易组织的《反倾销协议》，对于从非市场经济国家进口的产品实施反倾销调查时，用其国内价格进行比较可能是不适当的，而使用"替代国"类似产品价格来比较，并计算出倾销幅度。

比如在欧盟诉中国彩电倾销案中，就援引新加坡的彩电价格作为"替代国"商品价格，而不顾新加坡劳动力成本远远高于中国的事实，造成中国彩电被征44.6%的反倾销税，中国彩电企业全面退出欧盟市场。

风险预警机制的缺失

中国成为反倾销的最大受害者，最大内因就是对情报风险预警机制的缺失，这可以从中美水产反倾销大战中，中国企业的不同结局得到证明。

2002年春季，墨西哥湾野生对虾捕获量急剧减少，使美国南方虾类产业长期面临的生产下滑问题突显出来。

2002年1月，美国"南方虾业联盟"对原产于泰国、中国、越南等国的进口对虾提起反倾销立案调查诉讼申请。

2003年12月31日，"南方虾业联盟"，正式致函美国国际贸易委员会，要求对中国等几个国家的冷冻和罐装暖水虾征收25.76%~63.68%的反倾销税。

2004年1月，美国国际贸易委员会发布公告，启动对原产于中国、巴西、厄瓜多尔、印度、泰国和越南的冷冻和罐装暖水虾的产业损害调查程序。

2004年2月17日，美国国际贸易委员会初裁认定，这些国家的冷冻和罐装暖水虾损害了美国以海洋捕捞为主的虾产业，建议对上述国家的虾产品征收高额反倾销税。

2004年7月6日，美国商务部发布公告：除中国湛江国联水产品有限公司外，中国暖水虾生产商和出口商的倾销幅度为7.67%~112.81%。

受到本次案件影响，中国养虾行业每年损失数亿美元。不仅如此，中国一些大型对虾加工企业已经停产，更多的企业处于半停产状态，很多企业开始转产。

为什么在众多的养虾企业都遭到重大打击时,中国湛江国联水产品有限公司不但没有遭受损失,反而在反倾销中壮大自己了呢?它是怎么做的呢?

这都要归功于湛江国联的情报力风险预警机制,情报力的前提是敏锐的情报嗅觉。

早在2002年,美国南方虾业联盟就酝酿对包括中国在内的进口虾采取反倾销行动。这个消息马上就引起了2001年才成立的湛江国联水产开发有限公司的高度重视。

也就在这个时候,湛江国联就开始了应对反倾销的准备——建立起情报追踪、监测系统,不断跟踪美国方面的情报,如消费者的动态、养虾业行业动态,美国市场监管方情报,美国政府部门的立法消息等。

美国商务部开始立案调查后,大部分中国虾企才匆匆上阵。而湛江国联在对内外部情报综合分析之下,认为自己具有全世界最先进的养殖技术和比较便宜的劳动力资源。而美国是个很大的市场,一定不能退出。于是湛江国联自己选择律师,决定应诉。最终凭借情报力的风险预警机制,加之核心竞争力的优势,成功应诉。

当然,这一切都离不开湛江国联出色的内部治理。企业内部严格的管理,扎实的内功才是制胜的根本。

美国主要的考察点在于,中国企业是否具备健全的内部管理体制、健全的财务数据,是否有接受来自政府的补贴,也即是否是完全市场经济意义上的公司。湛江国联在这几方面都无可挑剔,美国也无话可说。

可见,基于情报力的风险预警机制有与没有是不一样的,企业在遭遇反倾销的时候,离开这个机制就是死路,即使应诉也难免失败的结局。

应诉是唯一正确道路

中国企业在反倾销过程中存在着一大误区,因种种原因不敢应诉。甚至有相当多企业想"搭便车",希望国内对手起诉,自己坐享其成。但是,在反倾销诉讼中,"谁应诉,谁受益","搭便车"是不可行的。

WTO规定只有本国企业或行业组织起诉,政府才能进行反倾销调查,因而反倾销是企业的行为,应诉主体是企业。

如果涉诉企业放弃应诉,按WTO的规定,意味着至少5年失去对该国的出口权,而且还有可能引起新的反倾销诉讼连锁反应。

可以说,反倾销让中国企业有苦难言,但是,退缩忍让不是正确的态度,只会让自身陷入被动,甚至倒闭,唯一正确的道路只有应诉。

中国企业在应诉反倾销的案件中,除了上述湛江国联的取得胜利外,苹果汁行业反倾销案便做出了出色的表率,着实让国人扬眉吐气了一次。

中国是苹果汁生产大国,苹果汁对美出口量一直很大。1998年10月,有消息从美国传来,由于中国苹果汁大量进入美国市场,价格持续走低,美国同行准备对中国苹果汁企业发起反倾销诉讼。

当时中国的浓缩苹果汁95%依赖出口,美国又是最大的市场。美国市场一旦受阻,中国的果农和苹果汁生产企业无疑面临着一场灭顶之灾。

在这种危急的情况下,中国食品土畜进出口商会未雨绸缪,于1998年11月在苹果生产大省陕西召开紧急会议,为即将到来的反倾销较量做动员。

商会的态度非常明确,坚决应诉才是企业保住美国市场的唯一出路。最终，国投中鲁果汁股份有限公司、陕西海升果业发展股份有限公司等11家企业表态应诉。

1999年6月，美国苹果汁协会向美国主管机构提出反倾销调查申请。在起诉书中，该协会要求对来自中国的浓缩苹果汁征收91.84%的反倾销税。随后，美国调查机构立案。

最终，中国方面有10家企业参加应诉。

2000年6月，美国做出终裁，中国企业损害成立。美国商务部裁决的税率为0~27.57%，应诉企业加权平均税率为14.88%，未应诉企业税率为51.74%。

尽管在这个裁决结果中，有中国企业获得了零税率，而且整体倾销幅度低于美国起诉方的请求；但是，中国企业仍然认为，这个结果是不公正的。经过协商，他们一致决定将这场官司继续打下去。这场官司一打数年，直到2003年11月，美国国际贸易法院才做出终审裁决。

根据终审裁决，中国10家应诉企业6家获零税率，4家获3.83%的加权平均税率，未应诉企业继续维持51.74%。

根据美国法律，美国商务部在终审裁决后60天内可以上诉。美国商务部最终放弃上诉，并于2004年2月9日签署了反倾销修正令。据介绍，这是中国农产品企业在反倾销案中，首次"告倒"美国商务部。

从1999年到2004年，整整6个年头，中国苹果汁应诉美国反倾销大获成功，已经成为一个经典案例。

制胜反倾销：情报力+国家导向

跟湛江国联一样，苹果汁之所以能应诉成功，关键是情报力发挥作用。首先，中国苹果汁企业敢应诉，就说明准备工作充分。美国反倾销情报一到手，苹果汁企业立刻把应对反倾销指控作为企业最紧迫的、最优先的、最重大的关键竞争情报课题。因此，企业的竞争情报力得以迅速激活，竞争情报的工作目标、范围和任务得以迅速锁定，迅速形成了一致对外的竞争情报协作联合体。

其次，打造在竞争情报课题明确的前提下，迅速组建竞争情报团队。苹果汁企业的领导人纷纷不惜重金，为竞争情报团队的工作保驾护航。课题准备和组织准备就绪以后，接着就是开展竞争情报的搜集与整理，分析与判断。

竞争情报的搜集工作既包括关于美国反倾销调查的政策、法规、程序、相关案例之类的资料，也包括应对美方调查的应诉企业之生产成本、生产经营数据，还包括针对美国指控方辩点的相关数据，如相关年份美国苹果汁市场数据，中国、阿根廷、智利、德国、匈牙利五大主要进口国产量、价格、进口数据及其真实构成等。正是由于中方律师通过实地调查搜集到了有利于中方的证据，迫使美国商务部接受了我方的建议，为应诉企业获胜提供了重要保障。

控辩双方"对簿公堂"，情报分析起决定作用。因为高质量的情报分析能够帮助企业形成合适的应诉策略、帮助企业找出控方的错误和漏洞，利用规则据理力争，在抗辩中击败对手。

另一个重要原因是，中国企业及早获悉了美国苹果汁行业将要提起反倾销动议的信息，使中国抢在美国商务部立案之前搜集到了足够的证据证明自己并非低于成本倾销，并采取了系列针对性行动。

而中国企业在第一时间获知这一信息的过程颇有戏剧性：1998年8月，美国苹果汁协会举行了一次普通会议，当时唯一的中国会员单位——陕西海升果业发展股份有限公司董事长高亮代表参会。会议途中，高亮被"请"了出去，剩下的人关门继续开会。高亮感觉不妙，四处打探消息后终于得知，他们要酝酿对中国浓缩苹果汁提起反倾销调查。高亮深感问题严重，马上通过越洋电话向陕西省政府做了汇报。接到海升公司的信息后，陕西省政府立即开始行动，并迅速向中国食品土畜进出口商会通报了情况。中国食品土畜进出口商会通过相关渠道很快核实了信息的准确性，便迅速开始了应诉企业动员及相关准备工作。

一个重要的启示就是，任何企业面临反倾销问题的时候都不能孤军奋战，而是应该跟政府结成联盟，共进退。苹果汁一案中，陕西政府的作为让企业看到了希望。

任何企业都要与其他同行企业、行业协会、地方政府有关部门、中央政府有关部门一道，集成竞争情报资源和功能，使情报力更加无懈可击。综合以上，中国企业要想在反倾销中取得胜利，需要企业情报力和国家政府部门的正确指导，才能最终获胜。

情报风险地图：国家级风险情报战略举措

必要性，紧迫性

中国企业到海外进行投资与贸易，就如同船舰航行于大海，靠的是一份精准的航海图，而非船长或水手娴熟的经验或技术。

在航海图上，一切狂流、险滩、暗礁、漩涡、巨浪等风险情况都标注得清清楚楚，船舰以航海图为依托，加上自身的种种优势，一定能战胜险阻，达到目的地。

中国企业走出去也是这样。因为对国外的环境不熟悉,情报战略又跟不上,中国企业的海外投资与贸易面临着很大的风险。

一是一些国家对中国企业的海外投资设置了较多壁垒,使得中国企业的海外投资与贸易屡屡受挫。

二是一些国家频发稳定问题,给中国海外投资与贸易带来不小的损失。例如,利比亚的局势动荡可能会给中国在利比亚的投资造成巨大损失。

三是中国不少企业在海外投资与贸易方面经验不足,不太重视维护企业的海外形象。企业的海外形象不仅仅是盈利状况,还有社会责任和商业信用。

加之全球经济持续低迷,后金融危机时代迟迟未见到来,政治与军事风险加剧,这对中国企业海外投资与贸易来讲,意味着很大的不确定性,相应风险陡然增加。

因此,尽快绘制一幅海外投资与贸易的情报风险地图既是必要的,也是十分紧迫的。

那么,这张地图应该怎样绘制呢?总结起来八个字:国家指导,企业决策。把国家级的情报战略跟企业的情报力结合起来。

首先,国家应该把所掌握的各种国别的风险情况以及分析预警信息提供给企业。

其次,国家发现风险之后如何加以防范。

第三,在国家层面的指导下,企业依据自身的情报力建设,对海外投资与贸易建立和完善风险情报管理机制。

中国必须尽快建立起国家级的情报战略举措——国家风险情报地图。

以此图作为中国企业走出去的战略指导,改变国家角色"虚弱"的现状，使国家与企业一道战胜全球化浪潮中的一个又一个难题。

国家竞争情报体系是一个宏观的概念，一个完善的国家情报战略为其国家和企业带来的优势是十分显著的。

中国曾一度受困于国外情报机构的渗透，与此同时，由于竞争和情报意识不强也给中国的经济、技术等方面的发展带来了不少损失。最主要的因素就是从国家的角度还尚未能提供强有力的支持。

中国虽然一度拥有完善的情报体系——从各级情报研究所到各大部委的情报所，但是目前的发展情况并不理想。在竞争情报方面，虽然建立了从竞争情报协会等各级专业协会，但其工作大多也仅放在学术与组织专业会议等方面。

绘制一幅国家风险情报地图正是基于以上的考虑。这张地图就是中国的国家级风险情报战略举措。

美国的做法可以借鉴

要绘制一幅情报风险地图，要从国家的战略高度来重视。纵观全球，美国和日本是当今最发达的两个国家，它们如何绘制风险情报地图对正在崛起的中国有着十分重要的借鉴意义。

美国除了企业重视情报力建设外，政府在情报的推广、情报源的提供、情报搜集体系的建立、各种情报机构的协调与管理等方面也发挥了重要的作用。

在全球化日益加剧的今天，任何一个国家的企业再也不能各自为战，而是面临着更加复杂多变的竞争环境，企业要想在国际竞争中脱颖而，成为笑到最后的胜者，就必须拥有自己的情报机构，并与政府、企业、高校建立了广泛的联系和合作。

美国在这一方面做得十分出色。美国不仅是现代竞争情报的首创者，还是情报工作开展得最广泛、研究力度最强、资金投入最多的国家之一，也代表了当今世界竞争情报的最高水平。

美国以战略立国，其战略规划和战略实施的能力独步世界。美国有着其他国家所不可比拟的完善的情报体系，其情报机构遍布该国的军事、经济、政治等各个领域。竞争情报在美国最初是由从军事情报中引入的，因此，美国庞大的军事情报系统无疑是其国家竞争情报体系的一个重要组成部分。

在当前的国际形势下，美国的许多军事情报机构凭借着其强大的情报搜集网络，也日益加强了对于政治、经济等非军事领域情报的搜集与分析工作。

美国国家竞争情报体系就像一棵参天大树，数不清的根系和枝叶成了这个体系中的重要组成部分。其中大概可以分成3类：国家主导型情报机构，学术研究型的情报机构，民间智库型情报机构。

国家主导型的情报机构主要有以下几种。

美国国家侦察局：成立于1960年8月25日，职能广泛，主要任务是军事侦察；总部设在五角大楼内；该机构在美国有一个专门同发展和制造侦察卫星的公司保持直接联系的分支机构，这在某种程度上反映了其与企业间密切关系。

美国中央情报局：美国从事情报分析、秘密人员情报搜集和隐蔽行动的重要政府机构；总部设在美国弗吉尼亚的兰利，在华盛顿地区拥有许多办公室和大量雇员；下设4个分支：管理处、行动处、科技处和情报处；其中，情报处是美国政府从事情报分析的主要机构，主要负责拟定各种国家情报估计和特别国家情报估计报告的部门。

国家安全局：美国情报界最保密的一个机构；负责信号情报任务和通讯安全；其情报涉及政府活动的各个方面，通讯情报提供着可用于分析外国政府行动和可能动向的数据，以及制定经济或军事方面的谈判战略的数据。

国务院情报机构：美国国务院的情报机构称为情报与研究局，该局除了将正常外交渠道和公开来源搜集的情报上报外，并不从事其他的搜集活动；其有两项主要任务，一是部门之间的情报生产工作；二是为国务院的内部机构服务。

美国商业部情报机构：美国商业部目前有两个主要的情报单位，分别为情报联络办公室和出口实施办公室的情报处。情报联络办公室是商业部同情报界进行联络的机构，是商业部接收情报界情报的接收单位。该办公室还负责为商业部从事国际政策和计划的官员提供日常的情报支持。此外，该办公室还负责对商业部的情报需求进行审查和评估。出口实施办公室的情报处主要负责开发和保存数据，对高技术产品的输出进行评估。

财政部情报机构：财政部的情报机构为情报支持办公室，负责搜集外国经济、财政和金融方面的数据，同时与国务院配合参与这些数据的搜集工作。

除上述国家主导型的情报机构外，在竞争情报方面，美国还拥有从专业协会、各类传统的图书情报机构、咨询机构和企业的专业竞争情报等学术研究型情报机构。这些机构和组织与美国国家安全范畴上的情报机构一起构成了美国较为完善的竞争情报体系。

最有名的一家就是竞争情报专业人员协会（SCIP）。SCIP于1986年成立于美国，是一个由8位创办人每人拿出100美元作为启动资金而创办起来的竞争情报的专业团体。SCIP的主要活动是组织会议和出版专著刊物等学术活动。

SCIP自成立以来得到了迅猛的发展，截止到1995年，SCIP已拥有26个国家的2900名会员，到了1998年增至7600名，其中80%的会员来自各大咨询公司的竞争情报部门，14%来自各大咨询公司和信息行业，3%来自学术界。

目前世界上已有30多个国家和地区建立了竞争情报专业组织。

SCIP虽然是一个学术性的组织，但该组织无疑为推动竞争情报业的发展发挥了重要的作用，也使美国始终处于竞争情报领域的领先地位。

民间智库型情报机构，美国有著名的兰德公司。兰德公司是美国实力雄厚、门类齐全的思想库，在军事、外交和经济领域都有很大影响。可见，美国的情报机构不仅数量繁多，而且隶属于各个不同的部门，但美国从国家的角度上十分重视各情报机构之间的联系与协作。

国家风险情报地图

绘制一幅国家级的风险情报地图意义重大。这幅地图要以国家利益为核心，以国家战略决策为服务内容，以发展国家的综合国力和核心竞争力为根本，并在国家内部由政府、中介机构、企业和各类团体个层面形成的相互协调的有机组织体系，从事有关开发和利用信息、知识和智力资源等一系列活动。

当前，中国缺乏这样一幅情报风险地图的原因是多种多样的。

首先，整个国家层面情报意识淡薄。政府、企业对竞争情报缺乏正确的认识和应有的重视，政府对情报研究的投入逐年减少，专门的情报法律法规不到位，政府还未采取促进情报工作的有效措施。

其次，情报部门服务质量落后。国家以及各地方政府的情报部门的情报存储、更新、查询、使用服务落后。

第三，缺乏情报专业人才和反馈机制。适合情报工作的高素质、具有战略眼光和高度市场竞争意识的情报人才短缺，情报人员的知识结构单一。企业不能有效地把情报反馈给政府机构和行业协会，不利于国家情报的更新和丰富。

绘制这样一幅地图就是为了从国家战略高度出发，通过充分开发和利用知识、信息和智力资源，通过对国际竞争环境、国家外部机遇、国内受制因素、国际竞争力情势等信息的有机分析，为本国的贸易发展及参与全球竞争保驾护航。

在绘制国家风险情报地图的过程中，应该遵循下面四个原则。

第一，这张地图最基本也是最有力的实现手段就是实行部门协调作战，在国家部门与部门之间，国家和行业协会之间，行业协会和企业之间，政府部门和企业之间，企业和企业之间，都要建立普遍和有效的协调机制，走出去的时候形成一个坚实有力的拳头，优势互补，避免各自为战。

第二，加强自身的反情报战略能力也是风险情报地图的题中之义。非法的、不道德的情报手段依然盛行，随时随地地危害国家与企业的安全，为了打击和反击这种商业间谍行为，必须从国家层面上立法。

第三，建设一支专业素质过硬的情报人员团队是必须且必要的。中国无论是政府部门，还是行业协会、企业的人员情报意识淡薄，甚至没有情报意识，因此，提高从业人员的情报意识，打造过硬的专业素质的情报团队是绘制地图的必要支持。

第四，在绘制地图的过程中，要避免资源浪费，尽可能做到向公众开放。不可否认，涉及情报的时候，我们最先的反应是保密，其实，在国家主导下的情报战略在某种程度上有一定的公益性，如果能够做到公开、共享，可以避免情报工作的重复进行，节省资源。

在这四项原则的指导下，从结构、人才、认识、共享等四个角度切入国家情报战略，从点点滴滴做起，发挥后来者居上的优势。相信不久的将来，中国也能绘制一幅像美国、日本那么发达的风险情报地图。

同时，我们也相信，中国企业在这样一幅地图的指导下，一定能够突出重围，越过寒冬，迎来属于中国世纪的亮丽的春天。

第六章
情报力决策：
飞跃企业风险重灾区

企业的风险重灾区在哪里？
精英决策英雄气短，到底"短"在哪里？
为什么说专家决策，看上去很美？
企业最科学的决策模式是什么？
企业如何打造属于自己的超级情报力？

INTELLIGENCE WAR

Magic code of successful
enterprise in the mobile
internet age

时代变迁：精英决策，英雄气短

决策：企业风险重灾区

"决策"一词最早出现于中国先秦时期的论政典籍《韩非子》，原意是指决定某种策略、计谋。现代意义上的"决策"概念则是随着管理科学的兴起而产生的。

西方决策理论学派的代表人物赫伯特·西蒙认为：管理就是决策，决策是管理的核心。它对企业决策者的能力要求是快速判断、快速反应、快速决策、快速行动及快速修正。

决策能力是企业家为维持企业生存必须具备的、最起码的素质。

据美国兰德公司估计，世界上破产倒闭的大企业，85%是因企业家决策失误所造成的。

企业管理者每天都处于决策之中。决策无小事。一旦在决策上失之毫厘，就会引起严重的后果。只有科学决策，只有决策得当，才能确保企业能够健康快速地发展。

摩托罗拉公司创建于1928年，最初生产汽车收音机。1965年进入彩色电视机市场，并于1967年开发推出美国第一台全晶体管彩色电视机，很快成为美国著名的电视机制造商。但是，到了20世纪70年代，美国彩色电视机市场需求已向高质量便携式和台式机型发展，但该企业忽视了市场竞争环境的变化和快速新起的竞争对手，仍然集中力量生产落地式电视机。

而索尼、松下等日本企业在认真研究国际市场彩电竞争态势及其发展趋势后，准确把握美国顾客消费心理的变化，迅速研制开发高质量的便携式彩电，并不断增加产品品种和功能，与摩托罗拉公司在彩电市场上展开了激烈竞争。

由于摩托罗拉公司拒绝改变自己的经营发展模式以迎接索尼、松下等竞争对手的挑战，最终在竞争中失败了。摩托罗拉公司于1974年退出电视机市场。

进入20世纪80年代后，摩托罗拉公司开始认识到情报研究与系统建设的重要作用，将精力从单纯指责日本企业，寻求政府保护方面转移到通过研究竞争情报，来深层次了解日本企业是如何获得全球领先地位的。

基于情报的分析，摩托罗拉发现与日本企业在彩电产品领域进行竞争已不可能取胜。因而果断地决定充分发挥自身半导体集成电路芯片制造核心技术的特长，迅速将主要产品开发重点转移到移动通信领域。

同时，摩托罗拉公司还集中力量重点跟踪诺基亚、爱立信和西门子等新的竞争对手的发展动向，加强新产品研制、开发和营销环节等的信息集成管理，通过20多年的不懈努力，确定了摩托罗拉公司作为世界顶级移动通信产品生产商的地位。

第一次决策的失败，让摩托罗拉走了不少弯路；后一次决策的成功一举奠定了摩托罗拉在世界企业中的强大地位。一前一后的差别证明了决策的重要性，也说明了决策风险是企业最大的风险，决策成了企业的重灾区。

所谓决策风险，是指在决策活动中，由于主客体等多种不确定因素的存在，而导致决策活动不能达到预期目的的可能性及其后果。降低决策风险，减少决策失误，一直以来都是为人们所关注和探讨的问题。

任何一种决策都是在一定环境下，按照一定程序，由单个人或多个人集体做出的。决策不仅仅只是一个客观过程，还涉及大量的个人情感、决策能力以及价值判断等主观因素。

当前，最主要的决策模式有群体决策、精英决策、专家决策等。这些决策方式在某个特定的时期或者阶段曾发生过积极有效的效果，但是，各自都存在着弊病，不是科学的决策模式，所以并不能帮助企业飞跃重灾区。

决策鸿沟

俗话说，"群策群力"，"三个臭皮匠赛过诸葛亮"，要相信"群众的智慧和力量"，也即群体决策的支撑。不过，群体决策并不如人们所想的那么美好。

先看一个故事：A和B一起去吃饭，A穷B富，两人在餐桌上实行AA制。结果，A点了一盘花生米外加二锅头，B点的是澳洲虾加XO。

同一个餐桌上，一起吃饭的两个人，面前的东西却迥然有异。其实，东西并没有什么不同，都是酒菜，不同的是他们的思维。

同样，对于一家公司来讲，采取什么样的发展策略，上市与否，要不要走出去，到海外投资……当面临这些问题的时候，决策人会把大家召集起来，说着冠冕堂皇的话：大家畅所欲言啊，献言献策，公司的发展大计就拜托大家了。但是，这个所谓的"大家"能拿出富有理智的统一意见吗？当然不行。

企业决策就跟上面的点菜故事一样，不同类型的人，不同目的的人、不同群体的人，甚至于不同理想、不同政见的人，都不能统一到一起，做出科学的决策。

群体决策的挑战就在于参与决策的个体常常是异质的，因此决策过程中会产生群体动力学问题——参与者之间相互影响，决定了决策的过程与结果，这也是群体决策的本质。

试想，如果A与B不是各点各的，而是都点同一种，或是A的，要不就是B的，结果会怎么样？

有一种可能，因为前提是AA制，所以，只有按照穷人的套路走，A才能满意或承受得起。B的方案就不用想了，A不可能同意，除非破除AA制，让B请他。但是，B肯不肯打破AA制的藩篱，很大程度上取决于他的同情心。还有一种情况可能，A为了装一下，不让B瞧不起，可能要点一些他认为比较贵的菜，但离B的标准还很远。这种情况下，A损失较大，他心里肯定不乐意。

怎么协调？这是个难题！

要是把案例中的A、B变成A、B、C、D、E、F、G……呢，问题就更严重了！这就是群体决策的弊病。在群体决策过程中，参与决策成员之间的利益关系、权力关系、地位影响、群体文化等因素都会影响最终决策。

因此群体决策，不过是说说而已。

如果深究其原因，大概有如下几个方面：

其一、群体的组成具有异质性，各自的文化承载、利益诉求不一样，如果最后达成决策，那么这样的决策必然带有一定的妥协性，因此科学性就相对降低。虽然表面上获得了所谓的一致，但实际上决策的缺陷已经形成，如此就为决策组织带来了相应的风险。

通过研究很多失败的案例，我们发现大多数决策实际效果往往跟决策当初有所不同，甚至完全不一样。当然，失败的原因是多种多样的，但决策的先天不足却是最大的缺陷所在。

其二、群体决策无法做到客观、公正。

对参与决策的所有人来说，各怀鬼胎，容易结成利益小团体。一旦他们为各自眼前利益争得你死我活，受伤害的一定是企业的长期利益。

比如，围绕企业上市这一块，就会产生很有趣的群体决策的冷笑话。

大股东认为上市可以让自己一夜暴富；参与创业的老臣认为，上市意味着自己即将被职业经理人取代，是大股东排挤小股东的政治手段；大股东承诺通过股份分红保障小股东利益，小股东则担心自己退出管理阶层后，因管理体制不健全，无法避免大股东故意做空公司，规避分红的行为……

由于参与决策者的价值观、知识范围、伦理观影响了最终决策的风向，所以说，群体决策无法做到客观、公正。

其三、群体决策的相对价值为决策过程埋下一颗地雷。

既然群体决策无法做到客观，那么，群体决策的过程就是相对价值分析与判断的结果。相对价值产生冲突，而合理的冲突是有益的。合理的冲突发生在一种彼此融洽的气氛中，就会有较高品质的预测与估计，最后就能做出一个优秀的决策。

但是，冲突如果超过了控制范围，就会使决策充满非理性因素，对各种敏感或极具价值的情报视而不见，或者为了偏见而忽视情报，最终影响决策的科学性。

总之，群体决策想达到理论上的最有效是绝无可能的。群体决策要提高效率，必须是精英制下的开放式的群体。

精英决策是群体决策的修正和升级。

精英决策：英雄气短

精英决策是指由机构的核心成员、特定领域的学者或专家集团联合做出决策。精英决策是对"长官"决策权利的分享，是对"长官"自由意志的一种制约和限制。

精英决策是一种参与有限的集体决策形式。这种决策适用于目标专一、有特殊需要的领域。但是，精英决策似乎已呈现出英雄气短的意味。

1985年4月23日，可口可乐董事长罗伯特·戈伊朱埃塔宣布了一项决定：可口可乐公司决定放弃拥有99年的传统配方，推出新一代可口可乐。

这项决策的背景是：百事可乐针对广大的年轻消费群体推出了"百事新一代"的系列广告，使其在美国的饮料市场份额从6%猛升至14%。可口可乐独霸饮料市场的格局正在转变为可口可乐与百事可乐分庭抗礼。

于是，可口可乐技术部门开发出一种"新可乐"，比可口可乐更甜、气泡更少，口感柔和且略带胶黏感。

新的问题出现了，是为"新可乐"增加新的生产线呢？还是彻底地全面取代传统的可口可乐呢？

可口可乐的精英认为，新增加生产线会遭到遍布世界各地的瓶装商的反对，最后决定"新可乐"全面取代传统可口可乐的生产和销售。

在"新可乐"全面上市的初期，市场的反应相当好，1.5亿人在"新可乐"面世的当天就品尝了。但是，很快情况有了变化。

"新可乐"上市一个月后，抗议电话潮涌般打来，更有雪片般飞来的抗议信件。可口可乐不得不开辟热线，雇佣了大量的公关人员。

市场调查部门的数据也让人吃惊：认可"新可乐"的消费者从53%滑到不到30%。无奈之下，可口可乐决定恢复传统配方的生产，其商标定名为可口可乐古典，同时继续保留和生产"新可乐"其商标为新可乐。但是，可口可乐公司已经在这次的行动中遭受了巨额的损失。

这就是典型的精英决策失败的案例。

可口可乐的领导精英虽然具备了基础的情报意识，但是也仅仅限于市场调查，对市场的预测盲目乐观，对决策风险估计不足，最终导致失败。

为什么精英做出的决策不一定正确呢？这是由精英决策模式本身固有的弊病所决定的。

首先，精英决策过于迷信过往经验。

雅虎公司的CEO杨致远坚持认为自己公司的价值远高于微软公司所给出的估价，因而拒绝考虑微软收购雅虎的建议，他的固执代价沉重：股东损失了300亿美元，自己也因此丢掉了工作；

苏格兰皇家银行的前任CEO弗雷德·古德温认为收购是企业增长的唯一途径，而现金是完成收购的最佳货币，他的错误预判导致银行出现了严重的现金短缺危机。

事实证明：经验并不一定可靠。

即使是以往的经验可能看起来与当前的情况非常类似，但事实上却完全不同。正如历史学家所说，历史在不断地重复以前，但每次都有新的气息。精英决策的过程也是如此。如果迷信历史经验，必定为决策带来巨大风险。

其次，精英决策情报力缺失。

第一，精英决策即使意识到情报的重要作用，也容易对情报产生偏离。这种情报偏离大概可分为5种：

1. 易于获得的最重要。

精英决策者依赖经验做出决策，往往更容易关注易于获得的情报，然后在潜意识里把这些情报的重要性加以夸大。

2. 个人观念强加给情报。

决策者往往受到个人偏见，或个人的职业、兴趣的影响对情报进行过滤。带有个人偏见的经验对决策一点好处也没有。

3. 按个人喜好拒绝情报。

决策者往往会拒绝那些跟自己的理念或信念不符合的情报。这是一种主动拒绝，对获得真正有价值的情报十分不利。

4. 优先的是最可信的。

决策者往往会过于看重优先得到的情报，而忽视整个情报流程。

5. 相信第一印象。

决策者往往看重第一印象，当对于某个领域没有任何经验时，就会很容易选择接受自己最先接触的情报。

第二，情报力是管理者进行决策的基石，任何正确的决策都是做足细微处的情报功夫才获得的。而且，情报具有实时更新的特性，无时不刻不在发生变化，只有根据最及时的情报做出的决策才具备充足的科学性。

精英决策的致命缺陷就在于没有相应的情报战略和情报工具作为支撑。它靠现实的经验和历史的经验做出一切决策，根本谈不上按照企业的战略规划做出相应的情报规划，更想不到引入第三方的情报平台，实现企业自身情报力量与外部情报力量的对接。

这种情报力的缺失导致精英耳目失聪，对当前可能危及企业的风险视而不见，久而久之，必给企业带来损失。

第三，精英决策缺乏科学的决策流程。

谈到精英决策的过程，我们的脑海里闪现这样一幅画面，企业家坐在办公室里，下边坐着部门领导，正在围绕某个问题喋喋不休，最后，企业家坐不住了，一拍桌子：就这么定了！

这就是略带夸张的精英决策的漫画。可见，精英决策是缺乏科学的决策流程。

决策的一般流程是：鉴别和定义问题、分析问题、拟定多种可供选择方案、评估方案、选择方案、执行和修正方案。

但是，在精英决策中，这些流程根本就没有，或形同虚设。不可否认，有些精英做决策之前会有充足的调研过程，但是最后拍板还是"调研结果+过往经验"的综合，依然缺乏科学性。

毕竟，情报力跟调研不是一回事。

第四，精英决策缺少监督。

由于精英在企业中的特殊位置，不是企业老总、董事，就是某个领域方面的顶尖人物专家或权威，导致他们的决策缺乏制衡和监督。

这种局面是相当有风险的。决策失误所引起的严重后果可能因为失去了监督而无法及时预防、中断、改变。

而且，精英决策的修正环节具有滞后性。

由此，我们可以得出结论：精英决策，英雄气短！

精英决策模式不是科学的决策模式，可是，它在中国的大多数企业内依然是主流的决策模式。老总敲桌子拍板的方式还在某种程度上延续。如何纠正精英决策的缺陷，如何建设企业之情报力，是摆在每个企业面前的严峻课题。

专家决策：并非是集体智慧真正启用

专家决策：看上去很美

专家决策模式，一般表现为战略决策委员会等形式，尤其是大型企业集团或上市公司往往采用这种形式。

企业有董事会，而董事会下设立包括战略决策委员会、薪酬委员会、风险管理委员会、提名委员会等相应的专业委员会，以便分解董事会职能，为董事会决策提供支持。

从科学决策角度上分析，战略决策委员会的大多数成员应该是与企业没有雇佣关系的人员，不然也失去了战略决策委员会的意义。

一项战略决策，唯有通过战略决策委员会的审议通过，才能够送达董事会进行表决。从这个意义上讲，战略决策委员会的作用很重要。

但是，不容否认的是，虽然中国大多数集团公司和上市公司都设立了由专家组成的战略决策委员会，但是很多公司依然在风险与危机中举步维艰。

症结出在了哪里？

其实，中国的专家决策委员会绝大多数流于形式，只是"看上去很美"，实际执行过程中却完全走了样。

我们相信，如果专家决策委员按照设立的原则实际执行，不失为十分科学的决策机构。但是人员构成的异质化、专家的知识和成长背景的差异化、专家利益诉求的差异化等原因，导致专家决策委员会名存实亡。

专家决策委员会的构成人员往往是各个领域的专家，如经济学者、管理专家、财务专家、专业技术领域的人才等。这些人当面对同一问题时，往往看法和观点偏差较大，不容易达成共识，这就增加了科学决策的难度。

专家的背景和成长经历各自迥异。在处理问题的时候，历史形成的个性和主观偏见会给决策带来不可预知的风险。

比如，在进行海外投资的时候，有过失败经历的专家可能采取保守立场，即使是投资风险相对较低，但没有同样经历的专家就可能勇往直前，锐意进取，这就造成了决策委员会内部的对抗。尽管最终会有妥协的方案出来，但无疑增加了决策的成本，丧失了投资的机会。

此外，专家的利益诉求不同也给决策的达成造成了很大的障碍。

决策委员会的专家可能来自董事会内部董事，也可能来自独立董事，或者是外聘专家。他们之间的利益绝不相同，必然围绕着各自的立场做出不同的意见。

更有甚者，董事会内部的争权夺利会通过某种形式影响决策委员会，例如，决策委员会当中的成员有来自董事会的成员，这使得决策委员会将成为董事会权力斗争的新战场，如此又何谈科学的决策呢？

因此，专家决策不过是看上去很美，许多现实的纠葛让决策委员会形同虚设，流于形式。

但是，专家决策就这样被一竿子打死了吗？其实也不是，专家决策有它科学的一面，但要看怎么处理。新加坡国企淡马锡引入独立董事制度就是对专家决策的一个很好的补充。

除专家决策委员会决策外，董事会层面的独立董事设置，为的就是能够进行正确的决策，其目的是为了确保董事会不被内部人控制。如美国1940年《投资公司法》中规定，董事会中至少40%的董事必须为外部董事。这些董事不参与执行且"独立"于公司的管理层。

独立董事决策，与专家决策在实际执行过程中，往往有交叉的地方，如专家决策委员会中往往有一定数量的独立董事参与。

淡马锡赢在哪里

淡马锡是名副其实的新加坡国企，新加坡财政部对其拥有100%的股权。1974年成立至今，其企业产值已占国内生产总值13%，其股票市值占股票市场总市值的47%。

淡马锡的投资风格是典型的多元化，其中金融业投资占40%，电信占24%，交通运输占10%，房地产占7%，其他占19%。

淡马锡非常成功，在金融危机中仍然屹立不倒，而且逆水行舟，更上了台阶。

淡马锡究竟赢在哪里？言简意赅地说，科学决策是其成功的基石。

淡马锡对独立董事制度的探索和秉承，是相当成功的。淡马锡董事会成员中只有4人拥有国家公职身份，其余6人全是外聘的专业人才。专业投资委员会中的公务员人数就更少。该委员会拥有核心决策职能与自主权。掌握这种决策权的委员会人数很少，决策效率很高。

在金融危机中，企业诚信破产，企业的金融监管出现严重问题，导致企业面临着前所未有的风险。这些风险的出现都是由决策不当引发的。而决策不当则源于企业的治理结构不合理，企业的微观环境出了状况。

淡马锡在公司治理方面，有效地规避了风险。从控股公司到下面的子公司，淡马锡董事会所属专门委员会大都建立了风险管理委员会。

比如，淡马锡旗下嘉德置业是新加坡最大的房地产企业，有7个专门委员会，其中包括审计委员会、预算委员会、投资委员会、风险管理委员会，这4个委员会都是与金融财务管理相关的。嘉德置业的房地产金融架构中，设有信托基金、私募基金，投资全球。他们对每一个项目都会做一个风险管理报告。

但是，风险管理委员会并不具有决策权，只是提供风险报告，为项目提供决策依据。

此外，淡马锡建有独立董事占多数的董事会，董事会人数一般为11人左右。一般情况下，董事会由股东单位人员、管理层和独立董事三方人员构成。

淡马锡十分重视董事会的独立性。股东董事和来自管理层的董事极少，一般只有总裁一人，首席财务官、首席运营官等高级管理人员不进入董事会，独立董事实际上占董事会的绝大多数，董事会中约有600个关键性董事职位(主要指提名、审计、薪酬等委员会)由独立董事担任。

淡马锡认为，独立董事占绝大多数是最佳运作董事会必备的结构和实现条件。淡马锡早期的董事会股东董事的比重较大，后来逐步转变为以独立董事为主。独立董事地位的突显，保证其独立的纯粹性，为科学决策奠定了良好的基础。

独立是科学的前提，只有保有纯粹的独立性才能摆脱异质化带来的问题,以及避免因利益诉求的不同而引发的内斗。在没有利益纠葛的情况下,决策人才能客观地分析情报,不带任何感情或利益色彩。

国美之病

2008年11月,黄光裕事发被拘捕,陈晓临危受命,担任国美董事局代理主席。国美电器的决策委员会就是在这样的背景下成立的。

国美的决策委员会由陈晓、王俊洲、魏秋立3人组成。负责公司日常经营和重大管理决策;由副总裁李俊涛、牟贵先、何阳青、辛克侠,代理首席财务官方巍,及上海大区总经理黄秀虹、华北大区总经理孙一丁、西部大区总经理张心林、东北大区总经理郭军、华南大区总经理吴波、华东大区总经理吴勇,组成执行委员会,负责总部和全国各地分部的日常经营与管理。

由非执行董事孙强及3名独立董事组成董事会特别行动委员会,以进一步强化公司的企业治理,提升透明度,保持与社会各界的有效沟通。

2009年3月,黄光裕被正式批捕,无法履行董事职能。此时此刻,黄陈之争也渐渐浮出水面。

值得一提的是,3名独立董事的亮相,给国美这次决策吸引了不少关注的目光,也成了弥补国美裂痕的新契机。可是,结果怎么样呢?

当人们十分好奇于国美对独立董事制度的尝试的时候,国美的分歧和危机进一步加深了。这个结果无疑是对国美独立董事制度的一个强有力的讽刺。

我们不禁要问,国美的这次尝试为什么以失败告终?决策委员会以及独立董事制度的引入为什么在中国企业内失灵了?国美的决策委员会病在哪里？

首先，决策委员会只是形式，实质上仍然是黄光裕跟陈晓斗智斗勇的更加高级、貌似更加科学的一个战场。

国美决策委员会的成立是黄光裕"出事"前对权力结构进行精心布局的结果。黄光裕80%的权力都授予了决策委员会。

可是，黄光裕事发后，陈晓顺势推到企业控制力的顶层。陈晓开始了在决策委员会的框架内跟黄光裕布下的棋局进行博弈。

一边是黄光裕打算通过决策委员会对陈晓进行掣肘和逼退，另一方面陈晓开始在决策委员内推行"去黄"的统一战线。双方的争战没有一刻消停过，决策委员会的性质由企业的最高决策机构转变为"黄陈斗力"的角斗场。

很显然，专注于权力斗争的决策委员会，是无法做出科学而独立的决策。

其二，决策委员会的成员异质化严重，利益诉求不同。

以执行副总裁王俊洲为例。他是国美的功勋，获得过黄光裕的直线提拔。可以说，他对国美以及黄光裕的感情是不可置疑的。但是，王俊洲有自己的想法。他的职业经理人身份，就决定了他在感情方面向黄光裕靠拢，而企业利益方面则坚决地站在了陈晓一边。

于是，黄光裕参照雍正设立军机处的模式搞起来的这个决策委员会，本质上还是黄光裕不肯释权的一种延伸。其中既有委员的各自利益冲突，也有黄陈权力之争的边际效应，而这一切都跟科学决策背道而驰。

其三，独立董事形同虚设，根本没有所谓的独立权和决策权。

根据贝恩资本与国美在投资协议中的约定，国美公司应委任3名由贝恩提名的非执行董事进入国美董事会，并促使其在周年股东大会上被选举为董事。于是，2009年8月国美董事委任贝恩资本提名的竺稼等3人为独立董事。但是，这些独立董事的独立性却遭到了阉割，独立董事的噤声，让国美治理的努力化为乌有。

我们试问：国美董事会的独立董事们是否应该集体失声且无异议呢？那么独立董事的专业素养和独立性又如何体现呢？

决策委员会所进行的决策，本应该是集体智慧的结晶，可是，国美却给出了相反的证明，国美决策委员会只不过是一块褪了色的幌子罢了。

在信息如此发达的移动互联时代，决策委员会如果要实现真正科学的决策，仅仅靠机制是不行的，再好的机制也有弊病，正因为如此，集体智慧也不过是一种噱头，或者是一块遮羞布而已。

因此，我们认为，真正科学的决策，应该以强大的情报力为基石。只有依据充分的情报做出决策，才能保证企业远离风险。

奇正相合：完美情报决策模式融合

兵法里的奇正相合

中国是个策略大国，一部长达五千年的中国历史就是一部非凡的策略史，涌现出了不少的脍炙人口的故事和深藏智慧的典籍。人物中有孙子、诸葛亮、曹操等，典籍有《孙子兵法》《六韬》《鬼谷子》等，其中以《孙子兵法》久负盛名。

《孙子兵法·兵势篇》有云："凡战者，以正合，以奇胜。故善出奇者，无穷如天地，不竭如江海。"

何谓奇正，即变与常，常法为"正"、变法为"奇"。具体来说，在战略态势上，两军对峙、正面交锋为正，迂回设伏、侧翼进攻为奇；在战争指导思想上，循规蹈矩、按常理用兵为正，打破常规、克敌制胜为奇。

唐代名将李靖（《问对》卷上）云："凡将，正而无奇，则守将也；奇而无正，则斗将也；奇正皆得，国之辅也。"

奇正相合，立足于正，求之于奇，才能屡建奇功；无不正，无不奇，使敌莫测，故正亦胜，奇亦胜也。

如抗日战争，也是一场经典的奇正相合、克敌制胜的战争。从大的态势上看，国民党正面抵抗的阵地战、防御战为"正"，共产党侧面与后方的游击战、运动战和其他非常规战法为"奇"。一正一奇，奇正相合，终成八年抗战的光荣与伟大。

情报决策模式的奇正相合，"正"就是从运用各种正统的企业管理学知识，把管理学理论跟企业实际相结合，稳步推进，步步为营；而"奇"则是依靠情报，创建企业情报战略系统，让情报成为企业科学管理决策的基础。

《孙子兵法》中提及战争，一般表述为"形势"。"形"就是具体情况，而"势"则是动态发展趋势。形是势的基础，势是形的结果。任何战争都离不开对形势的判断，否则谈不上"上兵伐谋"。

也就是说，"形"所反映出来的情报，是决定采取哪种"势"的前提。孙子讲，有备而战，形备而势成。这里的"备"绝不是简单的军事力量、后备力量、补给力量、地形优势、人心所向等方面，更重要的是"细作"

的充分和完备。细作就是古代的情报官,是一支军队情报力的最佳表现。

细作搜集到了足够多的情报,统帅和谋士再根据这些情报作出部署,这才算得上"备"。一个英明的军事将领在情报不灵的情况下是不会轻易言战的。

策略是一种原则,为总体战略目标服务。情报是研究和产生策略的必要条件。比如,诸葛亮未出茅庐而三分天下的策略,首先他基于对宏观环境这个大情报的分析,其次,策略一出,他终生的事业都要服从于这个策略。包括孙子、诸葛亮在内的中国兵家都主张对军事组织的管理要运用奇正因变之术,既有正兵,又有奇兵,有时以正为奇,有时以奇为正,奇正相生,因势而变。

我们在前边谈到过蒙牛及其老总牛根生,从创业之初的1999年到2004年,蒙牛销售收入从1999年的0.37亿元飙升至2004年的72.1亿元,蒙牛在中国乳制品企业中的排名由第1116位上升为第二位,创造了平均一天超越一个乳品企业的奇迹。

蒙牛之所以能够成就中国经济史上的"蒙牛速度",正是其依据市场运营情报和消费者情报并充分把握,而制定了避免与乳业巨头伊利正面交锋的韬光养晦战略,以及"航天员指定牛奶"和"2005快乐中国蒙牛酸酸乳超级女声"的市场策略,从而完成了这一出奇制胜的战役。

经营一家企业,无论大小,都离不开用奇,出奇才能制胜,而奇,正是建立在充分的情报基础之上的。尤其是移动互联时代的来临,信息海量聚集传递,因此,情报变得比任何时候都重要。

如何建立情报力,如何依据情报所体现出来的价值,如何制定出适合企业发展的奇策,避免相应的风险发生,应该是需要每个企业决策层值得重视的事情。

关于情报，我们了解多少

真正意义上的情报是什么呢？

情报是为实现主体的某种特定目的，有意识地对有关的事实、数据、信息、知识等要素进行搜集、整理、挖掘、分析和应用的产物。

情报具有如下基本属性：

知识性：人的主观世界对于客观世界的概括和反映。随着人类社会的发展，每日每时都有新的知识产生，人们通过读书、看报、听广播、看电视、参加会议、参观访问等活动吸收到有用的知识，按广义的说法，就是人们所需要的情报。因此，情报的本质是知识。没有一定的知识内容，就不能成为情报。知识性是情报最主要的属性。

传递性：知识之所以成为情报，还必须经过传递。知识若不进行传递交流、供人们利用，就不能构成情报。

效用性：人们创造情报、交流传递情报的目的在于充分利用，不断提高效用性。情报的效用性表现为启迪思想、开阔眼界、增进知识、改变人们的知识结构、提高人们的认识能力、帮助人们去认识和改造世界。情报为用户服务，用户需要情报，效用性是衡量情报服务工作好坏的重要标志。

客观性：指无论情报是真是假，都是客观存在的，不以人的意志为转移。无论你是否喜欢或憎恨，它始终存在，或呈现正面色彩，或呈现负面色彩，或呈现中性色彩。但无论是哪种色彩的情报，都会体现机会与风险两方面的价值。

双向性：这是一个相互交融的世界，没有任何一个个体能够独立存在，都会在一定程度上与外部发生各种各样的关系，你中有我，我中有你。因此，任何情报都是双向的，有适合你用的情报，也有适合竞争对手用的情报，或者你正在搜集竞争对手的情报，而竞争对手也正在搜集你的情报，或者你要搜集外部情报，但同时，你也需要向社会释放一定的情报。当然，如果是上市公司，则这种情报的释放更是法定的要求，即信息披露。

依据国内著名智库——恐龙智库的研究，商业情报大致分为如下几类：

第一，宏观情报。包括政治情报、军事情报、外交情报、经济情报、法律情报、社会情报、文化情报、科技情报等。

第二，中观情报。包括行业动态、行业趋势、行业政策、行业竞争、行业风险预警等情报。

第三，微观情报。包括企业战略、市场、运营、财务、法律等方面的情报。同时微观情报也可以另外分类为人才、产品、技术、市场、竞争对手、供应商、渠道商、消费者、监管者、券商、基金等情报。

企业可以根据不同的战略需求，制定相应的情报规划，同时可以立足于不同的情报，制定奇策，为能在竞争中占据主动和优势争取先机。

决策与情报的因应

企业决策，根据不同的标准有不同的分类。但是如果简单化理解，则无外乎三种：战略决策、管理决策、运营决策。事实上，所有的决策，最终又可以归类到这三大分类之中。

决策一刻也离不开情报的支持。那么，企业决策如何与情报相因应呢？我们逐一进行分析。

第一，战略决策。战略决策是解决企业全局性、长远性、战略性的重大决策问题的决策。一般多由企业高层次决策者作出。战略决策是企业经营成败的关键，关系到企业生存和发展。

虽然，战略决策是宏观层面上的决策，但是企业战略决策对情报的需求绝非是宏观情报的需求，而是情报的综合应用，只不过是有所侧重罢了。

如果一个企业要实现多元化战略而转入一个新的行业，则不仅仅要依据与该行业相关的宏观情报，还要关注新行业的行业动态、发展趋势、竞争态势和行业风险，同时还要关注新行业竞争者有哪些，竞争实力如何、原料能源供应如何、下游渠道是否健全等情报。

比如说，苹果转向智能手机领域并取得这一战略决策的巨大成功，就离不开乔布斯对宏观情报——移动互联时代的来临，以及技术、产品、竞争对手、商业模式创新等中、微观情报的把握。

第二，管理决策。管理决策是为了保证总体战略目标的实现而作出的，旨在解决组织局部重要问题，提高企业的管理效能，实现企业内部各环节生产技术经济活动的高度协调及资源的合理配置与利用的决策。其中包括劳动组织的调整，重要的人事调配，资金的运用，设备的选择，年底生产经营规划的制定、现代管理科学的方法等方方面面。

管理决策既然是为了实现战略决策而制定的一种决策，则所需的情报依然涵盖了如企业外部环境的变化、行业环境的变化、企业财务状况、技术创新、安全生产情况等，所有这些情报都将一直支撑着战略决策的贯彻和落实。同时，管理决策对企业内部情报的搜集，提出了更多的需求。

海尔集团张瑞敏的倒三角的组织结构模式就是情报运用于管理决策层面最佳的证明。

第三，运营决策。运营决策是为了保证总体战略目标实现而在产品服务、品牌建设、价格政策、渠道政策、促销措施、目标市场、营销策略等领域制定的策略。

运营决策，主要是立足企业外部发展而制定的决策，因此对宏观、中观和微观情报都提出了更高的要求，如王老吉运营决策案例。

王老吉刚开始一直定位于传统的凉茶，销售市场仅限于两广，虽然经过多年的努力，但是依然无法突破市场格局。

于是，王老吉聘请了一家营销顾问公司，并针对饮料行业、消费者口味偏好、地域市场的文化特色、竞争对手的状况等大量情报进行研究，然后得出结论：王老吉首先要解决的应该是品牌定位问题。

最后，王老吉做出"预防上火的饮料"的新品牌定位决策，重新塑造了王老吉的独特的价值：喝红罐王老吉能预防上火，让消费者无忧地尽情享受生活。

结果，王老吉一炮打响。销售额由2002年的1亿多元猛增至6亿元，这个数字到了2009年已变成了170亿！可见，情报对于企业运营决策可谓是法力无边。

运筹帷幄，决胜千里。一个成功的决策，等于90%的情报加上10%的直觉。真正的科学决策模式，是每一项决策都有丰富而完整的情报作为依据，一切从情报出发，一切以情报为指导，旨在做出符合企业战略目标和利益的正确决策。

情报决策模式就是要克服决策的盲目性，洞察决策风险，最大程度避免因为决策而带来的损失。

或许，美国管理大师杜拉克的依然萦绕耳际的话语能够说明情报决策模式的形象："战略家要在索取信息的广度和深度之间做出某种权衡，他就像一只在捉兔子的鹰，鹰必须飞得足够高，才能以广阔的视野发现猎物，同时它又必须飞得足够低，以便看清细节，瞄准目标进行进攻。不断地进行这种权衡正是战略家的任务,一种不可由他人代替的任务。"

超级情报力:运筹帷幄,决胜千里

谋略:古代情报力

刘邦曾经和臣下说,运筹于帷幄之中,决胜于千里之外,他不如张子房。张子房就是张良,是个善于谋略的人,刘邦之所以能取得天下离不开张良的辅佐。

因此,后人都把"运筹帷幄,决胜千里"用来形容有谋略、善策划的人。中国古代兵法也说,上兵伐谋,其次伐交,其次伐兵,其下攻城,又讲不战而屈人之兵,所有这些都宣示了谋略才是大智慧。

古代没有情报这个名词,但却有从事情报工作的人,政治上叫奸细,战场上叫细作,无论是奸细还是细作,还是他们所搜集到的情报,都是谋略的重要来源与支撑。

可以说,谋略就是古代的情报力的体现。

中国历史上出现过几个具有超级情报力的厉害人物。除了上面提及的汉初张良,下面要说的这位也是超级情报力的绝佳体现者——诸葛亮。

三国时候,魏主曹丕得知刘备已死,便用司马懿的计谋,联络辽东的鲜卑人、西南诸蛮和东吴孙权,命曹真为大都督,起五路大兵伐蜀。

蜀主刘禅得报,急召孔明议事,丞相府的人说孔明有病无法出门。刘禅又令大臣董允、杜琼到丞相府拜见,也被挡在门外。

情报力决策
飞跃企业风险重灾区

孔明连日不出，大臣们都慌了。杜琼奏请刘禅亲自前往丞相府问计，刘禅只好亲自去见孔明。

孔明劝刘禅不要担心，他正在家中策划退敌的计策，现已退去四路兵了，只有孙权这一路，还没有想到合适的人选。

刘禅这一听便放心了。孔明送刘禅出府时，见户部尚书邓芝极有口才，有见解，便奏报刘禅派邓芝去东吴退兵。

孙权被邓芝说服，派中郎将张温入川与蜀国和好。刘禅依孔明的意见，对张温真心相待。蜀国名士秦宓见张温傲慢，便乘酒装醉闯席，与张温辩论。张温辞穷理屈，才知蜀国人才众多，不可小看。回吴后便劝吴王与蜀国联合抗曹。

曹丕见吴、蜀联合抗魏，欲先下手为强，亲率三十万大军水陆并进，攻打吴国。孙权一面令徐盛率大军迎敌，一面派人将这一情况告知孔明。孔明得知后，令赵云出兵阳平关直取长安，围魏救赵。最后，曹丕中计，魏兵大败，退回许都。

诸葛亮"安居平五路"的故事说明了这样一个道理：超级情报力真的可以使决策者运筹帷幄之中，决胜千里之外。

其实，诸葛亮的这种超级情报力早在他"躬耕于南阳"的时候就具备了。他跟刘备的"隆中对"就是他超级情报力的精彩演绎。

诸葛亮27岁出山，未出草庐而定天下三分，这跟他对情报具有高度的敏感和强大的搜集、分析能力有直接关系。

在当时，诸葛亮情报的来源只能依赖人脉资源。曹操一方他的朋友有徐庶、石广元、孟公威，前者在曹营任职，后两者从北方避难而来，对河北局势了如指掌。

诸葛亮在荆州方面的人脉就更广了，岳父黄承彦、荆州牧刘表、大隐士庞德公以及庞统、马良马谡两兄弟等，荆州可谓诸葛亮最熟悉的地方。

东吴那边，兄长诸葛瑾广有人脉，有什么风吹草动，诸葛亮最先知道。

有人说，三国时代存在着三国五方，即魏吴蜀三国，曹刘孙以及诸葛、司马五方。现在看来，这种说法真是合理的。诸葛亮的情报网络之广布，人脉资源之丰富，除了没有立国以外，着实是三国时一股重要的力量。

这一切都是超级情报力赋予他的。

情报力：万力之源

关于企业应该具备哪些"力"的问题，已经有很多的论述。

企业领导人要有学习力、决策力、组织力、教导力、执行力、感召力等；企业营销要有产品力、决策力、企划力、执行力、创新力、品牌力等；企业视觉识别系统要具有传播力和感染力……

这似乎是一个言必奉"力"的时代，这"力"也好，那"力"也罢，其实唯有构成企业的核心竞争力才是最为关键的。

那么，什么是一个企业的核心竞争力？

北大光华管理学院的张维迎教授给出一个"戏说"的答案：偷不去、买不来、拆不开、带不走和溜不掉的能力就是一个企业的核心竞争力。

偷不去：自主知识产权的技术，独特不可替换的品牌，具有自己特色的企业文化，拥有完善而独立的营销渠道，这些都是别人模仿不了的。

买不来：你所拥有的资源是独特的、个性的，只属于你自己，市场上不存在，花钱也买不来。

拆不开：企业内部的资源互补性极高，彼此之间不能分开，一旦分散就不值钱，失去了原来的强大。

带不走：有组织的团队永远是胜利者。只有融入其中，才能获得用武之地；人才一旦离开组织系统，就会失灵，小企业的系统资源才是不可战胜的。

溜不掉：企业的核心竞争力不是暂时的，不是想有就有，一会有一会没有。它是持久的，可持续发展的。

两军对垒，情报当先。

无论你拥有怎样的核心竞争力，在战争打响之前，情报永远是第一位的。同时，在战争真正打响以后，决定战略与战术的变化，以及战争的胜利，依然是唯一的情报。这也是保证决策正确和避免损失的唯一途径。

对于企业同样如此，即使你拥有了企业的核心竞争力，但是由于企业内外部环境处于不断变化之中，企业核心竞争力也会因此而发生变化。同时，企业核心竞争力唯有随着外界环境的变化而变化，才能够真正发挥核心竞争力的作用。犹如你拥有了一辆举世无双且动力十足的奔驰轿车，而如果将车置入泥泞的乡村道路，依然不如一辆破旧的拖拉机。

因此，一个成功的企业，或正在走向成功的企业，都应该培养核心情报竞争力，如此，才能够培养和调动其他核心竞争力。

任何企业要想获得利润，就必须把自己的产品推销出去，因此营销对于一个企业来说无异于人体的生命线；核心竞争力的最终也要靠营销去实现。因此，如何在营销领域运用核心情报竞争力至关重要。

营销学领域最著名的理论就是4P理论。

4P是指：产品（Product）、价格（Price）、渠道（Place）、促销

（Promotion），4P理论是营销策略的基础。

以前的观点认为，4P理论涵盖了营销领域甚至是管理领域的最核心的部分，其实，在移动互联网时代再看4P，就有点陈旧落伍了。因为4P理论缺乏最关键、最可靠、最有效的一力——情报力！

情报力是营销4P理论的理论基石和行动支撑。我们看情报力是如何在4P中发挥作用的。

产品。产品组合中的产品技术、服务、品牌建设，包括外观和包装设计都离不开情报的基础作用。生产什么样的产品，产品以何种技术为支撑，产品技术创新的能力如何，如何进行品牌定位和建设，市场上相关品牌是如何运作的，如何设计与竞争品牌类似但有着全新诉求的品牌识别体系，服务产品如何去做，如何在技术和服务方面战胜竞争对手等。

这一切都需要事先做出情报规划，然后搜集、分析情报，最后为产品服务。上面提及的王老吉的例子就是很好的证明。

价格。价格策略也离不开情报力。价格策略包括产品的定价以及在销售过程中采取的涨价或降价措施。产品和服务如何定价，同类产品的价格，竞争对手的价格策略，为什么涨价，为什么降价，何时涨价，何时降价等关于价格方面的决策，都要以情报为基础。

渠道。渠道方面情报的作用更为凸显。根据恐龙智库对情报的分类，渠道商情报是企业微观情报里至为关键的组成部分。只有做好了渠道商情报，才能对产品在流通环节实施精准的监控和危机的预测。如诺基亚疏于对渠道商情报的掌控，最终酿成了近乎致命的"渠道门"事件，让决策者感觉到渠道商情报是不能忽视的。

促销是4P理论最后的一个阶段。促销未动，情报先行，要不然促销的费用很可能打了水漂。如蒙牛在乳品安全风波之后，获悉内地市场的牛奶品牌一度全线退出了香港市场的重要情报，于是决定苦练内功，经过努力通过香港食品安全卫生部门的多道严格检测，并依据一次促销事件成功打开了香港市场。

另外，近些年来，整合行销传播大肆流行，有的管理学专家提出4P理论已经过时，4C必将取代4P。

4C理论：即消费者（Customer）、成本（Cost）、便利（Convenience）和沟通（Communication）。它强调消费者第一，聚焦于如何降低消费者购买产品的成本、便利性以及有效的营销沟通，这也同样需要情报力的强有力支持。

事实上，4P也好，4C也罢，情报力永远都是第一位的，是万力之源，群力之首。没有情报力，其他一切"力"都无从谈起。

如何建立情报力

情报力固然重要，但是如何建设情报力更加重要。企业情报力建设，一般包括：自建，借力，"自建+借力"的内外结合方式。

一、自建

建设强大的情报力是每个企业梦寐所求的事情，因为有了属于自己的情报体系，任何决策就能够最大程度上保证其客观性和科学性，企业可因此降低风险概率，企业做大做强也就有了强有力的智力支撑。

移动互联时代下，98%的情报信息来源于网络公开领域，因此，企业进行自身情报力建设，首先应该满足如下基础条件：

1.购买情报搜集软件，实现对庞大的网络情报信息进行实时搜集。

2.购买情报分析软件，实现对实时搜集的海量信息进行及时整理、挖掘和分析。

3.购买数据库或委托开发后台情报办公平台，确保情报工作的顺利开展；

4.购买防火墙软件或硬件，以保证情报系统安全性。

5.购买服务器、路由器、UPS电源等硬件设备，并配置专业的机房，以保证整个情报软件系统能够获得良好的运行。

6.需要配置巨量网络信息源，以保证情报信息搜集的全面性。

7.需要根据企业自身情况，组建几十人，甚至上百人之多的情报风险分析队伍，以便对计算机分析整理后的情报信息进行更加深入地分析，提供决策使用；

8.每年要投入相应数量的运营费用，以保障整个情报系统能够得到持续有效的运行。

有了上述基础条件的保障，企业就要根据情报规划做好情报的应用工作，让情报能够真正为战略、经营、管理决策服务。另外，企业还应该建立整个企业情报文化，让每一个员工都应该有情报意识，都应该关注与本企业相关的各类情报，以应用到经营管理决策之中。当然，决策者对情报的敏感性也是十分重要的。

自建模式，往往适合那些跨国集团公司、国有大型企业集团、大型上市公司。

二、借力

鉴于情报越来越被企业所重视，因此一些专门提供情报产品服务的机构孕育而生，以咨询公司、调查公司、网站或智库等形式呈现，所提供的服务也区别很大。

目前第三方情报产品服务机构，大致提供的产品有如下几类：

1.仅仅提供行业发展报告、市场调查或竞争对手报告，并且大部分机构提供的报告都是通用性报告，或者对网上资料稍加修改而成，难以适应客户的个性化需要，并且有些"假大空"之嫌。同时，也并不是完全意义上的"大情报"概念产品，无法满足企业的实际需求。

2.仅仅提供舆情产品。虽然舆情对企业的发展来说是很重要，也是"大情报"中的一种，能够帮助企业及时了解自身舆情，准确化解危机，但是也不是完整意义上的情报服务，并且立足于网络数据信息的监测和提供，没有一定的整理、挖掘、分析和解决方案服务，往往沦为网络数据的堆砌，其价值含量并不高。

3.通过网站提供相关情报产品，但大都是针对某一个行业而提供的，如"我的钢铁网"，虽然也是中小板上市公司，但是并不能够提供服务于全行业、全企业的情报服务产品，依然无法满足中国经济和企业对情报产品的需求。

上述情报产品与服务的局限性说明了情报产品市场的贫瘠的现状：一方面是基于过去传统的情报搜集缺乏信息技术作为支撑，导致人力成本太高，企业往往无法承担，服务质量也就无法提升；另一方面是基于情报产品的匮乏，导致情报市场需求没有真正激发出来，由此形成了一个恶性循环。

随着移动互联时代的来临，网络信息的无限量剧增，加之信息技术的充分发展，一种全新的情报产品与服务模式顺应而生。

这就是能够由第三方机构进行巨额投资，基于云计算技术和垂直搜索引擎技术，对网络中的海量情报信息进行实时监测搜集，并通过信息技术对搜集的情报信息进行整理、分类、挖掘和分析，同时辅之以专业情报人员的专业分析，并将获得的情报存放到阵列庞大的云服务器平台中,犹如将海量的情报放在"云端",企业只需要一台电脑,或一部手机,或一部移动信息终端(如IPAD等),就可以直接调取使用了。

该种情报服务模式的好处,是企业不需要企业做任何硬件、软件、技术的巨大投资,也不需要做艰苦的情报人员培养和投入,即可以直接享受便捷的情报产品和服务。企业购买使用情报产品,犹如用电和用水一样便捷,不用投资巨资建设发电厂和自来水厂,直接购买电卡或水卡就可以方便用电、用水了。

目前,恐龙智库是国内首个提供该项情报产品和服务的专业机构。恐龙智库提供的这种"云情报"模式,主要基于如下几个方面的考虑:

第一,既然情报力是企业万力之首,就应该能够让每一个企业(或政府机构)以可以承受的价格购买到各种情报产品,并且应用起来便捷,省却繁琐而昂贵的软件购买、软件安装、软件培训、情报分析等环节。

第二,情报产品与服务应该具有时效性,如此才能够彰显情报的价值,而传统的情报产品服务模式往往是滞后性的,也只有云计算(云服务)技术条件下的"云情报"服务模式,才能在第一时间将情报推送给用户,才能够真正实现情报的时效性服务与价值。

第三,情报产品与服务应该全方位和立体式的情报服务模式,以满足企业对宏观情报、中观情报和微观情报的全方位情报需求,为企业不同层次决策的情报需求提供情报支持,而不再是所谓的市场调查报告、竞争对手调查报告或简单粗糙的网络信息搜集等片面的、割裂的、剥离的情报产品与服务模式。

第四,情报的价值不仅仅是"趋利",也应该侧重"避害"。由于企业决策本来就具有"趋利避害"双重价值考量,同时企业风险管理也同时具有"创造价值""规避风险"的天然属性,因此,情报的价值属性应该包括"趋利避害"的双重价值属性。基于此，对情报的风险分析就尤其显得重要。

第五，培养中国企业（或政府机构）的情报应用习惯非常重要，唯有拥有了应用情报的习惯，中国企业才真正走向了成熟，中国经济才能够真正称得上强大。而要培养中国企业（或政府机构）的应用习惯，则情报产品与服务可以接受的价格、应用的便捷性、情报产品的丰富性以及情报价值的充分体现是非常重要的，所有的这一切，都将能够在"云情报"服务模式下得以实现。这些都已经不再是梦想。

恐龙智库的情报库所提供的"云情报"服务，可以随时随地获悉宏观、中观、微观情报，同时，还可以第一时间获取舆论情报，并能够同时获得由专业情报分析团队提供的常规和专项情报分析服务，以及风险预警服务。

这种服务模式近乎适合所有的企业（或政府机构）。

三、借力与自建相结合

这里所说的借力与自建相结合，并不是要求企业投入巨资建设一套"云情报"服务平台，而是指"云情报"服务平台依然由第三方提供，相应的情报信息搜集整理、分类、挖掘和分析依然依赖第三方完成，只不过是企业根据自身需求，建设相应数量的情报分析师队伍，根据自身情报应用规划需求，对情报进行特殊的分析，以实现情报的特殊使用需求。

当然，企业情报力建设，并不是只是"借力"就够了，"借力"仅仅是为企业建立情报力提供了一个强大的工具。企业如果要建立强大的情报力，除应用"云情报"平台工具外，企业领导人对情报的高度重视、企业对自身情报需求规划、企业情报风险文化建立、情报决策机制建立、情报规章制度建立、反情报能力建立以及企业配备适当的情报人员与外部"云情报"工具进行对接都是必不可少的。

企业情报力不是一场作秀,不是一场运动,不是某个点的发力,企业情报力建设唯有纳入企业整个战略管理之中,纳入企业管理决策流程之中,融入企业文化并成为企业文化的精髓,才能够完全实现强大情报力的建设,才能够飞跃企业决策风险重灾区。

第七章
情报管理：
跨越时代的大情报战略

人们对情报存在哪些重大认识上的误区？
移动互联时代的来临，给情报管理带来了哪些革命性的变化？
怎么做到大雪无痕的情报管理流程？
为什么说云计算是情报应用的最后救赎？
反情报战略为什么也是企业情报力的重要组成部分？
情报的光速传播，给企业带来了怎样的危机压力？

挥不去的偏见：走过半个世纪的情报误区

偏见

半个多世纪以来，中国从计划经济到市场经济，走过了艰难曲折的路程，人们的观念也发生了翻天覆地的变化。但是，中国人对于情报的观念却进步甚少，不仅跟不上时代发展的步伐，还为经济的进步带来了不小的制约，为企业发展带来巨大损失。

20世纪50年代，中国面临着国内外复杂的政治经济环境，开始实施长达30年的计划经济，一切经济活动都由国家统筹部署，把市场和市场经济看做是危害国家政权的毒草。

既然一切都按"计划"行事，就无所谓市场竞争，在当时物质匮乏的时代，只要能够生产产品出来，就会有需求，即使生产出的产品卖不出去，也是由国家统一"计划"，无须做任何的担心。

另外，当时的中国是封闭的，也没有所谓的国际投资和贸易，更没有国际间的竞争。如此，情报的作用就微乎其微了，情报的观念慢慢淡出中国人的视野。

当1978年中国决定改革开放的时候，中国开始了重塑情报力的进程。但是，重塑情报力是一个充满了苦涩的事情，中国人已经先入为主地把情报看做是不道德间谍行为，依旧谈"情报"色变，充满偏执地认为"情报就是间谍""情报就是靠非法手段得来的"等，一时间，在辽阔的中国大地上，竟然没有了"情报"的词汇。

"知彼知己，百战不殆。"这句耳熟能详的成语，虽然见证了中国人几千年来都拥有发达的军事情报力思维，但是，似乎也仅仅限于人们对政治和军事情报力的理解。在企业家时代的今天，传承这种情报力倒成了一个十分困难的问题。

商战如战场。既然战场需要极强的情报力，而商场又何尝不是如此呢？中国企业对情报的偏见，一直威胁着中国情报力的复苏和重振，同样也威胁着中国经济和中国企业的快速发展。

情报≠窃取

应该说，驰骋商战的中国企业家对商业情报不应该不重视，也不应该不熟悉，但是大家对商业情报的理解存在诸多误区，认为商业情报都是通过不正当的手段获取，大家羞于谈及充满了"间谍色彩"的商业情报。

目前，商界普遍采用的非法窃取竞争对手情报的方式大概有如下几种：一是在对方的关键部门安插"眼线"，即所谓的"卧底"；二是通过"挖角"的方式将对方的关键人物连同掌握的商业机密一起挖过来；三是以假招聘的方式套取对方所掌握的商业机密；四是通过"黑客"方式获取对方企业邮箱服务器中数据库情报资料等。

事实上，企业家对商业情报的认知依然非常浅薄，其对企业情报力的理解还停留在"间谍""暗战"等下三滥的情报招数上,与通过正当的渠道来搜集和获取的情报力管理理念还相差甚远。

事实上,98%的商业情报来源于共同领域,近乎所有的符合法律和商业道德的情报都可以通过对信息的搜集、整理、挖掘、分析,从而达到情报的应用价值。

情报≠信息

随着中国经济的逐步发展,中国人对情报由开始的抵制到慢慢接受,再到现在的渐渐重视,可以说是相当的不容易。但是,观念的进步并没有纠正中国人对情报的误区。

其中,中国人混淆了情报和信息的概念,认为信息就是情报,情报就是信息。其实,信息和情报有着严格的区分,两者并不是一回事。关于情报和信息的关联和区别,也要以"二战"作为一个分野。

"二战"前,情报主要指军事和国家安全领域的活动;"二战"后,延续了数千年之久的情报活动,分成两个并行发展的体系,一类仍然是军事和国家安全领域的情报体系,另一类是以竞争情报为主的商业情报体系。

商业情报体系在道德和法律允许的范围内开展活动,目的在于支持企业决策,发现商业机会,避免风险发生等。

商业情报体系是一个开放系统,在社会上影响很大。但竞争"情报"经过数十年的变迁,特别是经过20世纪90年代全国范围的"情报"改"信息"运动,"情报"的表征性功能日益弱化,"情报"与"信息"的分野日益模糊,至今让很多人一头雾水。

简单总结说来,"信息(Information)"是零散的消息,没有经过整理、分类、挖掘、分析，或者没有经过证实，没有特定的表达方式，不能随便根据它采取行动。而"情报（Intelligence）"是经过整理、归类、挖掘、分析和传递后的信息，是对可靠性加以证实了的信息，有结论或建议，有特定的表达方式，可据之采取行动。

当然，"信息"是形成"情报"的原料，是情报工作不可或缺的基础。在信息匮乏的时代，拥有相应的信息，就能够分析出情报；而在信息爆炸的时代，大肆泛滥的信息反而让人们无所适从，如果信息没有得到整理、分类、挖掘和分析，就是垃圾，根本谈不上情报。

因此，信息并不等于情报，情报是对海量信息进行搜集、整理、分类、挖掘和分析之后，且能够为企业带来机会价值和规避风险的一种产品。

情报≠市场调查

情报是决策的基石。

但是，许多企业对情报的理解还停留在市场调研的认知上，认为情报工作是跟市场调研划等号的。因此，很多公司往往借助于外力，如第三方调查机构或咨询公司，构建自己公司的情报力，并依此制定各项决策。

其实，这种认知是错误的，主要体现为：

第一，企业的战略、管理和市场决策等需要随时有相对应的情报给予支撑，而市场调查，也仅仅是限于行业竞争态势、主要竞争对手等信息的搜集和分析，范围过于狭窄，根本无法满足企业的实际决策需要。

第二，唯有变化才是永恒的。由于企业经营决策环境是处于永远不断变化之中的，具有"动态"属性的，而市场调查仅仅是对某一阶段的信息情报进行搜集、整理、分析和应用，无法完成持续性的信息情报监测和服务，是相对"静态"的，缺乏最为基本的时效性。或许，某项市场调查报告完成之时，正是该调查报告过时之时。

第三，大多数市场调查（咨询）机构，往往处于传统的人工信息搜集模式，也往往是传统的"报告"成果模式，无法做到实时监控，实时提供情报服务，因此，市场调查根本无法满足企业真正的情报需求。

当然，我们不能够彻底否定第三方市场调查的作用。市场调研只不过是整个情报管理流程的一个子环节。市场调研所起到的作用与情报的作用是不可比拟的，市场调研无法满足企业整个决策的需要。

情报≠搜索引擎

情报不能跟搜索引擎画等号。

目前，搜索引擎分为两种，一是平行搜索引擎，一个是垂直搜索引擎。

首先，平行搜索是指在检索过程中不限制信息的类型与主题范围，它以所有网络信息资源为检索对象，检索结果包括任何领域、任何方面的网络信息资源，这些信息依照与搜索条件符合的程度排列，能够在一定程度上帮助用户找到比较接近的信息。最典型的就是百度网页搜索。

但是，平行搜索存在重大漏洞。对于要搜索的对象，或许能够查得到，或许根本查不到，或许运气好能够查到，或许运气不好就查不到。加之搜索引擎的竞价排名的特殊商业盈利模式，由此导致平行搜索引擎不可能帮助用户准确搜索到信息，更妄谈企业决策所需要的情报了。

其次，垂直搜索引擎虽然成为搜索引擎的发展趋势，但是依然存在不足。

垂直搜索引擎是针对平行搜索引擎的信息量大、查询不准确、深度不够等弊病研发出来的一种新的搜索引擎服务模式，通过针对某一特定领域、某一特定人群或某一特定需求提供的有一定价值的信息和相关服务。其特点就是"专、精、深"，且具有行业色彩。

但垂直搜索引擎仅仅是信息的大量汇集，而整理、归纳、统计、分析功能缺失，无法形成企业所需要的情报，不能够产生真正的情报产品。

情报≠机会价值

长期以来，人们以为情报的作用，仅仅是能够为企业带来机会价值。企业决策者谈及情报也是立足于能够从情报中挖掘出对企业有利的发展机会。渐渐地，人们将情报跟机会价值对等起来，把情报活动看做是企业的救命稻草。

其实，这是一种片面的认识。严格意义上说，情报不具有感情色彩。它是一种知识的传递，而知识既不代表机会，也不代表风险。把情报定义为机会价值显然是不科学的。

情报≠竞争情报

中国近几十年的传统情报，研究的都是基于竞争情报研究，尤其是竞争环境和竞争对手，这种思想是从战争情报演化而来的，限制了情报学科的发展。

竞争情报研究涉及的内容很多，如环境监视、市场预警、技术跟踪、对手分析、策略制定、竞争情报系统建设、商业秘密保护（反情报研究）等，每一个方向都是值得深入研究，都会为企业创造价值。

竞争情报固然重要，但是，它毕竟不能涵盖整个情报的概念。只能说竞争情报是整个情报系统中比较注重对抗性的一种情报，而对抗只是企业经营管理中的一种形态。

情报并不仅仅限于对抗，很多情报属于非对抗性的，如宏观情报所包含的内容大部分并不是对抗性的，如一个国家的法律，企业要学会如何遵从，一个国家的文化，企业要学会如何尊重和顺应。

同样，对于行业龙头企业的情报，未必是考虑到竞争而搜集，而是如何学习他人优势，发现市场空缺点或机会，然后发展自己。

正确的大情报观

不谋全局者，不足以谋一域。企业在做任何决策，都要有相应的情报作为支撑，树立企业的大情报观。唯有在情报方面达到高瞻远瞩的战略高度，才能做到真正意义上的决胜千里。

以军事战略情报为例。军事战略情报具有全局性、广泛性、稳定性和不间断性等特点。

全局性，指军事战略情报是影响国家安全和筹划、指导战争全局的重要依据。

广泛性，指军事战略情报的内容不仅包括军事，而且涉及政治、经济、社会、科学技术和地理等各方面。

稳定性，指军事战略情报所反映的是从战争准备、发生、发展到结束的全过程的情况，可在长时间内起作用。

不间断性，指军事战略情报的搜集、分析判断和提供使用从平时到战时从不间断。

由此可见，战略情报的内涵和外延都非常丰富和广泛，并不能够拘泥于某一局部或区域。

其实，企业情报战略何尝不是如此。

以日本企业新日铁为例。日本是个钢铁资源极度匮乏的国家，但是新日铁在世界钢铁行业里的地位却名列前茅，综合实力又是中国钢铁企业所无法比拟的。

这是为什么？原因很简单，新日铁以及背后的综合商社——三井物产的大情报观支撑了新日铁今天的地位和成就。

新日铁和三井物产之间，三井物产拥有新日铁商社20.132%股权，而且拥有新日铁5%以上的股权。与此同时，新日铁又是三井物产的独立董事。

在钢铁贸易方面，三井物产是新日铁最大的钢材代理贸易商。新日铁虽然不是三井财团二木会（总经理会议）的成员，但实际上它与三井物产以及三井财团其他成员之间的相互持股、共同投资、贸易代理等的实质联系，已经形成了利益共生关系。

日本钢铁业的崛起就跟三井商社也有着密切的关系。三井满世界找铁矿，然后通过互相持股等方式，为日本钢铁业奠定了充实的原材料来源和产品销售市场。

这也是日本钢企立足于世界进行布局的优秀大情报战略案例。综合商社的触角四通八达，情报可以源源不断地输送到东京，为企业的情报战略服务，最终促成企业的战略决策，步步为营，稳扎稳打。

总之，企业应该树立大情报观，抛开一切对情报的偏见和认识误区，本着科学的态度，认真开展情报工作。

凡事预则立，不预则废。大情报观中，"预"并不是简单的准备，而是要从全局出发，进行综合性的情报规划和布局，综合考量宏观、中观、微观三个层次的情报，做出审慎而科学的决策，为企业的战略发展营好势、布好局。如此，企业才能稳步推进自己的战略规划，赢得最后的胜利。

移动互联：全新时代的情报革命

黄金时代的开启

移动互联时代的到来，为人类开启了又一个黄金时代。

目前，全球正在经历半个世纪以来的第三次重大科技浪潮。之前的两次分别是20世纪五六十年代的大型计算机时代，70年代到20世纪初的互联网的时代。现在正在进入移动互联时代，更多的用户将通过移动设备连接互联网，而非台式计算机。

移动互联时代，彻底改变看人们之间的鸿沟，更多的人搭上了互联网这个列车，如数字阅读的大部分群体是农民工、军人和农民就能够得到明证，而过去台式机被认为是知识的象征，是高科技象征的说法被彻底颠覆了。

根据一项调查显示，苹果系列产品的普及速度是美国在线的11倍以上，也比Netscape浏览器快若干倍，这一切的幕后功臣则是3G技术的普及。

科学技术的进步，导致人类的生存和生活状态发生革命性的变化，这在历史上数见不鲜。移动互联网的兴起，彻底改变了人类的生活方式。

首先，数据为王时代的降临。未来几年，移动数据访问量将增长40

倍左右，累积年增长率超过100%。这些数据虽然可能给移动运营商造成恐慌，但却为设备供应商以及增值服务公司带来了福音。

其次，电子商务的勃兴。尤其是在定位服务、时效性服务、移动优惠券以及推送服务等方面，电子商务将掀起一个新的浪潮。

腾讯公司的成功就是证明。2009年，腾讯的虚拟商品销售全年营收22亿美元，平均每个用户24美元。这可是一个传奇性的数字，颠覆了以往赖以发展的商业模式。

第三，社交网络成为主流趋势。社交网络成功地将"统一的通信"与"口袋里的多媒体"结合起来，彻底改变了人类的生活方式。Facebook的成功上市也证明了社交网络正在深入人心，必将成为未来发展的主流趋势。

在黄金时代，随着移动互联网应用的常态化，传统的生活方式发生了重要改变。互联网的创新性应用创造了大量新的需求，并创设一系列新型产业，如情报产业就迎来了一个全新的黄金时代。

新时代，新特征

美国著名的社会心理学家，亚伯拉罕·马斯洛。他在世人所知的《人类动机的理论》一书中，提出了生理、安全、感情、尊重、价值实现的五个层次的人类需要理论。

1.生理。这是人类维持自身生存的最基本要求，包括衣食住行的要求。如果这些需要得不到满足，人类的生存就成了问题。在这个意义上说，生理需要是推动人们行动的最强大的动力。

2.安全。这是人类要求保障自身安全、摆脱事业和丧失财产威胁、避免职业病的侵袭和严酷的监督等方面的需要。

3.感情。这一层次的需要包括两个方面的内容。一是友爱的需要,即人人都需要伙伴之间、同事之间的关系融洽或保持友谊和忠诚;人人都希望得到爱情,希望爱别人,也渴望接受别人的爱。二是归属的需要,即人都有一种归属于一个群体的感情,希望成为群体中的一员,并相互关心和照顾。感情上的需要比生理上的需要来得细致,这和一个人的生理特性、经历、教育、宗教信仰都有关系。

4.尊重。人人都希望自己有稳定的社会地位,要求个人的能力和成就得到社会的承认。尊重的需要又可分为内部尊重和外部尊重。内部尊重是指一个人希望在各种不同情境中有实力、能胜任、充满信心、能独立自主。总之,内部尊重就是人的自尊。外部尊重是指一个人希望有地位、有威信,受到别人的尊重、信赖和高度评价。

5.自我实现。这是最高层次的需要,它是指实现个人理想、抱负,发挥个人的能力到最大程度,完成与自己的能力相称的一切事情的需要。也就是说,人必须干称职的工作,这样才会使他们感到最大的快乐。

按照马洛斯的理论,黄金时代的揭幕,把人类推向更高层次的需求,因此,移动互联时代的特征也可以从马洛斯的需求理论进行切入分析。

——生理方面,移动互联时代不仅满足了人类的传统需求,还创造了人类新的需求,人类的生理需求可以得到创造性的满足,移动终端随便一摇,吃喝玩乐的信息就被推送过来,只要定制就行了,不但便捷,而且目标明确。

另外,社会生活的泛娱乐化,使越来越多的商业理念需要寄托于娱乐形态表达,越来越多的消费交互需要嫁接于娱乐传递,越来越多的商业价值倚赖于娱乐模式实现。人类对于试听感觉不再仅仅限于旁观,而是有了深入参与的机会。

更为重要的是，那些以往被堵在鸿沟之外的人群也可以充分分享移动互联时代的盛宴。

今天，任何一个中小城镇的年轻人都可以实时获得与大都市白领同样的最新观念与事件资讯；消费品以前所未有的速度填充到每个阶层和城乡角落。

很显然，由于信息不对称造成的鸿沟正在被填平。

——安全方面，移动互联时代激发了人类对于深度安全的诉求。

80后、90后的群体正日益成为社会的主流人群，这是无法抗拒的自然规律。这些人成长在与前人迥异的生活环境之中 物质安全。因此，他们对于物质的理解、对于灵魂自由的追寻、对于个性体验的重视、对于心灵关爱的渴望，都将汇聚为强大的潮流力量，并最终改写商业世界的游戏规则。

他们把消费本身作为树立个人形象、反映精神世界、发布个性宣言的方式。移动互联网深深地隐藏着现代人渴望心理安全庇护、实现灵魂自由的深度诉求。

——感情方面，移动互联时代推崇快乐至上主义。

物质财富的填充与积累，已经越来越不足以支持现代人的快乐。各种各样的按摩美容、休闲度假、品位欣赏与独处放松，已经明示出现代人对于快乐一词的重新定义。

在越来越多人的价值观中，都会把扫去物质追逐过程中的迷茫与焦虑置于首位。人们渴望得到足够的休憩，渴望与家人有足够的共处，渴望拥有随性而轻松的体验，渴望有志同道合的精神伙伴，渴望得到聆听与关切，渴望在心理上的自主与强大。

所有这些，都被纳入现代快乐观的条目之中，而无关物质财富的数量堆积。在悄然间，现代商业的需求效用函数正在被改写。

——尊重方面，移动互联时代推崇"非标准化"，开启个性为王时代。

现代社会创造了无尽的物质财富的同时，也使每个人成为"标准化"的商业目标。但是，以个性精神复苏为标志的现代社会理念，越来越鼓励人们挣脱标准化时代被动消费的命运。

人们早已厌倦了各种无孔不入的电话营销和短信骚扰，早已疲惫于各种看似种类丰富、实则难于决断的海量商品与广告，更愤怒于各种潜藏于以公益、关爱为名的商业幌子。

现代消费者已经越来越不满足于"被安排"的命运，他们希望得到真正的尊重与信任，希望自己的声音得到真诚的聆听，希望自己的心理得到深度的支持与庇护。

——自我实现方面，移动互联时代强调自我实现，强调个人道义，群体合作。移动互联网的出现，成为现代人最富有个性特色展现自我生命价值的主阵地。从在论坛上晒一晒自己的工资单，到微博中的随性文字，从播客中种种极富创意的作品展现，到社区中温馨可爱的小窝，"我"已经越来越作为一个重要的主语，成为这个个性化时代最强劲的诉求表达。

此外，物质时代的距离感与阶层感，反而极大地催生和激发了现代人的社群精神。

社交网络使得人们能够以各种方式寻求与他人的联系，表达自己的关切，寻求协作与互助，乃至展现公民的责任与义务，追寻社会的公平与正义。

从"高铁事件"中网民对于事实真相的穷追猛打，到"小悦悦事件"

后人们对关爱的重新追寻，人们在广义的社群当中寻求联系，表达自我，担当道义。

移动互联时代的全新特征，实际上就是一个新时代的需求信息情报，并由此催生全新的产业，如从濒临破产到目前全球市值位列第一的苹果，从默默无闻到光芒闪耀的新秀Facebook，正是这一情报的巨大受益者，分享着移动互联时代的第一块蛋糕。

移动互联时代的革命性特征，改变了我们的传统商业环境，颠覆了我们正在践行的商业模式，革新了我们的陈旧思维定势。当然，这些特征也必将创造全新巨大的社会需求，并给这个时代的企业家带来海量的商业机遇，同时也带来了巨大的风险考量。

是的，所有这些变化的特征，正是商业决策者们最应注意、最应重视、最应思考的情报，而如何及时、快速、准确地获得这些情报，并应用到企业决策之中，确实是当代企业家必须面临的新课题。

因为，只有自足于时代，才能与时代共进。

自媒体：让人欢喜让人忧

移动互联时代，很大程度上可以说是自媒体时代或社会媒体时代。

"自媒体"这一概念最早出现在2002年"博客教父"丹·吉尔默对其"新闻媒体3.0"概念的定义中，"1.0"指传统媒体或旧媒体，"2.0"指网络新媒体，"3.0"指自媒体。

2003年7月，谢因·波曼与克里斯·威里斯两人联合提出自媒体研究报告，指出：自媒体是普通公民经由数字科技与全球知识体系相关联，一种提供与分享他们真实看法、自身新闻的途径。

自媒体的传播，是相对于报纸、广播、电视等传统大众媒介而言。

此外，尽管它以网络作为繁衍栖身的载体，但其传播特性与通常的互联网媒体有极大差异。自媒体的传播特性，从根本上说是源于自媒体身份的不固定性。

从某种程度上说，当更多人突破了传统媒体参与形式，自主地投身于公共表达的传播时，自媒体就成为一种独立媒体形式。其中，微博是自媒体中最为常见的一种方式。

自媒体时代，就是人人都是记者的时代，人人都是电视台的时代，人人都是报社的时代，人人都是可以自由便捷的表达时代。从郭美美的名牌手袋到故宫破碎的瓷盘，在进行舆论监督、反映社情民意上，自媒体发挥着重要作用。据统计，在2010年舆情热度靠前的50起重大舆情案例中，微博首发的有11起，占到了22%。

比如，2011年7月24日凌晨发生"温州动车追尾事故"后，仅以此事件最初的6小时观察，以传统电视媒体对比微博这种新媒体来看，无论是时效、更新速度、社会动员等诸多方面，自媒体无疑完胜了一场全域新闻战役。

自媒体的传播特色在于：平权化，授受同一，多对多，快速便捷。平权化是自媒体的传播理念。作为草根媒体，自媒体是平民化、私人化、自主化的传播，其理念是平等对话、信息共享。自媒体立足普通公众，关注普通公众。这不仅日益成为新闻舆论的一个源头，甚至在某种程度上引导着社会舆论的走向。

授受同一是自媒体的传播价值。自媒体运行过程中，传播主体与传播客体为同一群体，信息的生产者、使用者具有相近的价值取向，这种价值的同向性决定了自媒体新闻具有更加强烈的贴近性、趣味性、动态性，更符合目标受众的偏好。

而传统传播方式经过层层过滤和把关，其中包含了记者的价值观念和媒体的价值判断；与自媒体原生态的新闻相比，吸引力明显减弱。

多对多是自媒体的传播路径。传统媒体垄断信息源，独享话语权。自媒体的信息源则遍布民间，每一个公众只要有手机或网络，都可以将文字、图片、视频、音频传送出去，而接收者同时又可以是下一个发送者。新闻的生产者、发送者与接收者不再有身份区别，记者和受众的概念模糊甚至消失。所以，自媒体的传播路径不再是传统的一对多，而是多对多的网状模式。

快速便捷是自媒体的传播时效。时效性是信息的生命力所在。传统传播途径需经过层层筛选把关，编辑后才会到达受众。在自媒体时代，新闻发布的技术门槛和"准入"条件降低，不需要成立专业媒体机构来运作，也不需要相关部门审批，新闻生产流程更没有规章制度约束，任何人都可以在博客、微博、论坛、MSN、QQ上发布新闻，信息会很快在这些载体之间互播。

凡事有利必有弊，有优点就有缺陷。自媒体的缺陷在于：新闻真实性不足；媒体公信力较低，受众选择性困惑。

丹·吉尔默提出"自媒体"概念时，曾说："草根新闻的兴起伴随着严重的道德问题，其中就包括真实性和公然欺骗。"

由于自媒体不需要准入制度，不受任何约束，因此很容易谣言四起，扰乱视听。加之，自媒体不受监管，为了单纯地追求点击率而忽略了新闻的真实性，使得自媒体权威性远远低于专业新闻机构。

有些自媒体为了追求眼前的经济利益，迎合一部分人的低级趣味，植入情色、恶搞等内容；有的不惜炒作个人隐私，以此来换取点击率，降低了自媒体的公信力。

此外，自媒体载体种类多，信息不定量也没有明确的目标定位。在海量信息面前，个体要依据自己喜好和价值观来选择信息难度加大，难免产生"无助感"，受众想看什么、不想看什么、在哪里看，容易陷入对信息选择的困惑中。

让人欢喜让人忧的自媒体时代来临，不仅让信息变得异常丰富，为情报的搜集提供了丰富的素材，但也让信息变得更加海量和真假难辨，为此，就需要全新的情报工具和情报管理方式，对海量的信息进行整理、归纳、分类、统计和分析，以便实现情报的正确应用。

一张拼接的情报图

微博，是一个基于用户关系的信息分享、传播以及获取平台，用户可以通过WEB、WAP以及各种客户端组件发布即时信息，内容一般限制在140字以内。

最早也是最著名的微博，是2006年6月美国人创建的twitter服务。根据相关公开数据，2011年其全球用户数量已经超过1.7亿。

2009年8月14日，中国第一家微博——新浪微博横空出世，揭开了中国自媒体时代的大幕。随后一年多的时间里，搜狐、腾讯、网易等门户网站也相继推出微博。微博开始了群雄并立的时代。

截至2012年4月，据《新浪财报》显示，新浪微博注册用户已经突破3亿大关，用户每日发博量超过1亿条，日活跃用户比例为9%。过去一年内，新浪微博用户总量、每日发博量、日活跃用户总数等同比上年增长了约300%。

微博是自媒体时代的最佳平台，也是获取情报的新途径。

在互联网时代博客、论坛、SNS、IM的发展已经比较成熟的环境下，微博见缝插针却呈现井喷式的发展，这出乎了大家的意料，但是却在情理之中。

微博的"狂热"发展顺应了移动互联时代的要求。顺势者昌，这也是为什么当新浪微博用户数突破5000万的时候，搜狐才猛然醒悟错失发展良机的原因。

其实，微博并不是完全创新的产品，而是建立在博客、论坛、SNS、IM等服务基础上的一个综合体，他能借鉴传统优秀网络服务传播的优势，又紧扣时代脉搏，可谓集大成者。

微博完全具备了前义所说的自媒体的四大特征。除此之外，微博还具有自身独有的一些特性：

动态性，通过微博能够第一时间获得一手的情报，而且情报时效性很强，随着时间的变化而产生效果或失去效果，这就决定微情报不能凝固于一个时间点或地点上，应该动态地看待它。

零散性，微情报难免是些零碎、片段的情报，微博最长140个字，只言片语能传递出多少信息？

主观性，微博情报都是经过认证或未经过认证的人或机构发布的，既然是个体的人或有利益关联的机构，因此信息难免带有主观性。

我们把从微博当中获取的情报称之为"微情报"。

从上面三条微博的特性说明了140字的微博如果不经过加工和处理，是不能称之为情报的，而只能称之为有价值的信息。

如何对这些有价值的信息进行分析和判断，进而为企业和政府、组织服务，这才是微情报的重要意义。

"微情报"的作用主要有以下几种：

1.企业和政府、组织进行情报规划的重要情报源。

微博是企业或政府获得情报的新的重要的来源。微博上面有大量企业或政府需要的有价值的情报，不过是处于一种碎片化、零散化的状态，需要专门人员去进行搜集整理，完成拼接工作。

2.企业在进行企业标杆研究的时候，"微情报"能起到独特的作用。

现在很多企业和机构都有自己的官方微博，同时企业领袖或老板也都有自己的认证微博，甚至很多企业员工也都建立了自己的认证微博，他们发布的信息将成为以之为标杆的企业的重点跟踪的对象。

3."微情报"为企业决策提供支持。

这种支持是双向的，一方面，企业领袖或经理可以根据"微情报"的内容为自己的决策服务，另一方面，在制定决策前可以通过微博进行咨询，获得反馈，这也是"微情报"的一种重要的应用。

这种支持既包括企业战略决策、定位、管理等宏观方面的支持，也包括企业产品或服务的营销、渠道等细节层面的支持。

4."微情报"可为企业做出危机预警，出现危机后，还可以同时释放"微情报"进行危机公关。

危机是企业不可逾越的一道坎，其实很多危机都是有征兆的，尤其是微博诞生后，如果能重视"微情报"的作用，危机完全可以做到预警，进而避免。即使是危机发生后，也可通过释放"微情报"进行公关，挽回损失。

联想到双汇瘦肉精、温州高铁事故、归真堂风波、红十字风波等重大危机事件，"微情报"最早都起到了预警功能，只不过铁道部和红十字等部门组织面对"微情报"的时候根本不重视，要不就是手足无措，不知所以，才错失了危机公关的良机。

最后，我们谈一谈如何进行"微情报"的拼接工作。

第一，初步定位。

通过相关关键字定位情报工作的对象，并通过已定位人员脉络挖掘其他人员。此过程中，要注意将官方信息和普通员工的信息区分开来。

第二，进步锁定。

进步锁定主要是根据情报对象的微博个人资料、粉丝量以及交流信息等锁定情报对象的职位或身份。

第三，制定策略。

根据不同需要，制定相应的策略，包括浅层交往策略、深层交往策略。

第四，情报提炼。

从零散信息中筛选出有价值的信息，剔除非必要的主观因素，从而提炼出有价值的情报。

经过这四个步骤，微博的信息才能最终实现华丽转身，成为一张极具价值的情报拼接图。

大雪无痕：情报闭环管理流程

闭环系统

犹如任何一个系统（或子系统）的管理，情报管理也拥有一个独有的闭环管理系统。

商业情报是企业对政治、经济、法律、文化、科技等宏观情报，行业动态、行业竞争、行业发展态势、行业预警等中观情报，以及竞争对手、市场变化、产品技术、合作伙伴、政府监管等微观情报的全面持续不断的监测过程，并对监测到的情报信息进行整理、挖掘、分析，最后将有价值的情报推送给企业决策者、执行层和操作层，以便为决策、管理和运营提供支撑服务。

据此，我们就可以"还原"出企业情报的闭环管理系统：

1.规划：确立企业的情报需求范围。

2.搜集：根据规划的情报范围进行搜集。

3.整理：将搜集的海量信息按照一定的逻辑规则进行分类、归纳和处理。

4.挖掘：运用人工智能、模式识别、神经网络等网络挖掘技术进行有目的的搜寻和提取信息。

5.分析：依据专业的分析方法，对搜集整理的信息情报进行专业的分析，并形成有价值的情报。

6.应用：将最终形成的有价值的情报，应用到企业的各种战略经营管理决策之中。

7.反馈：对情报的具体应用结果进行评估，并将评估结果反馈到企业情报决策部门。

8.再规划：根据情报应用评估结果，不断调整企业情报战略规划，以适应企业战略需要。

情报闭环管理系统，使得情报不再是孤立的数据信息搜集，也不是有一搭没一搭、似重要非重要的一项工作，而是融入企业决策过程的一项完整、科学的管理过程。

规划

情报规划，是企业根据自身特点，对情报需求、情报搜集范围和内容、目标等有一个明确的规划。

情报规划阶段，应该明确如下几个方面的问题：

第一，宏观情报需求：对于企业战略决策所可能涉及的宏观情报需求进行梳理和分析，制定具体的情报需求。

第二，中观情报需求：对于企业决策所涉及的中观情报信息需求进行梳理和分析，制定具体的情报需求。

第三，微观情报需求：对于企业经营管理所涉及的微观情报信息需求进行梳理和分析，制定具体的情报需求。

第四，确定有哪些部门和人员要使用情报、使用情报的目的、情报的时间要求，获取的成本、情报的表现形式、情报的搜集范围和计划，以及情报缺失的应急预案等。

情报规划的目的，是让企业清晰情报管理的方向，避免情报管理的盲目性，也是企业情报管理的前提。

搜集

情报搜集是指通过公开合理的渠道搜集原始信息的过程。情报搜集的渠道主要包括：门户网站、媒体网站、政府部门网站、各地信息港、行业网站、论坛贴吧、博客论坛、微博、竞争对手网站、客户网站、专业数据库、专业情报库、报刊和专业出版物、行业协会出版物、行业主管部门、企业内部业务与管理系统、产业（市场）研究报告等。

情报搜集的手段主要包括网络自动信息采集、手工信息采集两种。

但随着网络的发达,目前主要情报的搜集方式,是通过网络获取。

那么,如何从网络搜集情报呢?

第一,定期浏览相关网站。

了解政治、经济、科技、法律等宏观情报,需要查找门户网站、政府网站和媒体网站;相关查找产品信息最直接的方法就是从有关公司、商店、行业协会的网站上查找;国外领先产品的今天可能就是我们产品的明天,了解国外新产品的情况及发展趋势,对帮助我们自己开发新产品极有帮助。不妨选择国外几家业内领先企业,定期访问他们的网站,跟踪他们的新产品开发信息。最好的办法是假装是竞争对手的顾客。

第二,经常参加行业聊天室。

由于企业一般有较强的保密意识,所以在其网站上公布的信息常常经过特殊加工,一般深度不够,而且时效性较差。参加行业聊天室,特别是技术人员组成的聊天室,在不经意的闲聊中,说者无心,听者有意,往往可以得到很多有价值的信息。

第三,注意跟踪竞争对手的网上招聘广告。

产品是需要人来开发的,从竞争对手公司对应聘人员技术背景的要求上,我们可以判断出其新产品开发的基本方向。网上有无数招聘网站,我们可以从中选择几个竞争对手经常发布招聘广告的站点,观察他们的人员需求情况,特别是对技术人员的需求情况。

第四,查找专利知识产权等数据库。

观察竞争对手的专利申请情况是了解其新产品开发计划的途径之一,网上也可查找专利。通过检索竞争对手在某一技术领域申请的专利,并对这些专利及专利文献内容进行深入分析,便能判断出竞争对手的研究与开发方向、经营战略以及产品和技术优势等。当然,其他相关专业数据库，也是情报搜集的来源之一。

第五，竞争对手的公司主页。

没有什么网页能比一个公司的主页提供更有效和更有价值的竞争情报。公司主页不仅提供新闻和证券交易信息，还有公司总裁的传记、讲话和招聘广告、组织结构图、会议展览、商务关系等有价值的信息。当然，如果竞争对手比较多，则需要对竞争对手的网页进行自动搜索，只要竞争对手的网页有所更新或者竞争对手有任何新的举措，监测公司就会立即通知其客户，从而使客户获取动态的竞争情报。

第六，商业信息网站。

网上出现了一些专门提供商业信息的网站，对大量的商业信息资源进行了分类和整理，通过它们可以链接到全球各地区网站，还可以很容易访问相关站点而得到证券交易信息、公司名录、政府信息等资源。

当然，对于近乎泛滥的海量般网站及信息，上述几种常规搜集方式，往往是很难实现有效的搜集，并且将耗费企业大量的人力、物力和财力。如此，借助专业的情报垂直网络搜索工具将是必要的选择。

整理

当海量的信息被搜集来了，或许你会发现无所适从，因为太多信息，就等于没有情报。如此，就需要对这些巨量的信息进行相应的整理。情报整理过程主要是对搜集到的原始信息进行初步处理以便于进一步分析或将处理结果直接提供给情报使用者。

情报的整理主要有以下两种方式：

第一，人工情报处理。主要包括：

1.资源数字化加工：将搜集的纸介质情报信息，如产品、会议资料，样本文字等进行扫描、拍照、图像处理、识别、并合成PDF电子文档。

2.情报信息编辑标引与质量控制：对通过采集工具自动采集的情报信息，进行信息编进、标引、筛选、审核、签发等情报信息加工处理。

第二，自动化情报处理。主要包括：

1.情报自动分类、标引、聚类：对于大量的情报信息资源，提供按照一定的规则，对于情报信息进行自动分类、标引和自动聚类的能力。

2.情报自动关键词、摘要生成：对于情报信息文档，提供对文章内容的分词统计分析或者语义分析，自动生成文章的关键词和摘要信息。

经过这些方式整理好的情报，就需要进入下一环节：挖掘。

挖掘

挖掘，是指从搜集的大量信息数据中寻找其规律的技术。在人工智能领域，又称为知识发现，主要包括3个阶段：数据准备、数据挖掘、结果表达和解释。数据准备，是从相关的数据源中选取所需的数据并整合成数据集；数据挖掘，是用某种方法将数据集所含的规律找出来；结果表达和解释，是尽可能以用户可理解的方式（如可视化）将找出的规律表示出来。

数据挖掘包括分类（Classification）、估计（Estimation）、预测（Prediction）、相关性分组或关联规则（Affinity Grouping or Associationrules）、聚类（Clustering）、描述和可视化（Description and Visualization）、复杂数据类型挖掘（如Text，Web，图形图像，视频，音频等）7种分析方法。其中：

分类，从数据中选出已经分好类的训练集，在该训练集上运用数据挖掘分类的技术，建立分类模型；对于没有分类的数据进行分类。如信用卡申请者,可以分为低、中、高三类风险。

估计,与分类类似,不同之处在于,分类描述的是离散型变量的输出,而估计是处理连续值的输出;分类的类别是确定数目的,估计的量是不确定的。如根据购买模式,估计一个家庭的收入或孩子的数量,或如根据阅读习惯,估计阅读者的身份、职业和年龄等。

预测,通常是通过分类或估计起作用的,即通过分类或估计得出模型,并用于对未来未知变量的预测。如航空公司可以通过分析客流、燃油等变化趋势,预测航线收益。

相关性分组或关联规则,根据此种行为的特征,可以分析出彼种行为的发生,决定哪些事情将同时发生。如沃尔玛超市通过分析客户的经常购买行为,发现"跟尿布一起购买最多的商品竟是啤酒"的美国人消费行为模式,于是赫然将尿布和啤酒摆在一起出售,使尿布和啤酒的销量双双增加。

聚类,是指把相似的记录在一个聚集里。聚类和分类的区别是聚集不依赖于预先定义好的类,不需要训练集。如中国移动通过系统数据挖掘功能,对WAP上网用户的行为进行聚类分析,并由此进行客户分群(法律职业群,企业决策层或学生群),然后进行精确营销。

描述和可视化,是对数据挖掘结果所给予的表示方式,以便让情报使用者能够更加直观地获得情报感知。

分析

我们所处的时代,是一个信息爆炸甚至泛滥的时代。有用或没用的数据信息俯首即拾,有时让人无所适从。只有从信息海洋中发掘有效的情报信息,并加以分析利用,才能产生情报的作用。

我们先看《神探福尔摩斯》中的一则情报分析故事。福尔摩斯去侦察一起赛马失窃案。他获得信息：赛马失窃的当晚，主人家的狗并没有发出任何声音。于是他分析认为：这匹赛马一定是和失主关系密切的人偷的。通过这个线索，福尔摩斯很快侦破了这起盗窃案。

这个例子说明，情报分析人员要有对数据和信息敏锐的分析能力。当然，仅仅有直观的分析能力还不够，还应该有科学有效的分析方法。

情报分析方法有很多种，但是常规使用的有如下几种：

1.SWOT分析法

SWOT即Strength（强项与优势），Weakness（弱项与劣势），Opportunity（机会和机遇），Threat（威胁与对手）。SWOT分析包括两个基本步骤：对内部的优势和劣势分析，外部面临的机会与威胁。

通过这两方面的分析，可以给企业展现一个比较简明的总体态势：企业处在什么样的地位，可以采取哪些相应的措施加以改进、防御或发展；这对企业发展战略的制定、执行和检验可以起到重要的参考作用。

2.定标比超分析方法

所谓定标比超，就是将自己的产品、服务和做法同竞争对手或其他领袖企业的产品、服务和做法加以比较，通过汲取他们的优点而改善自己的产品、服务和经营效果，以提高自身竞争力的过程。

定标比超的前提是了解企业自身的情况，确定需要改进、能够改进的产品、服务、流程或者战略。如果没有透彻地了解组织自身的情况，就无法明确定标比超。

定标比超的内容是指企业需要改善或希望改善的方面。它可以分为多个层面。如战略层、操作层、管理层的定标比超；也可以分为企业不同业务方面的定标比超，如设计、研究开发、采购、制造、仓储运输物流、销售、营销、人力资源及劳资关系、财务、管理等方面的定标比超。

当然，并不是企业所有的方面都要进行定标比超。如果中小企业需要改进的地方太多，企业本身又没有足够的人员、资金和时间，那么就不可能对所有的薄弱环节进行定标比超。所以，要想取得理想的定标比超效果，要根据企业实际情况，确定当前最为重要的定标比超的内容是最为重要，一般是要选择那些对利益至关重要的环节进行定标比超，也可以分期分步骤实施。

定标比超的目标，可以是本企业内部的某个部门，直接的竞争对手，平行竞争对手(业务基本相同，但不构成直接竞争)，或是潜在竞争对手(目前还没有构成竞争威胁，但未来可能成为竞争对手)，可以是行内的，也可以是行外的。

确定竞争对手的时候，可以从产品平均价格、质量、特征、产品线宽度、消费者倾向、市场渗透力、客户满意度等方面考量。

3.价值链分析法

每一种产品从最初的原材料投入，到最终到达消费者手中，都要经过无数个相互联系的作业环节，这就是价值链。

价值链分析法，由美国哈佛商学院教授迈克尔·波特最先提出来的，它将基本的原材料到最终用户之间的价值链分解成与战略相关的活动，以便理解成本的性质和差异产生的原因。这是确定竞争对手成本的工具，也是制定本公司竞争策略的基础。

价值链分析法，是一种寻求确定企业竞争优势的工具。即运用系统性方法来考察企业各项活动和相互关系，从而找寻具有竞争优势的资源。

企业的价值增值过程，按照经济和技术的相对独立性，可以分为既相互独立又相互联系的多个价值活动。这些价值活动形成一个独特的价值链，不同企业的价值活动划分与构成不同，价值链也不同。

价值链分析主要包括三种分析方法：

A.内部价值链分析：

企业内部可分解为许多单元价值链，商品在企业内部价值链上的转移完成了价值的逐步积累与转移。每个单元链上都要消耗成本并产生价值，而且相互间有着广泛的联系，如生产作业和内部后勤的联系、质量控制与售后服务的联系、基本生产与维修活动的联系等。深入分析这些联系可减少那些不增价的作业，并通过协调和优化两种策略的配合，提高运作效率、降低成本。

B.纵向价值链分析：

企业纵向价值链反映了企业与供应商、销售商之间的相互依存关系。企业通过分析上游企业及其与本企业价值链的其他连接点，一方面可以显著地影响自身成本，另一方面可以使企业与其上下游共同降低成本，提高这些相关企业的整体竞争优势。

企业通过在对各类纵向价值关系进行分析，可求出各作业活动的成本、收入及资产报酬率等，从而看出哪一活动较具竞争力、哪一活动价值较低，由此再决定往其上游或下游并购的策略或将自身价值链中一些价值较低的作业活动出售或实行外包，逐步调整企业在行业价值链中的位置及其范围，从而实现价值链的重构，从根本上改变成本地位，提高企业竞争力。

如果从更广阔的视野进行纵向价值链分析，就是对产业结构的分析，这对企业进入某一市场时如何选择入口及占有哪些部分，以及在现有市场中外包、并购、整合等策略的制定都有极其重大的指导作用。

C.横向价值链分析：

通过对自身各经营环节的成本测算，不同成本额的公司可采用不同的竞争方式，如面对成本较高但实力雄厚的竞争对手，可采用低成本策略，扬长避短，争取成本优势，以求得生存与发展。如对于成本相对较低的竞争对手，并不盲目地进行价格战，而是运用差异性战略，注重提高质量，以优质服务吸引顾客，保持自己的竞争优势。

价值链分析方法，可以评估和实现竞争优势，帮助企业评价其在行业中的地位及其相对强势，以及帮助企业了解内部哪些活动产生了竞争优势，找出管理的重点。同时，价值链分析法还是一种重要的战略管理工具，企业必须对各项活动及其成本进行战略性管理，否则就会丧失竞争优势。

4.环境分析法

随着经济、社会、科技等诸多方面的迅速发展，特别是世界经济全球化和一体化进程的加快，全球信息网络的建立和消费需求的多样化，企业所处的环境变得更为开放和动荡。而这种前所未有的风险环境却对企业产生的影响更加深刻。

正因为如此，情报环境分析成为一种日益重要的企业职能。环境发展趋势分为两大类：环境威胁和环境机会。

环境威胁指的是环境中一种不利的发展趋势所形成的挑战。如果不采取果断的战略行为,这种不利趋势将导致公司的竞争地位受到削弱;环境机会就是对公司行为富有吸引力的领域,在这一领域中,该公司将拥有竞争优势。

对环境的分析也可以有不同的角度,有宏观环境分析,有中观环境分析,也有微观环境分析。

宏观环境分析,包括国家甚至全球范围内的政治、经济、军事、社会、文化、法律、科技等环境因素及其变化对本企业可能产生的影响。如政局的稳定性、经济周期、利率变化、货币供给、通货膨胀、失业率、可支配收入、教育水平、能源供给、法治建设的程度、环境法规要求、贸易壁垒、反倾销策略、知识产权保护程度、宗教信仰等。

中观环境分析,包括行业经济地位、行业吸引力、行业动态、行业趋势、行业竞争、行业风险等环境因素及其变化对本企业可能产生的影响。如行业的产值(净产值和总产值)、行业利税额及吸收劳动力的数量、行业的现状、行业未来对整个社会经济及其他行业发展的影响程度、行业在国际市场上的竞争力、行业产品收入弹性、行业壁垒、供货商议价能力、买方议价能力、替代品的威胁、行业竞争者均衡程度、行业增长速度、行业产品或服务差异化程度、行业退出壁垒等。

微观环境分析,包括企业内部环境、区域性地域环境、供应商、渠道商、联盟伙伴、中介机构、消费者、竞争者、社会责任、监管者等。如企业所在区域人口数量、文化素质、交通运输、收入水平、劳动力状况等;如消费者年龄结构、消费需求与能力、购买习惯、消费特点、分布区域等;如供应商产品策略、服务政策、结算方式、供应能力、信誉保障、财务状况、供应网络等;如联盟伙伴投资规模、技术能力、采供能力、生产状况、财务状况、人力资源状况、营销状况、公共关系、诚信度、竞争能力、发展潜力等；如竞争对手企业规模、技术能力、品牌地位、经营模式、管理水平、组织环境、人力资源环境、生产环境、财务环境、营销环境、公共关系环境等。

5.财务分析法

财务分析法是指通过各种方法搜集研究对象的财务报表，进行分析其经营状况、融资渠道以及投资方向等情报。

财务情报的搜集有一定的难度，但也有一些独特的方式，如政府有关部门、行业协会、市场调查公司、各种文献、上市公司季度、中期报告和年度报告以及新闻报道等。

竞争对手财务状况的分析，一般包括盈利能力分析、成长性分析和负债情况分析、成本分析等。

虽然利用财务分析，能够对竞争对手的经营状况及其资金流动方向与数量等进行有效跟踪，但是在应用财务分析法时应该注意到以下几个问题：

（1）报表的局限性；

（2）报表数据中无法以货币度量的因素；

（3）设定标准值的客观性；

（4）报表数据的偶发性和伪装性。

应该说，上述所列分析方法，都有各自的特点以及优劣势，所以不能仅局限于某种方法的应用，而应该进行综合分析应用。由于情报动态性的特征，所以也要充分考虑到各种情报的不断变化而可能对分析结果所产生的影响，以及分析结果的时效性应用。

传递

情报传递又叫情报分发，是指分析出来的情报产品以适宜的形式传递给最终情报用户（情报产品消费者）的阶段，同时也是发挥情报价值的阶段。情报分发主要包括情报发布、情报服务、用户权限认证、情报统计分析与评价反馈等方面。

情报分发的最终目的是为用户提供有效的信息服务，如全文检索与统一资源搜索服务、客户行为统计与个性化信息服务、专题热点信息服务、企业社区服务等。

情报分发阶段，需要解决两方面的问题，即如何最大限度地让员工分享信息和如何对某些信息保密。用户权限认证是为了解决信息保密而必须在情报分发时考虑的环节。以严格的用户权限认证为基础，可以保证不同层次人员均能获得相应授权信息，同时也能保证机密信息只能为企业的最终决策者获得而不致造成泄密。

在情报分发阶段，还需考虑情报信息的生产和访问统计分析，从而对用户所需的信息或最希望了解的信息进行必要的统计和分析，以作为竞争情报搜集范围或内容选择的决策依据。

应用

情报的应用，就是将最终情报用于企业的各种决策之中，包括战略决策、管理决策和营运决策，这也是将情报转化为情报力的过程，使情报在企业决策中发挥积极的作用。

企业在对情报信息的具体应用中，有的是决策层的应用，有的是执行层和管理层的应用，更多的时候是三个层次的综合应用，如此上下配合，才能够形成强大的情报力，才能最终使企业的情报策略发挥最大功用。

值得注意的是，在情报的应用中，如果是外部第三方提供的情报，则情报提供方尽量保持客观中立，尽可能把真实的情报信息呈现给客户，把判断和决策留给客户，避免因为主观预判混淆客户的决策，因为在企业运营过程中，他们更加清楚自身的需求，并由此做出明确的选择。

反馈

情报的反馈，其实也是情报的修正环节，是指一个系统的输出情报反作用于输入情报，对情报的再输出产生影响，起控制与调节作用的过程，从而更好地发挥情报的最佳功能。

通俗地描述，就是企业从外界吸收情报，经过分析与综合，做出决策，采取行动。若达到预期的目标，则继续执行，否则要修正原决策或做出新的决策。

情报工作作为一个系统运行过程，需要依靠情报反馈，不断进行自身调节，以提高其效率，这种反馈主要来自两方面：一是外部的，即用户对各类情报服务的评价、反映、意见和要求，另一是内部的，即情报工作各个环节中操作的统计数据。

情报反馈的渠道和方式很多。如建立各种工作记录、发出调查表和记日记，直接走访情报用户或召开用户座谈会。而对于大型情报系统，可设置专门的反馈渠道，建立纵横交错的反馈网络。

情报反馈主要反映在两个方面，一时情报是否有用，另一个就是情报的可信度如何。唯有建立起及时、准确、灵敏的情报反馈机制，才能随时发现问题，及时纠正偏差，保持情报系统的正常运行，同时也能为改进和完善情报系统的功能，提供科学的依据。

大雪无痕：完美融合

采用非法手段获取情报，容易引起利益相关者的察觉，并极有可能触及法律的高压线，留下不道德的痕迹。同时，还可能因为竞争对手的"反间"而最终伤害自己。另外，由于这种突破道德底线的不齿行径，也容易导致自身企业文化走入误区。

同样，完美的闭环情报管理流程，虽然能够使情报管理进入一个全新科学的领域，并能够大力提升企业的情报力，但是，毕竟如此复杂的情报管理过程，往往非一般企业所能够承受和负担的。同时，可能有于情报管理的极其专业性，导致很多企业在情报力建设中或无所适从，或事倍功半，或得不偿失。

如何解决这一个问题呢？

或许，坚守下面几点原则或方法，能够获得这个问题的答案。

第一，通过合乎道德法律的渠道搜集情报，一方面将可以持续建立企业的情报力，使情报管理成为企业内部管理流程的重要组成部分，并让情报完全融入企业的战略、经营、管理决策之中；另一方面可以逐步培养企业的情报文化，最终打造企业情报的核心竞争力。

第二，学会可以借助第三方提供专业的情报服务，犹如用水可以从自来水公司购买一样，用电可以直接从电力公司购买一样，将供水和发电等专业的事情交给自来水公司和电厂办理，自己直接决定用电和用水做什么用就是了，并非自己要建立自来水厂或发电厂。

第三，在具体情报管理流程中，可以将与第三方情报服务提供商商讨确定本企业情报规划，由第三方借助专业的工具进行情报搜集、整理、挖掘和初步的情报分析，有企业内部人员对情报进行深入分析，并做相应的传递和应用，最终将应用结果反馈给第三方专业情报服务提供商，然后共同调整企业情报规划。

云计算：情报应用的最终救赎

"云"在颠覆

乔布斯已经悄然离去了，可是他留下的遗产还在改变着世界。他最大的遗产就是苹果所采用的云服务模式。苹果iOS5操作系统发布后，云服务iCloud的新功能受到舆论的极大关注。

苹果iCloud提供邮件、通讯录、日历、查找iPhone和iWork这五大功能项，任何只要装载iOS5系统的苹果移动终端几乎可以完全脱离电脑使用，真正"移动"起来。

苹果的粉丝们已经切身感觉到，云的时代开启了。

目前，云的概念已经深入整个移动互联网。云计算，被认为是继个人电脑、互联网之后电子信息技术领域的又一次重大变革。如今它已从一个前端的计算概念扩展成"云应用""云服务"等终端应用。而云计算、云储存、云战略、云服务……这些基于互联网的云概念更是遍地开花。

而相关终端产品的推出，则有望让这朵"云"由抽象概念转变为现实应用，飘入寻常百姓人家。不仅如此，云计算正在引发全球产业竞争格局的巨变。

应该说,云计算的兴起将改写此前以硬件资源为基础要素的全球IT产业竞争秩序,重新构建一种基于"云"的软件与硬件相结合的综合竞争体系。

毫不夸张地说,云计算的快速发展势必成为第三次技术革命浪潮中最具创造性的一大事件。云计算的发展将打破全球产业的行业界限,整个产业自然地分成了基础硬件生产商、平台服务供应商和软件服务供应商三大主体。

新的产业分工方式的出现也颠覆了原有的产业价值分配体系。可以预见的是,在新的产业价值体系下单一硬件制造商的产业地位将迅速衰落,其在全球产业价值链中的地位也日渐势微。

在云计算时代,信息数据都将集成在"云端"的巨大服务器阵列之上,人们通过不同的硬件设备及网络连接方式接入散布的信息数据云端。人、终端设备、网络、"云"组成了全球产业的新角色。

事实上,我们的电视、手机、电脑等收视终端都成为不同传输网络下加载的通信终端,这已经是云计算时代的雏形了。未来对云端数据的运营能力将作为一种商品进行流通,这是云计算时代带来的最大变化之一。

但是,云计算的快速发展固然为全球产业界带来了新的发展机遇,但企业也面临着同等的挑战,这其中最大的问题便是如何构建起适应云时代的发展战略,形成独特的商业发展模式。

显而易见,云计算在颠覆原有产业发展模式的同时,也正在重构新的产业竞争格局。不管怎么说,云计算正在对整个世界发生着颠覆性的影响,这是一个不容置疑的事实。

"云"中计算

云计算（Cloud Computing）是一种基于互联网的计算方式，通过这种方式，共享的软硬件资源和信息可以按需提供给计算机和其他设备。整个运行方式很像电网。

云计算是继20世纪80年代大型计算机到客户端——服务器的大转变之后的又一种巨变。用户不再需要了解"云"中基础设施的细节，不必具有相应的专业知识，也无需直接进行控制。云计算描述了一种基于互联网的新IT服务增加、使用和交付模式，通常涉及通过互联网来提供动态易扩展而且经常是虚拟化的资源。

"云"其实是网络、互联网的一种比喻说法。因为过去在图中往往用"云"来表示电信网，后来也用来表示互联网和底层基础设施的抽象。典型的云计算提供商往往提供通用的网络业务应用，用户可以通过浏览器等软件或者其他Web服务来访问，而软件和数据都存储在"云端"服务器上。

云计算关键的要素，还包括个性化的用户体验。云计算是一种全新的商业模式，其核心部分依然是数据中心。它使用的硬件设备主要是成千上万的工业标准服务器——由英特尔或AMD生产的处理器以及其他硬件厂商的产品组成。企业和个人用户通过高速互联网得到计算能力，从而避免了大量的硬件投资。

云计算的基本原理，是通过使计算分布在大量的分布式计算机上，而非本地计算机或远程服务器中，企业数据中心的运行将更与互联网相似。

这使得企业能够将资源切换到需要的应用上，根据需求访问计算机和存储系统。这可是一种革命性的举措，打个比方，这就好比是从古老的单台发电机模式转向了电厂集中供电的模式。它意味着计算能力也可以作为一种商品进行流通，就像煤气、水电一样，取用方便，费用低廉。最大的不同在于，它是通过互联网进行传输的。

云计算的兴起所带来的无限商机，引起世界企业巨头纷纷坠入"云"中。

Sun公司已经雄赳赳地冲在了前面。这家计算机巨头基于云计算理论的"黑盒子"计划已经进入了发售阶段。按照它的规划，将来的数据中心将不会局限于拥挤、闷热的机房中，而是一个个可移动的集装箱——装载的是10吨经过合理安置的服务器，作为一个可移动的数据中心。

Google的搜索引擎可以视为云计算的早期产品。用户的搜索请求经过互联网发送到Google的大型服务器集群上，完成之后再返回用户桌面。

Amazon.com最近向开发者开放了名为"弹性计算机云"的服务，它可以让小软件公司按照自己的需要购买Amazon数据中心的处理能力。

IBM对此也投下了重注，并为此命名为"蓝云"计划。不久前，IBM和Google达成了一项合作，两家公司将各自出资2000万~2500万美元，为从事计算机科学研究的教授和学生提供所需的电脑软硬件和相关服务。

有了这些IT巨头作后盾，毫无疑问，云计算已经拥有了一个光明的前景。

云计算的蓝图已经呼之欲出：在未来，只需要一台笔记本或者一个iPhone或任何一个移动信息终端，就可以通过网络服务来实现我们需要的一切，甚至包括超级计算这样的任务。

从这个角度而言，最终用户才是云计算的真正拥有者。

"云"在服务

根据一份最新的数据显示,到2015年,个人云服务将普遍覆盖消费设备中。基于用户存储、内容同步、流分享网络内容的个人云服务,将会覆盖90%的消费者产品设备。

在这样的趋势下,技术供应商必须要扩展包括智能机、平板电脑、电视和PC在内的多产品服务,这样才能获得更高的利润。预计得2012年的这些产品的内容设备及服务总额将达2.2万亿美元。这可是一个令技术厂商流涎的一块巨型蛋糕。

现在,消费人群已渐渐学会使用其产品设备中云服务,所以云服务的市场潜力将会大大提高。云服务将会成为人们生活一部分。

那么,云服务究竟是怎样一种服务呢?

云服务的商业模式是这样的:通过繁殖大量创业公司提供丰富的个性化产品,以满足市场上日益膨胀的个性化需求。其繁殖方式是为创业公司提供资金、推广、支付、物流、客服一整套服务,把自己的运营能力像水电一样随需使用。

云服务带来的一个重大变革是从"以设备为中心"转向"以信息为中心"。

云上的每个人都将会有一个伴随终生的个人数据体,这样的个人数据体不会被捆绑到任何一种机器上,随着机器的过期失效而失效。

云服务还有以下几个方面的优势:

第一,云服务有利于实现规模经济。利用云服务设施,开发者能够提供更好、更便宜和更可靠的应用。如果需要,应用能够利用云的全部资源而无须要求公司投资类似的物理资源。

第二，云服务降低了企业成本。由于云服务遵循一对多的模型，与单独的桌面程序部署相比，成本极大地降低了。云应用通常是"租用的"，以每用户为基础计价，而不是购买或许可软件程序（每个桌面一个）的物理拷贝。它更像是订阅模型而不是资产购买模型，这意味着更少的前期投资和一个更可预知的月度业务费用流。

第三，云服务大大方便了客户的需求。云服务可以使软件快速装备用户，当更多的用户导致系统重负时添加更多计算资源，完成自动扩展。

对开发者而言，升级一个云服务软件比传统的桌面软件更容易，不必手工升级组织内每台台式机上的单独应用。

最后，也是很重要的一点就是，云服务为用户，尤其是企业用户的情报战略系统建设带来了全新的方式。企业对情报的需求也可以通过云服务平台达到"拧开水龙头就能喝到水"一样的效果。

基于SAAS，超越SAAS

SAAS（Software As A Service）的意思是"软件即服务"，SAAS的中文名称为软营或软件运营。SAAS是基于互联网提供软件服务的软件应用模式。作为一种在21世纪开始兴起的创新的软件应用模式，SAAS是软件科技发展的最新趋势。

SAAS的应用，通过云计算技术，软件和硬件获得空前的集约化应用，人们完全可以通过手持一个终端，就可以达到PC机的功能和速度。

无论是企业和个人，通过云计算的服务都可以获得移动互联网时代更多的方便。掌握了云计算核心技术的企业无疑在移动互联网时代获得更强的主动性。

一款名曰"植物大战僵尸"的休闲游戏在PC端和移动终端上风靡

一时。这款游戏能够流行的一个原因在于其不需下载数据包、不需安装客户端和光盘,玩家只需打开网页就可以玩。因此,休闲游戏从源头上实现了对传统游戏的变革,这得益于云技术的成熟。

据相关数据显示,2009年国内网页游戏市场规模已达10亿元,同比增长98%。Gartner预测,SAAS将在全球范围内快速成长。2011年,市场总额将从2006年的63亿美元增长到192亿美元。

当云计算遇上移动互联网,二者在软硬件设施成本上的极大节约为企业带来了福音,同时给人们的生活带来了不可思议的舒适和便捷。

同样,SAAS新趋势下的情报工作也变得更加新颖、便捷。企业可以在很短的时间内迅速地获取竞争对手的情报。

云技术的发展使地球村变为真正的现实。信息资源的快速膨胀、技术进步的加速和市场需求的多样化,要求企业能专注培养自己的核心竞争力,并且能对不断变化的市场做出快速反应。因此,情报就变得异常重要。目前,如何从海量的信息中提炼出有价值的情报是企业所面对的一大难题。而且,大量的信息处理对计算机硬件、软件以及专业人员的需求也在不断提高,而这些所需的大量资金是制约企业进行情报战略的一大障碍。

云服务为企业解决了这样的难题。云计算给企业进行情报力建设带来巨大的机遇,促使情报工作发生质的飞跃。

企业情报系统建设中一个很关键的工作就是建立情报库。情报库就像一个大水库,企业各层面的情报都汇集其中。当企业决策需要时,就能从"水库"中汲取。云服务的SAAS模式给企业情报库的建设提供了可能。

但是,企业需要注意的是,并不是"水库"有了,就意味着所需要的水就能随时随地、按照企业的精确需求供应,它可能是就是笼统的水,量大而且没有做"去污化"处理，这样是不行的。

基于情报信息的多种多样，以及情报信息的非结构化数据特征，需要在云计算对情报信息整理、挖掘和分析基础上，加上专业情报人员进行的情报专业，形成不同类别的情报产品或服务，供企业实际决策中选择和应用。

套用一下国内著名智库——恐龙智库的情报理念：云情报模式应该是基于SAAS，超越SAAS。基于SAAS，是采用云计算（云服务）进行情报数据库建设；超越SAAS，是在情报库的基础上进行非常专业的人工服务，即不是简单的机器服务，而是"云服务+专业人工情报分析服务"的模式，因此，价值更高。

恐龙智库的做法是，从宏观情报、中观情报、微观情报的全方位规划，通过全网络搜集，通过全主体（企业或政府）、全行业、全产品（服务）监测，全技术监测，并对网络监测到情报信息通过云计算整理、挖掘和分析后，再通过专业的情报风险分析，并通过先进的云服务，最终实现完美的情报管理的流程。

可以说，没有云计算，就无法实现情报的完美应用。因此，云计算不幸成为情报应用的最后救赎。

情报反击战：一场没有打响的战争

两条腿走路

情报力跟反情报力是相辅相成的，缺一不可。好比一个人走路，两条腿走才稳，一条腿走肯定会跌跤；又好比一个练家子，一只手思考着进攻，另只手为防御做准备。企业要想做大做强，也必须两条腿走路，把情报与反情报结合起来。

《孙子兵法》就特别强调反情报的重要性，其《用间篇》，对5种"用间"模式做了非常绝妙的描述。

利用敌方乡里的普通人作间谍，叫因间；收买敌方官吏作间谍，叫内间；收买或利用敌方派来的间谍为我所用，叫反间；故意制造和泄露假情况给敌方间谍，叫死间；派人去敌方侦察，再回来报告情况，叫生间。其中，反间就是专门针对反情报战略来论述的。孙子曰："敌有间来窥我，我必先知之，或厚赂诱之，反为我用；或佯为不觉，示以伪情而纵之，则敌人之间，反为我用也。"

对于企业来讲，不求反间为我所用，但求反间别伤害到企业利益。

近些年，因为反情报工作做得不够好而导致在市场竞争中处于被动的案例时有发生。前文讲到的"力拓间谍门"就是最生动的例子。不久以前，政府部分最机密的数据也遭到泄漏。

据路透社报道，2010年6月9日——这一天距离国家统计局发布数据还有两天——在某券商会议上，中国政府关键部门的一位官员透露，5月份金融机构新增贷款约6300亿元人民币，当月居民消费价格指数(CPI)同比上涨3.1%，为年内首次突破政府设定的3%的目标；该官员还透露，中国5月份出口同比增长约50%，达1300亿美元。这些数据与国家统计局发布的数据几乎一样。

随后，国家统计局办公室一名秘书与央行研究局宏观经济研究处副研究员伍超明被有关部门带走调查。2011年9月8日，伍超明因故意泄漏国家秘密罪被判处有期徒刑6年。不久后，孙振也因泄漏经济数据，被判处有期徒刑5年。我想说的是，为什么等情报泄露以后才把人带走，而不是从根本上杜绝数据泄露这种事情呢？由此可见，我们的反情报工作很不力，情报被泄露出去的事情随时都在发生。

媒体记者在采访过程中，无意中获得信息并公之于众；行业协会、行业主管部门工作人员或其他人员有可能在不合适的时间公布涉及机密的数据，其行为已构成泄密，但对合法的听众或通过网络直播记录等渠道获得该内容的人来说，属于合法获取；行业分析师、研究人员基于自身对行业的了解，对企业数据进行推断或暗示……

其实，情报工作并不需要机密数据支持。公开媒体、官方网站、财务报表等暴露出来的内容，再加上对行业的长期跟踪研究，洞悉企业的发展规律，对企业决策机制、决策特点的深入理解，完全可以分析出有价值的情报。何必违背情报的道德属性，铤而走险呢？

企业（包括政府有关部门）的反情报能力亟待加强。只有做好反情报工作，依靠两条腿走路，才能从根本上杜绝类似于机密数据泄露等有损企业或国家利益的事件发生。

华为的情报反击战

华为虽然在海外并购上屡屡受挫，但是，华为的反情报工作做得却很出色。华为实现了情报与反情报并举，两条腿走路的战略。华为的情报工作专注于国际竞争对手的管理方法和专利技术。

早年资金短缺时，华为采纳"压强原则"，对核心技术和专利研发进行重点投入，目的是在局部核心技术领域有重点突破。在专利技术情报搜集、分析和专利保护上，形成了一整套的方法论和情报体系。具体包括：

1.情报搜集与研发定位,华为运用定量、定性分析方法,结合国际竞争需要和企业需求及能力,将专利文献中的技术内容、人(专利申请人、发明人)、时间(专利申请时间、专利公告日)和地点(受理局、指定国、同族专利项)进行系统的调查和统计分析,为制定企业研发重点和战略提供决策支持。

2.情报整合和价值判断,根据专利申请量盘点技术发展史、技术发展趋势和目前所处阶段以及成熟度,以判断研发该技术的价值含量。

3.情报分析和决策支持,华为根据对全球专利的系统搜集和分析,预测未来新技术的发展方向和市场趋势,为公司发展策略的制定提供参考。同时,对可能与竞争对手产生竞争关系的专利进行识别和确定,并提出具有针对性的规避、无效、撤销等策略,以避免侵犯他人专利权。

2008年,华为在海外申请的专利数量为世界第一,获得全球公司创新奖,也是因为先进的无线射频拉远技术(Remote Radio Head)改变了世界认为中国企业只会模仿、不会创造的传统印象。

随着华为研发能力与创新能力的不断增强,华为的反竞争情报及商业秘密保护工作做得非常出色。

这些研发成果绝大部分以商业机密的形式存在,华为公司的信息安全部门有近200人,主要工作内容就是商业机密的保护。其商业机密保护制度比美国企业严格得多。

华为的商业机密和信息安全保护有三层:一是制度设计,二是管理授权设计,三是技术设计。在制度设计上,华为有一整套管理文件,并赋予该管理文件以最高权力,如果有工程师触犯相应的管理规定,就要承担非常严重的后果。

在管理授权方面,华为建立了基于国际信息安全体系架构的流程和制度规范。举例来说，在"进驻安全"和授权的控制上，华为采取"相关性"原则和"最小接触"原则，所有的文档和技术，根据其保密的分级分层来进行不同的授权，只有一个完全必要的人才能接触相关技术，而且接触是在相应的控制和监督的情况下进行的。

为此，华为的《信息安全白皮书》对该过程做出了明确的规定和约束。在技术设计的手段方面，华为的研发网络与互联网是断开的。

在全球化异域同步开发体系中，研究人员开发的成果并不在本地的计算机上，而是在一个设控状态的服务器上，任何从该服务器发出的信息都有备份，如果有问题可以回溯和检查。

华为还设立了强大的知识产权部门，不但囊括了国内知识产权界的精英，而且其从业人数的比例甚至超过了国际企业对法务人员要求的比例，足见企业对知识产权的重视。

华为除了严格保护企业的核心知识产权，也尽最大努力将其软件发明硬件化，通过这种方式实现知识产权的价值，提高竞争对手模仿、复制和可能偷窃的成本。

如何反情报

世界是开放的，开放本身就可能有危险，有风险就要考虑规避。而规避的方法有且只有一个：加强企业的反情报战略。

反情报战略也是一个系统性工程，主要有监测、分析和追查三个步骤。

监测是指对可疑的情报活动迹象进行有针对性地主动观察，从而更有效地掌控可能的情报威胁。监测是反情报措施的基础。

分析是指通过对可疑的情报活动线索的分析，从而识别其情报工作手段，进而才有可能锁定可疑的情报搜集者，掌握其意图和整体计划。分析是反情报工作的核心内容。

追查是对情报搜集者进行追查，发现其幕后指使者，搜集其违法犯罪证据。追查是反情报工作的实施。

要想对可疑的情报工作进行监测，必须了解情报搜集工作的几种手段。

第一，合法手段。主要包括公开资料的搜集分析、合法的数据库资料调取、通过研讨会交流、正常的人际关系交流、合法的电话访问与用户调查、正常的实地观察等。

第二，灰色情报手段。介于合法手段与非法手段二者之间。主要是通过人际关系向目标企业员工套取一些未公开但也未正式纳入保密范围、采取保密措施的信息源。

第三，非法的手段。主要是指商业间谍行为。具体包括设立掩护公司通过假合资、假合作、虚假贸易机会等欺骗手段获取情报；安插卧底、收买目标企业员工、以非法获取目标企业核心机密为目的的猎头、秘密潜入、窃听目标企业办公电话、住宅电话或移动电话；非法侵入目标企业及员工内部局域网或信箱的黑客行为等。

监测主要对准非法手段和有威胁的灰色手段。

在情报战略系统中，灰色情报手段的运用是很普遍的。但是，使用灰色手段的情报搜集者毕竟与专门的商业间谍不同，考虑到费用成本、人员专业知识的限制，他们的设计会具有一定的隐蔽性，但往往不会达到无法追查的程度。

由于非法情报活动直指企业的核心机密，在搜集的每一个环节都充分考虑到了反查手段，因此商业间谍具有隐蔽性强、危害性大的特性。

可以说，针对合法手段和灰色情报手段而言，进行监测的可能性相对就大些。对于精心设计的非法隐蔽情报活动而言，要直接进行监测，难度就非常之大。

但是，监测非法手段并非没有可能。首先隐蔽的非法手段也是建立在大量初级情报手段运用的基础之上的，从某一节点切入就有可能深入其中，从一个点挖出一个面。其次，不是所有的非法情报活动都是那么专业的，总有漏洞或线索可寻。

实施了有效的监测，就可以根据监测动态进行反情报分析。反情报分析立足于三方面的内容：找出对手、分析意图和挖掘线索。

分析之前，要对监测对象的情况做到了解，比如监测对象的关注点或者说是核心意图；目标使用的情报搜集手法；目标使用的工具（交通工具、通信工具、技术装备）；监测对象思维方式、行事风格的判断。

分析的方法有很多种，其中最常见的就是假说验证排除法。情报与反情报的对抗实质是双方知行能力的对抗。双方都明白：最困难的不是缺少情报信息，而是一般性的信息太多。

如何掌握敌人的意图而非一些支离破碎的现象就尤显得重要。只有能先敌一步对形势、对对方的意图与部署做出判断，才有可能采取有效而及时的反制措施。比如，20世纪60年代发生的古巴导弹危机，美国中情局仅从古巴人在其国内反常地修建若干足球场上就看出蹊跷。

当时，一些基本的事实是：(1)古巴人在其国内突然间同时修建若干足球场；(2)古巴人原来不踢足球。

于是美国中情局做出假设：

（1）古巴人对足球感兴趣是内部原因——经验证明未发现有明显变化（排除）。

（2）古巴人对足球感兴趣是外部原因——有外国人要来。

（3）古巴当时处在被半封锁状态，只跟苏联、东欧国家关系较好。

综合（1）（2）（3）判断，得出结论①：苏联、东欧国家人可能要来。

后来事情变得复杂了。

（4）足球场周围有机场，经进一步侦察发现：足球场周围还在动工建设一些其他经过保密的设施。根据常规，只有军事设施才须如此保密。

这样的话，综合①跟事实（4）可以得出结论②：苏联、东欧集团在协助古巴人建设保密的军事设施。

接着，又发生了两件事：

（5）根据情报，苏联有一批导弹部件在运往某军港后便消失了。

（6）根据飞机拍下的侦察图片，有多艘苏联大型运输船抵达古巴。时间与导弹部件消失加上途中时间的日期基本吻合。

综合结论②跟事实（5）、事实（6）可以得出结论③：苏联在协助古巴人建设针对美国的导弹基地。

美国中情局以此为根据，向美国政府报告。美国果断应对，促使苏联撤回了原想放在古巴的导弹，避免了一场严重危机的发生。

美国中情局应对导弹危机事件可以证明，只要情报搜集全面，分析方法得当，往往可以由小见大，发现一些很重要的事实。由此也反面说明了，古巴的反情报措施做得相当不到位。

反情报工作的第三大项就是依据分析结果对监测对象进行追查。

反情报的追查工作是一项需要极高专业素质与实战经验的任务。遵循以下原则：

第一，隐蔽原则。

对于反情报工作而言，为了防止监测对象突然中止行动，或更隐蔽更小心的进行活动，就必须注意工作的低调、保密。一旦反情报追查启动，反情报小组的一切，包括人员、行动安排等都要进行保密措施。

第二，统一指挥原则。

一般情况下，监测对象有着较强的警惕性与反调查意识。如果没有统一指挥的话，一旦在哪个环节打草惊蛇或漏掉了有价值的线索，战机稍纵即逝，就有可能给整个反情报工作带来不可挽回的后果。

以娃哈哈与达能之争为例。达能雇用北京邦信阳咨询公司对娃哈哈多个厂区进行监视。娃哈哈的内保部门对可能的调查有所警惕，汇报给当地警方，结果三管齐下，邦信阳的几组人马均被杭州警方抓获并供出幕后的指使方。由此可见，统一的指挥对反情报工作最后的成效起着关键作用。

第三，快速原则。

反情报机会稍纵即逝。只有做到启动快、熟悉情况快、协调沟通快，并且随时能将情况反馈上升到战略决策层面，才有可能把握住稍纵即逝的机遇。

另外，限于企业自身的实力和操作能力，不妨将反情报追查工作外包，也不失为一种行之有效的反情报操作模式。

聚合裂变：情报光速传递，引爆巨大危机

归真堂：熊人熊事熊不断

在移动互联时代，情报以光的速度传播，稍有不慎，就会引发企业

的严重危机。2012年初,归真堂又被抛到了风口浪尖,原因还是活熊取胆的那些"熊"事。有网友戏称2012年2月简直成为"归真堂月"。

归真堂事件起因是云南卫视《自然密码》制片人余继春的这样一条微博:"福建的归真堂上市募资将用于年产4000公斤熊胆粉、年存栏黑熊1200头等两项目。如果真上市,那今年就是熊的末日。"文字后面附有一段视频,血淋淋的"活熊插管采胆汁"的画面,引来了上万次的转发,引爆了网络怒火。

我们再看一下归真堂事件的最新进展。2012年2月14日,"北京爱它动物保护公益基金会"联合另外两家机构,以及72位名人联名致函证监会,"恳请"证监会对归真堂的上市申请不予支持及批准。首批发起抵制的名人包括马云、莫文蔚、冯骥才、毕淑敏、姚明、杨澜等。

2012年2月18日晚,归真堂在其官网发出邀请函,宣布开放养熊基地。

2012年2月20日上午,归真堂发布首批参与"养熊基地开放日"的媒体名单,其中包括60余家国内媒体,总计102人。当晚,公司再发补充声明,表示取消"两个批次时间安排的限制"。

2012年2月22日,"它基金"又前往证监会信访办递交第二轮联署重量级名单。据悉,此番加入共同呼吁取缔活熊取胆的知名人士有:姚明、申雪、赵宏博、张纪中、杨澜、汪峰、文章、马伊琍、孙俪、邓超、孟京辉等。

2012年2月22日,归真堂首度向200多名记者开放位于福建省泉州市惠安县黄塘镇的黑熊养殖基地。

2012年2月23日晚,归真堂在新浪微博开通官方认证账号,网上再起争议,网友用一个"滚"字接力,表达了对归真堂的反对态度。

2012年2月25日,归真堂被指利用微博冒充名人。

2012年2月28日，针对外界称"若归真堂上市，超过7成基金人士无意申购"，鼎桥创投合伙人张志錖表示，对归真堂上市非常乐观，觉得被基金拒绝的可能性不会太大。因为他认为中国股市股民的道德水准还没有达到那么高的程度；以他们自身的道德水平，可能都会去申购。张志錖认为在商言商，投资这个行业考虑的不完全是道德。首先考虑的是回报，趋利。

可以看出，归真堂深陷危机，各方博弈愈演愈烈。归真堂被"熊事"缠绕，陷入到公关危机的泥潭中无法自拔。究其原因，则在于它没有重视情报。事发之前，视情报如无物；事发之后，处于危机之中，也不依据与舆论情报做出科学的决策，导致危机一发不可收拾。

归真堂风波中，博弈各方可分为两个阵营。第一个阵营是归真堂一方，包括归真堂、中药协、鼎桥创投，支持活熊取胆，并支持归真堂上市；第二个阵营是反对阵营，包括亚洲动物基金、微博名人、明星、消费者、基金公司。这些机构或名人反对活熊取胆，认为这种行为违背道德，应该严格禁止。两大阵营势如水火，无情地将归真堂置于重重危机之中。

从博弈的过程当中，我们可以看到，归真堂就像个瞎子一样，对身边的情报视而不见，只顾着"子非熊，焉知熊之痛"的诡辩，却对舆论情势的变化麻木冷漠，结果，正应了我们反复强调的那句话：谁忽视情报，情报就给谁颜色！

两大阵营涉及很多方面的情报。

首先，最重要的是消费者情报。消费者震惊于"活熊取胆"这样的事情竟然真真切切地发生在我们身边，不良企业竟然还开放基地让消费者去看，还说"熊很舒服"，面对消费者的呛声，还诡辩"熊不知道痛"，消费者因何不怒？

消费者的情绪是消费者情报的重要内容。消费者持续关注活熊取胆这件事并不止一次的呛声，归真堂就应该加以重视，并思谋破解之道；而不是在那里发扬顽固主义精神跟消费者死磕。活熊取胆早就存在，也不止归真堂一家这么做。只有归真堂被抛到了风口浪尖，这难道不说明问题吗？

其次，归真堂对券商情报、各类舆情置若罔闻。当归真堂事件愈演愈烈的时候，当归真堂上市面临着消费者和各界名人、非政府组织抵制的时候，当有券商站出来说"即使归真堂上市7成基金也不会认购"的时候，归真堂依然如"聋子"一般我行我素，对这些非常重要的情报自掩其耳。实在顶不住了，就上演悲情战术，想把事情摆平，简直是异想天开。

第三，归真堂收获了投资方——鼎桥创投的支持，但是面临着监管者的考验。监管者情报是针对准备上市公司的一个重要情报。活熊取胆事情闹得沸沸扬扬，消费者和各界名人都怒目以示，券商跟非政府组织上书证监会阻止其上市，证监会难道会不顾群情激愤，顺顺利利地就让归真堂正常IPO？

归真堂一开始就没有明确的情报战略体系；危机产生后，又缺乏有效的情报系统与之因应；加之态度恶劣，诡辩难缠，使得弥补措施已成枉然。

归真堂风波中，情报就像闪电迅疾地穿越夜空，以光的速度和雷的声响让巨大的危机顷刻而至，让人防不胜防。

这就是情报的聚合裂变，稍有不慎，危机旋踵而至。这是任何一家企业都面临的考验。

铁道部：羸弱的情报风险管理

情报以光的速度传播，并可能导致无法应对的危机，这不仅体现在企业方面，政府方面也面临着同样的情况。

2011年7月23日，温州高铁发生了追尾事故，这无疑是一场巨大的危机。这场事故让中国铁道部遭遇了前所未有的舆情危机。

由于铁道部缺乏对与舆论情报的及时监测，同时又缺乏很好的危机风险应对能力，所以导致公众质疑铁道部"偏离"事故本身，并致使所有的舆论"火力"都集中在铁道部后期处理危机风险的能力身上。这是"正常"的，但是从侧面反映了铁道部非常缺乏应对和管理情报风险的能力。

为什么这么说呢？我们不妨先假设一下。

假如铁道部不只是"独立"去调查、处理事故，而是迅速地"主动组建"一个相对独立的"机构"去做这些事情，结果将如何？

假如铁道部能够相对公开、透明地处理事故，让民众有更多的知情权，让信息对称起来，而不是"犹抱琵琶半遮面"地自我行为，结果又将如何？

假如铁道部能够遵循胡主席、温总理交代的"救人是第一宗旨"，将"救人"的时间拉长一下，将"救人"工作做得更加仔细一些，"救人"工作更人性化一些，结果又将如何？

假如铁道部能够急于"救人"和调查事故原因，而不急于"处理"事故现场、"掩埋"车头、"毁掉"事故车辆、"恢复通车"或是宣布所谓的"上座率达117.6%"的业绩，结果又将如何？

假如铁道部能够"冷静"负责任地科学调查事故原因，而不急于过早下结论为"温州动车追尾事故原因是雷击造成设备故障导致",以及"栽赃"电力问题而遭致国家电网反击,结果又将如何?

假如铁道部如果能够有主要领导主动引咎辞职,而不是仅仅免掉"替罪羊"嫌疑的上海铁路局局长,结果又将如何?

假如在铁道部新闻发布会上,不仅仅是新闻发言人一人上场,或是其新闻发言人态度、语气更加诚恳一些,其解释不存在那么多的"疑惑",结果又将如何?

假如铁道部能够与死者家属充分地沟通和抚慰,不急于达成"和解"协议、确定赔偿数额或是表现出"赔偿了事"的态度,结果又该如何?

假如铁道部能够及时监测网络社情民意,能够主动及时地答疑解惑、拿出证据"粉碎"所谓的谣言,而不是一味的沉默,结果又将如何?

这都是铁道部对于基于情报的危机管理做得很不到位导致的。

危机管理,具体包括认识危机、识别危机、危机评估、危机决策、危机应对,同时,也更包括危机管理制度、危机管理文化、危机管理职责、危机管理组织等在内的危机管理体系建立等诸多专业内容。所有这些的前提只有一个:情报管理!

我们相信,铁道部根本没有认识到情报的重要性,对情报的传播速度也不在意,更谈不上发掘情报、利用情报了。铁道部在这场危机中情报"无能"表现,都充分证明相关部门根本不具备危机风险管理的能力。

面对有关部门封闭的管理体制,我们检索不到任何有关情报管理方面的资讯,也没有任何有关于危机风险管理方面的信息。这使我们有理由相信,在该方面其情报力几乎为零。

我们今天所处的社会比以往任何一个时代都要复杂,导致政府机构或企业发生危机风险的因素有很多,如领导者伤亡、失能、失职或言论失当、安全事故、产品质量、对外投资、法律责任、公共关系、经济政策、谣言中伤等，都可能引起危机风险的爆发。

可以说，危机风险随时随地"潜伏"在我们身边，尤其是在全球化日益加剧和互联网时代的今天，企业或机构一个不经意的意外事件就会被迅速放大，导致后果恶化，并最终引起危机风险。

因此，基于情报的危机管理，是现代企业或政府机构应该引起高度重视的一种管理思想和生存策略，也是现代企业或机构治理结构中非常重要的组成部分。

情报力：危机管理的先决条件

我们首先看看什么是危机管理。

危机管理是一门内容丰富而复杂的科学。总结起来，如下这些方面是值得重点思考的：

第一，加强对危机风险的危害性、破坏性、复杂性、动态性、扩散性、结构性等方面进行识别、分析和判断。

第二，注意对内部行为异常、制度瑕疵、政策变化、逆境转变、政府法令、新技术、竞争策略、社会结构急遽变迁等可能易遭致危机的把握与研究。

第三，合理掌握并遵循危机风险处理的积极性、主动性、全员性、及时性、专业性、真实性、冷静性、灵活性、责任性、善后性等系列原则的运用。

第四，建立危机确认、衡量、决策、处理、实施、考核、检讨、传承、预防等具体危机管理体系流程，让危机风险应对更有章可循。

很显然，危机管理的过程，实际上就是危机应对决策的全过程，而这一过程时刻离不开情报的支持。没有情报力的支撑，危机管理无从谈起。

危机突发事件是客观存在的，往往也是无法控制和预测的。从这个角度上分析，危机风险发生并不可怕，最为可怕的是危机风险发生后不知道如何应对。

在危机管理过程中，情报力的缺失是最具危害性的。情报部门没能为危机的爆发和发展提供及时、可靠的信息，同时，决策者们没有有效地发挥情报力，导致危机不可避免地发生并且逐步加深。

情报对于危机管理，主要有如下方面的功能体现：

首先，为了避免危机不必要的升级，使危机变为可控，卷入危机的各方必须对自己所要达到的目标进行限制。而情报能够识别阻力的来向，为科学决策打下坚实基础。

其次，情报的反馈机制使得决策者能够对所采取的手段进行评估，包括手段是否产生了作用，并确认实施的水平是否成功或程度是否适中。情报不仅支持手段的使用，也决定其何时使用。

第三，危机管理的目的有二：控制危害，保护利益；化被动为主动，化危机为转机。那么，情报能提高决策者理解形势复杂性和进行决策的能力，进而为扭转危局提供了极大的可能。再者，情报可以通过提供一系列的选项来协助决策者。

第四，情报可以实现突发事件的规划和管理能力。敏锐的情报力可以缩短从正常的管理状态转向危机处理状态的时间，提升突发事件的规划和处理能力。

第五，在危机中，情报能够帮助处于危机中的企业与消费者建立紧密地联系，还能确保在危机形势下自己的意图能被对手、公众和合作伙伴清楚地了解。

第六，情报有利于帮助危及企业寻找和获得合法性。在危机中，决策者必须为他们的行为和反应策略获取公众及媒体的支持和理解，情报能够帮助决策者搜集和评估相关信息。

第七，情报能够帮助危机企业避免新一轮危机的发生。危机往往具有连带性、扩散性，这就需要对环境、目的以及联盟者和对立方的价值观有着非常深厚的洞察力，这样情报就发挥了非常重要的作用。

危机事件爆发时，犹如巨石投湖，常常容易引起社会公众的广泛关注，使得有关信息在短时间内迅速传递。而网络舆论一旦被错误地控制和引导，将成为影响社会稳定的重大隐患，并可能酿成巨大的危机风险。

如何应对网络舆情，快速搜集网络舆情，跟踪事态发展，回答公众疑问，积极引导社会舆论，以及及时应对可能出现或扩大的危机风险，是政府部门和企业需要共同面对的严肃课题与严峻挑战，也是检验现代政府和公司治理能力的重要法器。

在移动互联时代，任何企业和机构都要学会充分利用网络情报，建立起负面信息的舆论监测系统，防止负面舆情的超N级传播，审慎管理和化解危机风险，避免酿成更大的损失甚至灾难。

第八章
智库的力量：
情报库与智慧库的完美演绎

为什么说智库超越了一个国家的智慧？
超级智库——兰德公司是怎么"炼成"的？
中国智库的重大弊病有哪些？
恐龙智库，卓越在哪里？
一个国家或企业治理的最高境界是什么？

智库：超越国家的智慧

智库略史

智库诞生于20世纪初，英文为Think Tank，虽说不足百年的历史，但渊源却十分久远。翻看中国古代史，历朝历代都有智库的原始雏形存在。

春秋战国时代，诸侯养士成为一种风气，四大君子门客如云；秦汉以后，谋士大行其道；唐宋以降，能人智士奔走入幕，成为政治、军事方面不可或缺的参谋；明清以来，皇帝有了自己的翰林院，佐参、师爷成为各级官吏的智囊；这些都是智库型人才，他们的团队就组成了智库的原始雏形。

时间推进到20世纪初，现代意义上的智库诞生了。布鲁金斯学会诞生于1916年，是迄今为历史最为悠久的现代智库。

那么，对于现代意义的智库定义是什么呢？按照世界上最著名的智库——兰德公司的创始人弗兰克·科尔博莫的定义，智库就是一个"思想工厂"，一个没有学生的大学，一个有着明确目标和坚定追求，却同时无拘无束、异想天开的"头脑风暴"中心，一个敢于超越一切现有智慧、敢于挑战和蔑视现有权威的"战略思想中心"。

简单说，智库即思想库，是一种智囊机构，由各领域专家组成，为决策者出谋划策的公共研究机构。由于智库的特殊作用，又被形象地描述为政府的"第四部门"或"第五种权力"。

现代智库创立的原始动机，是为了"改善社会状况，提高生活状况，提升政府效率"。提起来倒有几分"匡扶天下"的意味。比如，美国罗素·赛奇基金会和市政研究局是最早成立的一批智库，其宗旨就是"改善美国的社会状况和生活状况"，以及提高政府的效率。

"一战"结束后，欧洲各国受到重创，美国虽然远离战场，但进入19世纪20年代，一场大萧条横扫整个资本主义世界，美国也未能幸免。

各种社会问题困扰着欧美政府，这就对智库提出了新的要求。依靠单纯的科学分析或有限且孤立的行政支持，不足以解决当前的各种困病，智库必须顺应历史潮流，进行应有的改变——直接参与政府决策。

这种转变，可以称之为智库官方化，而本质上这个时期的智库是对政府精英决策和行政的一种补充，被赋予了浓郁的政治色彩。由此开启了智库与政府联姻的蓬勃发展时代。

"二战"后，西方智库的发展进入成熟和稳定期。因为历史发展到20世纪中叶，智库走向成熟和蓬勃发展的各种基础都成熟了。

首先，科学和理性的观念的最终确立是智库趋于成熟的思想基础；其次，复杂而专业的公共管理产生强大的社会需求是智库稳定发展的社会基础；再次，形式上的委托制度和相关的法律制度的建立是智库健康成长的法律基础；最后，分权制衡的政治体制也是智库良性发展的制度基础。

在这样的基础上，欧美国家许多优秀的智库产生并飞速壮大。其中最有名的就是曾经预测了"中国出兵朝鲜""苏联发射卫星"等具有深远影响的国家大事的美国著名智库——兰德公司。

60年代以后，世界分出两大阵营，铁幕暗战异常激烈。智库也不免受到影响，意识形态倾向严重。当时的智库一般都有鲜明的政策、党派色彩，力求影响当时的政治或政策。同时，保守派智库数量激增，为各自阵营摇旗呐喊。

80年代国际形势趋于缓和，后来苏联解体，冷战结束。虽说冷战思维依然存在，但保守派对智库的财力支持却失去了根基，一些私人基金和政府部门的资助开始锐减。于是，智库不得不面临着去意识形态的选择。

但是，去意识形态化不等于去政府，智库不能不跟政府合作，但是智库谋求一种依然为政治服务，但不站队，不为某一特定政党服务的境界。于是，智库开始营销自己，把自己的研究成果兜售给政府部门，而不是直接参与。

智库与政府的关系，绝不是"去"或"就"那么简单，更不是不"去"则"就"，不"就"则"去"，应该辩证地看待二者的关系。这对智库的存在与发展有很深的影响。

90年代至今，智库跟政府发展了一种新的关系，那就是非常有名的美国"旋转门"。政界、商界名人往来穿梭于智库与政府之间，彼此成为后援。这种现象在美国尤为突出。

智库机理

我们想知道,既然智库是个参谋式的智囊机构,那么它的活动经费从哪里来呢?也就是说,它靠什么运作呢?

前面曾说,智库跟政府的关系很复杂,正因为这份复杂性,解决了绝大多数智库的绝大部分的资金来源。

以兰德公司为例,其65%的收入来源于美国联邦政府,35%的收入来自州政府、外国政府、私营公司、基金会等不同的客户。从某种意义上讲,兰德公司的资金来源的80%以上都来自于各级政府。

但是,像兰德这样的老牌大型智库的收入可以依靠政府,其他不如兰德的中小型智库怎么办?

只能是中国那句老话:八仙过海,各显神通。

其实,任何智库的经济来源都应是多元化的,社会来源为主,政府经费为辅,此外,还可以以课题费和研究成果进行必要的营销,这才是智库经费来源的长远之计。

当然,犹如慈善也需要商业模式一样,智库同样应该有自己的商业模式,如此才能够保证智库获得相应的经费来源。

智库营销,不乏是实现智库商业模式的重要环节。智库营销最重要的一步就是能够提供可以销售的产品,并通过产品的销售收入,来支撑智库的继续发展。

智库其实首先应该是一个情报库,尤其是在移动互联时代,基于企业和政府对情报的重视程度达到前所未有的高度,为此,智库就可以拥有非常广阔的情报市场,这就为智库开辟多渠道的经费来源提供了极大的可能性。

智库的产品当然也包括课题。这种课题产品的特性是双向的，既要研发满足消费者需求的定制课题，也要研发国家国内热点课题，推给需要它们的潜在消费者。

这个环节中最关键的一点就是智库的公司化经营。

美国的很多智库一方面按合同给客户做课题研究，另一方面是智库先有想法，然后与有需求的客户联系，自我开发消费者。选择是双向的，并不固定于某种特定的运营模式。

但是，在营销的过程中，智库必须坚持一个原则：有所为有所不为。

智库要有立场和底线，不能为了经费而做任何事。比如说推介香烟。现在到处都在宣传吸烟有害健康；如果智库罔顾事实，为了经费做了一个倾向于烟草公司的课题，那么，智库的公信力就会大打折扣。

又比如，兰德公司不做航空航天方面的课题，因为他们要向美国政府提供有关的采购建议。如果他们向政府建议采购哪些产品，就不能为销售此类产品的企业做研究项目，因为兰德要远离这样的复杂关系。这种关系有损于智库的独立性，这才是要害所在。

智库还必须处理好与政府的关系。

美国的"旋转门"就是美国智库与政府关系的真实写照，智库的高级人才"出将入相"，政府管理者退休或离职后扎进智库，继续发挥余热。这说明了智库与政府间"剪不断理还乱"的关系。正是这种复杂而错乱的关系，反映了美国智库最大的影响力和生命力所在。

"旋转门"使政府保持活力，使智库成为给政府培植、储备人才的地方。正因如此，发达国家智库的社会能量相当大，游刃于政界、商界和学界，对政府决策、公共舆论有直接影响力。

在美国，每逢重大政策的决断，一般是智库先提建议，然后是媒体讨论、国会听证，最后政府采纳，智库的参与度、公信力都很高。

由此可见，智库的官方背景很重要，一个成熟的智库既不能完全官方化，也不能谋取彻底的独立性。在官方与独立性之间如何拿捏"关联度"，则是考验智库的一个重要法则。

独立性是智库的最根本的特性。没有独立性就会发生"屁股决定脑袋"的事情，采取有危险倾向的立场，进而损害智库的道德性和公信力。

不隶属，不站队。智库的正确理念应该是：客观。

智库：国家的智商

1990年，哈佛大学教授约瑟夫·奈提出了国家"软实力"的概念。世界为之震惊。在迷信枪炮和拳头的时代，软实力无疑颠覆了当时风行的国家价值理念。

软实力是指国家依靠文化和理念方面的因素获得影响力的能力。

软实力具有如下特征：

第一，软实力是可以感知的潜在的隐性的力量。

软实力重在一个"软"字，这种软的力量具有超强的扩张性和传导性，可以超越时空，产生巨大的影响力。"软实力"并非"软指标"，可有可无。

第二，软实力是一种终极竞争力，而且是居于竞争力的核心部分，是核心竞争力。

硬实力固然重要，但那只是阶段性的，非居核心位置。软实力产生的效力是缓慢而长久的，而且更具有弥漫扩散性，更决定长远的未来。

第三，软实力资源难于控制。

软实力需要长期建设，不能一蹴而就，不可能通过模仿或外援取得，更不可能通过交易获得，因此，软实力的建设比硬实力的建设更加艰难。

智库作为一个国家的智商，是一个国家核心软实力的重要组成部分。

纵观西方近现代史，任何一个国家的强盛，都离不开智囊机构的贡献。

荷兰创办了东印度公司，表面上看是一家跨国公司，实际则充当了国家智库的职能，不但为荷兰的殖民开拓出谋划策，还以公司经营的方式将庞大的触角伸向海外。

英国古老的智库——英国皇家学会推动了工业革命的到来，使英国成为当时的"世界工场"与"日不落帝国"。

美国在20世纪的崛起中，强大的智库群层出不穷。既有历史悠久的胡佛研究所、洛克菲勒基金会，也有现代意义上的兰德公司。

在全盛时期，美国几乎所有的内政外交都由兰德一手策划：它曾经完全主导了美国的核战略、策划了越南战争、谋划了里根政府的"星球大战"计划、发动了两次"海湾战争"。甚至，今天被广泛运用的互联网，也是由兰德公司研究员发明的。

可见，智库不但是一个国家智慧的根基，而且还超越了国家智慧达到了一种更加深刻的境界——国家软实力的核心体现。

在历史发展中，国与国的深层次较量，其实也表现为智库的对抗与较量。

近些年，基于中国经济的快速发展，已经成为世界重要的一极，美国智库加强了对中国的研究。

通过阅读大量的美国智库的研究报告以及相关信息，我们可以看出美国对中国的复杂态度：它首先把中国当成一个对手，可又想通过对中国的基础研究来找到国家未来发展的脉络,争取把对手转化为自己利益体系里面的伙伴,遵循已经设定好的游戏规则。

这些智库的每一份报告俨然一本厚重的教科书,每章的最后都会提出智库的意见,供美国政府参考。智库作为美国最强大的软实力。其对美中关系的总体看法,集中代表了美国政界和社会对华关系的基本理解和认识。

一国的强大离不开软实力的强大,而智库作为软实力最核心的体现,它的表现如何,直接表现出一个国家的综合实力。

对比起美国来,中国在智库方面的软实力确实不敢恭维。

比如,2007年底,中国颇具实力的智库机构——中国社科院的某著名经济学家一直强调4%是中国通胀承受极限。可是中国的CPI在2个月猛涨至8.7%,而2008年下半年急转下跌到12月份的1.2%。

如2007年下半年次贷危机初起时,不少主流学者纷纷给出"危机是暂时的"的判断,强调"对中国影响不大"。

如2008年7月,当国际油价冲击147美元/桶,国内的能源研究机构众口一词地预测"国际油价即将冲上200美元/桶",5个月后,他们被35美元/桶的新价位刻薄地嘲弄了一把。

如"2008年11月中旬,面对奥巴马对华政策主要顾问兹比格涅夫·布热津斯基提出的"联合国不行了,八国集团的能力也越来越有限,中美应该联合起来有所作为"的"G2"设想时,国内大部分国际战略研究机构普遍感觉很突然,没有做好任何思想准备,甚至很多研究机构认为是无稽之谈,当然那也只能"姑妄听之"。

难道这就是中国智库的表现?难道这就是所谓中国智库的智商?看来,中国智库到了奋起直追的时候。

超级智库：力量不仅存于智慧

独领超级风骚

兰德公司无疑是当今世界最负盛名的顶级智库。

兰德公司成立于1948年。其创立的宗旨也颇有"以天下为己任"的意味——为了美国的繁荣与安全，以促进科学、教育、福利为研究目的。

但是，兰德创立的初旨却没有这么高尚，完全是为了军事需要。

要说兰德的诞生跟一款轰炸机有关，大家可能不相信，但事实就是如此。

第二次世界大战末期，美国空军为提高B-29轰炸机的战略轰炸效果，专门请了道格拉斯公司的3名技术人员参加了联合研究。研究的结果使轰炸机有重大的改进，在战争中显示了巨大的威力。

战争中，改进的B-29轰炸机大展神威，将太平洋战场上变成一片焦土。日本深受打击，举白旗指日可待，这使得美国政府和军队开始重视起科研力量对国家实力的重大作用。

美国政府和军界的一批官员认为，很有必要保存一部分在战时能被动员起来的研究公司和管理组织。

当时的美国空军总司令阿诺尔德将军支持这一看法，因此，他提出了一份"战后和下次大战时美国研究与开发计划"，建议继续利用在战争中应征一批从事军事工作的科学家、工程师，成立一个"独立的、介于官方与民间之间的、客观分析的研究机构"。

1945年10月，该建议得到落实，美国军方与战时曾参加空军研究的道格拉斯飞机公司签订了一份协议，实施研制新武器的"研究与开发"计划，即著名的"兰德计划"。

1946年3月，在道格拉斯飞机公司里附设一个部门，负责完成兰德计划。美国空军拨款1000万美元，作为兰德计划的活动经费。

1948年5月，福特基金会资助了1000万美元作为开业资金，再加上一些银行贷款，把执行兰德计划的部门从道格拉斯飞机公司独立出来。

1948年11月正式成立了兰德公司。

成立之后，兰德公司通过签订合同的方式，从空军取得研究项目和经费，从此开始了兰德公司的发展史。

兰德公司扯起大旗，旗上写着和平和繁荣，底子里却在为美国军方卖力。

兰德公司95%的研究经费来源于空军，研究领域局限在军事方面，比如改进武器系统、改善经营管理、重新界定战略概念等。

当时的兰德公司，尽管以研究尖端科学技术和重大军事战略闻名世界，但还不是完全意义上的智库，对政府决策的影响仅仅集中在军事方面，在范围和领域上还比较狭窄。

20世纪60年代，随着国际形势风云变幻，兰德公司的研究领域开始拓展。美苏争霸导致美国政府对各个层面的决策都需要智库支持。兰德摇身一变，发展成为一个从事政治、军事、经济、社会等各方面研究的全能型智库。

这次成功转型，使得兰德的军事色彩立减，真正转变到当初声称的那样"为了美国的繁荣与安全，以促进科学、教育、福利"的智库，一举奠定了它在美国非官方领袖外脑体系中的重要位置。

80年代，冷战进入白炽化状态，美苏各施奇能，激烈过招。兰德的传统强项得到一次强力回归。

90年代到如今,兰德跟紧国际与时代形势,纵横捭阖,为美国政府和企业的重大决策做出了巨大的贡献。

兰德的长处是进行战略研究。它开展过很多预测性、长远性的研究,提出的不少想法和预测是当事人根本没有想到的,而后经过很长时间才被证实了的。

兰德正是通过这些准确的预测,成为世界级的著名智库。

比如,对"中国是否出兵朝鲜"进行预测,得出的结论只有一句话:"中国将出兵朝鲜。"结果,兰德准确言中。这一事件让美国政界、军界乃至全世界都对兰德公司刮目相看。

又比如1957年,兰德公司在预测报告中详细地推断出苏联发射第一颗人造卫星的时间,结果与实际发射时间仅差2周,这令五角大楼震惊不已。

从此,兰德一战而霸,确立了美国顶级智库的地位。此后,兰德公司又对中美建交、古巴导弹危机、美国经济大萧条和德国统一等重大事件进行了成功预测,使其名声如日中天,成为美国政界、军界的首席智囊机构。

兰德:不可复制的模式

对兰德模式进行研究,基于以下四个方面:智库的独立性,组织管理体制,运营模式,人才战略。

独立性是一个智库的生存之本,立身之则。

长期以来,兰德与美国政府和军方建立了极其牢固的貌似同盟的密切关系,可是,兰德坚持自己只是一个非营利的民办研究机构,独立地开展工作,与美国政府只有一种合同关系。

初始之时,为了得到足够的研究经费,也是时代因素所然,兰德必须跟官方产生天然的关系,但是随着时势变迁,各种不同的经费渠道被开发出来,兰德就开始了去官方化的进程。

虽然智库不可能完全去官方化,但是,保持相对的独立性也是兰德智库所极力谋求的。兰德公司努力通过拥有不同性质客户的形式来保持其独立性。

虽然兰德的主要客户是美国联邦政府,但是即使就一个客户而言,比如五角大楼,其内部也有陆、海、空、情报、国防部长办公室等机构。兰德通过与不同部门打交道,来实现一定的独立性。

同时,兰德还有许多非政府部门和私营部门的客户等。比如,外国政府、私营公司、基金会等。

另外,兰德一直把保持独立性当做一种文化来建设和传承。

作为政策研究机构,兰德能够讲真话,无论这个真话对客户有利或是不利。花钱雇兰德的客户要准备接受这种可能,就是兰德的研究结果同他们的政策不相符甚至相互冲突。

兰德的原则是有所为有所不为,不会为了某种特殊利益而歪曲自己的研究结果。

兰德为了保持自己的独立性还专门成立了监事会。监事会成员俨然公司的独立董事,虽然有对兰德公司实施管理支配权力,但是他们并不拥有兰德公司的任何财产。这些独立于利益之外的监事会成员才是兰德真正的主人。

兰德的组织管理体制采用理事会制。

1948年,公司由21名学术界、工商界、公共机构的知名人士组建的托管理事会对兰德进行管理，理事会负责任命公司的高层领导、制订公司的大政方针、审理公司的财务、监督合同的签订、定期抽查公司的研究报告。

20世纪60年代兰德扩大研究领域后，公司的组织管理结构进行了数次调整，直到80年代才有比较固定的框架，由两个系统构成，一个是"学科系统"，另一个是"计划系统"。

学科系统主要职责是考核、增减研究人员，为公司研究计划提供理论和资料，改进研究分析方法和手段，促使该部的研究人员开展基础研究等；计划系统主要职责是根据已确定的课题，从各个学部抽调合适的研究人员，具体组织研究计划的实施，并且负责对研究成果的评价。

此外，兰德公司设有兰德研究院，直接由最高领导层的管理，是兰德公司的人才储备库，也是研究人员更新知识、提高业务能力的地方。

兰德公司的行政管理非常简单，只设行政管理科和财务科。

90年代后，兰德又对组织管理结构做出调整，主要是进行一些合并和新建。

兰德公司现有人员1107人，其中853名为研究人员，90%以上的研究人员拥有硕士或博士学位，其他的研究者常常是实践经验丰富的官员和军人。

兰德的运营往往都是大手笔。大手笔来源于兰德的高定位。兰德智库立志高远，放眼天下。中国兵法有云："取法其上，得乎其中；取法其中，得乎其下。"无论对个人还是组织来说，缺乏远大的志向是很难有大的作为的。

经费方面，兰德除了最初从美国空军部门吸金外，还另辟蹊径，开始了自筹经费。如在理事会人选上，包含了学术界、工商界等各领域的杰出人士，方便了日后经费的筹措。有了经费，课题就成为重中之重了。

能不能拿出有份量的研究成果，是一个智库最核心的价值。这方面兰德做得非常出色。兰德对课题的选择紧盯国际国内热点。

从1950年的朝鲜战争，到60年代的越南战争，70年代信息技术，再到八九十年代的苏联解体、两德合并、后冷战时代战略，乃至最近的中东问题、台湾问题、朝鲜问题等，无一不是全球万众瞩目的"明星"问题。兰德取材这些热点问题，使其无形中扩大了自己的知名度，吸引到更多的业务的投资。

除了热点，兰德进行大量预测性的课题，而且研究角度往往更偏于宏观管理、规划层面，而不是深入研究一些专业技术问题。

兰德公司通过巧妙地研究选题，成功地占据了智库高峰。

人才战略是兰德傲立世界、独领风骚的坚实资本。兰德拥有世界上最宝贵的人才库，从而建立了世界上最强大的思想库。兰德的高级人才分布十分广泛，涉及各个专业的领袖高手。

这是因为兰德思想库构成学科跨度大，学科间配合默契，激发了各种不同学术观点的碰撞，使得兰德公司的研究富有创造性，而且从兰德走出的诺贝尔奖得主更是比比皆是。

仅以经济学家而论，获得诺贝尔奖的萨缪尔森（1970年）、阿罗（1972年）、库普曼斯（1975年）、西蒙（1978年）、舒尔茨（1979年）、托宾（1981年）、德布鲁（1983年）、索洛（1987年）、马克维茨和夏普（1990年）、科斯（1991年）、贝克（1992年）、纳什（1994年）、维克瑞（1996年）、赫克曼（2000年）、史密斯（2002年）、奥曼和谢林（2005年）、菲尔普斯（2006年）都曾接受过兰德公司资助或者在兰德公司供职，最新的一位是2007年的赫尔维茨。

除了围住这些老牌的科研人才外,兰德公司还鼎力支持年轻人充分发挥想象力,提出独特的见解,并进而开展相关研究。

公司内有一条特殊的规定,叫做"保护怪论",即对于那些看似异想天开或走极端的"怪论"不但不予以禁止,反而作为创新加以引导和保护。兰德人才战略的"光辉业绩"证明了一个智库已经超越了国家智慧的层面。

如果让兰德去治理一个国家,会比美国政府差吗?相信否定的答案传达了深刻的意义——智库力量不仅存于智慧。

中国智库正在崛起

2011年6月,第二届全球智库峰会在北京举行。各国智库云集一堂,政治明星、学界泰斗、商界大腕登台演讲,阵容之豪华,议题之深远。

会议的承办方是被誉为中国"超级智库"的中国国际经济交流中心。这么大的盛会能在中国举行,说明了中国智库的崛起已是不争的事实。

中国现代智库的出现和成长是伴随着改革开放的步伐进行的,只有30年左右的历史。

20世纪80年代,中国百业待兴,经济思想领域涌动着发展搞活的风潮,这直接促使了中国现代意义的智库应时代而生。一方面,大量知识分子进入国家政策部门参与决策制定和咨询,推动了现代智库在官方层面的形成,比如国务院发展研究中心;另一方面,一部分优秀人士又抱着创建独立智库的热情,从国家政策研究部门走出来,"下海"组建了中国第一批民间智库。

90年代初，中国智库的发展进入活跃期。一批学者放弃了铁饭碗，走出政府机关和官办社科研究机构，开始了中国智库建设探索。

比如，林毅夫离开中央农村政策研究室，到北京大学创立了中国经济研究中心；茅于轼、张曙光、盛洪等人离开中国社科院，创办了天则经济研究所；樊纲成立北京国民经济研究所；温元凯成立了南洋林德咨询顾问公司。

1992年，位于海南岛的中国改革发展研究院向省政府提出"事业机构，企业化管理"的改革方案，主动退出财政事业编制供给，实行董事局领导下的院长负责制，变身为股份制非营利性的法人单位，开创了中国官办社科研究机构改制为独立智库的先河。

随着改革开放的深入，中国智库呈现多元化发展趋势。

2009年3月20日，中国国际经济交流中心在北京成立，理事长由原国务院副总理曾培炎出任，整合了原国家发改委下属的国际合作中心和对外开放咨询中心两大智库，超级智库中国国际经济交流中心的成立，标志着中国智库发展质的飞跃。

过去30年，中国智库无论从数量还是质量上来讲都有了飞速的发展，但以此而论断这段时期是中国智库的黄金时代未免过于草率。不可否认，中国智库已经走过了一段很有亮色的征程。

据不完全统计，20世纪90年代后期以来，中国的社会科学研究机构已形成五大系统，共有研究机构2500多个，专职研究人员3.5万，工作人员27万。这其中除了哲学、语言和文学等非决策研究的机构以外，以政策研究为核心、以直接或间接服务政府为目的的"智库型"研究机构大概有2000个，数量甚至超过智库发展最发达的美国。

但是事情的另一面却是：美国宾夕法尼亚大学一份报告显示，按照现代智库的评判标准，目前全球共有5465家智库。从地区看，北美和西欧有3080家，占比56.35%，亚洲只有653家，占比11.95%；从国别看，美国1777家最多，其次是英国283家和德国186家。印度拥有121家智库，为亚洲最多，日本其次，105家。中国大陆被认可的智库仅有74家。

而发布这份报告的时候，中国即将接过世界第二经济强国的宝杖。一个鲜明的对比让国人眼睛刺痛：中国智库的数量和质量与世界第二的位子严重不符。

这种失调还表现在国外主流媒体上，中国智库集体噤声。

当发达国家智库千方百计、咄咄逼人影响他国公共政策的时候，中国智库的性格却比较"内向"，缺乏有影响力的智库与国际知名智库对等交流，在国外主流媒体上很少有中国智库的正面声音。

智库是一个国家最重要的软实力，能在外国主流媒体听到中国智库的强音标志着中国软实力的强大和在世界范围内的话语权，可惜至今这种声音仍告阙如。

"中国不会成为超级大国，因为今天中国出口的是电视机而不是思想观念。"2006年英国铁娘子撒切尔之言犹在耳。那些妄言中国智库进入黄金时代的人情何以堪？

毫不夸张地说，2000个中国智库，抵不上一个兰德公司。当然，中国智库绝不能妄自菲薄，虽然现在说"黄金时代"还为时尚早，不过，中国智库的崛起却不是夸张之词。相信，经过一段时间的沉淀和积累，中国智库一定能够在世界舞台上发出体现中国软实力水准的最强音。

恐龙智库：移动互联时代的卓越智库

中国智库之弊

中国智库有五大弊：

第一弊，严重缺乏独立性，官办色彩浓厚。

独立性是一个智库的生存之本，立身之则。如果没有了独立性，智库的道德性和公信力都无法保障。

从中国智库的现状来看，大部分智库的独立性都比较差，还算不上真正的思想库、智慧库，充其量是一群专家库，或者说是一种数据库或知识库。

独立思想的缺乏，导致中国智库出现一种很有意思的现象：在国际研究中总是跟着西方智库跑，在国内研究中总是围着长官意志转。说法可笑，背后却令人深思和反省。

智库如何发出自己的声音，如何在国际上赢得话语权，最重要的是保证其研究成果的宏观性、客观性、战略性和前瞻性，而达成此种目的的最大前提就是实现智库的独立性。

当然，我们并不是说中国智库应该割裂与官方的联系。以中国的实际来看，实现智库的"半官方半民间"的状态是最佳的一种模式。

坚持官方影响力与思考独立性的统一，应该是当前中国智库建设必须坚持的根本方向。

第二弊，缺乏有效的商业模式。

官方智库为政府决策服务、拿政府的钱，自然不差钱；但民间智库的处境就差多了，由于缺乏经费，民间智库一直在困苦中挣扎。良知丧于困地，民间智库困于艰难的资金处境，不得不向利益团体倾斜。

民间智库为了图存而投向海外机构或跨国公司的怀抱，这种情况是对国家和企业的情报战略极其不利的，相当于打通了中国情报流向国外合理途径。

中国智库的理想不是兰德一直所谋求的独立性，而是成为官方的一个分支，经费从财政拨下来，不用费心筹措。包括民间智库也在梦寐这种地位。这就由此导致了智库能力的弱化或消失。

中国智库经费之弊，在于缺乏有效的商业模式，而如何建立良好的商业模式，获得自我造血功能则是中国智库亟待思考和解决的问题。

第三弊，智库专家缺乏风骨。

网络媒体上，把专家称为"砖家"，把教授称为"叫兽"，反映出中国智库里的精英的形象一毁再毁，公信力降到冰点。

智库是一个研究团体，但其中的个体则是专家学者，而个体的人格与学术秉性，则铸就了智库的凝聚力，和研究成果的"战斗力"。

虽然智库以为政府指点迷津为己任，但专家学者为炮轰而炮轰的现象并不多见，多是以长期严谨的研究成果以理服人。这与国内某些只图表面热闹，靠炮轰赚足名声甚至打造利益、输送链条的专家学者有着本质的区别。

倘若专家学者群体挺不起学术的脊梁，其建言献策不可能赢得社会的信任，更别奢谈赞誉了。

第四弊，人才战略缺失。

有人对20家主要的中国智库进行了不完全统计发现，200多名智库的负责人中，有48人为退休官员，占两成以上。

这就与兰德的情况形成了鲜明的对比。

智库的核心是人才，兰德的保护怪论其实保护的是人才，为未来做人才储备，这值得中国学习。

中国很多机构都论资排辈，往往对出言不逊的"后生晚辈"采取压制或清除、消灭的手段，不仅伤害了青年人的抱负志向，也不利于智库进行人才储备。

第五弊，传播力有限，缺失国际话语权。

智库的传播力是一种至关重要的素质。如果缺失了强大的传播力，智库不可能收获巨大的影响力和话语权。

传播力直接关系到上通下达、沟通民众，也关系到一个国家的"软实力"。

中国也缺乏有影响力的智库将国家形象传播出去，海外主流媒体上很少听到中国智库的声音。在国际事务中中国的议程设置能力和话语权弱小，难以与活跃在全球政治经济社会诸多方面的西方智库相匹敌。

例如在2008年的"3·14"事件、西方抵制北京奥运、北京举办奥运这三个典型案例中，媒体上鲜见智库的声音，像三鹿奶粉、国美战争、温州动车相撞、归真堂这样的危机，智库更是缺位。

新时势，新智库

全球经济竞争的日趋激烈，复杂多变的风险社会来临，波涛汹涌的移动互联时代的不期而至，无疑给我们提出了很多必须面临的问题：

——既然全球化竞争已经全面转入经济领域的竞争，我们是否需要确切服务于经济竞争的情报？

——既然国家与国家的竞争已经全面转入企业之间的竞争，而商场如战场，我们是否需要确切服务于商业的情报？

——既然全社会已经认识风险管理是管理的最高阶段,我们是否需要确切的风险预警和管理机制?

——既然我们已经知道决策是最大的风险,我们是否需要建设一个强大的情报库作为决策的智力支撑?

——既然我们已经踏入"云经济"产业革命浪潮之中,是否需要利用先进的云计算技术,改变传统的"无情报"之经营模式?是否需要犹如用电或用水一样便捷的"云"情报产品服务方式?

——当智库远离芸芸众生,曲高和寡,并处于高处不胜寒的境地,我们是否需要专门服务于经济、社会、企业甚至个人的智库?

……

时势造英雄。

全新的时代,无疑需要全新的智库。

我们已经进入以"微小搏大者"的微博时代,基于移动互联时代之信息光速传播,企业和政府面对的环境越来越透明,同样也越来越复杂,社会主体在一定程度上变得透明甚至裸体存在,危机也因此四伏。

以"微博"为代表的自媒体时代,微博在传播中的比例已经超过所有媒体比重之和,一个微博、一个帖子可以成就一个企业、一桩生意、一个名人,同时,也能够毁掉一个企业、一个领导,甚至一个政府的声誉。

因此,唯有实时监测自媒体时代的舆论情报,及早发现其中隐藏的危机风险,才能够防范于未然,才能够避免名誉和经济损失的扩大,才能不至于面对温州动车、郭美美、故宫门、瘦肉精事件、三亚宰客门、吴英死刑案等恶性事件而陷入无情的被动和危机之中。

移动互联时代,通过移动终端或手机上网的人群快速超越传统互联网用户；社会由此进入自媒体时代，人人都是电视台，人人都是媒体，人人都是没有牌照的记者，信息情报由此变得空前丰富起来。

自媒体时代，98%的情报来源于公共网络领域，加之云技术革命性的应用，使得云情报服务成为可能。虽说移动互联网提供了海量的信息，但那只是信息，而没有转化为情报。这就需要一种平台去搜集海量的信息，然后按照一定的标准进行分类，像自来水管道一样，把情报送到每个扭动水龙头的用户手中。

价值与风险，是社会的基本二元，也是中国经济的二元，更是中国企业的二元。但是长期以来，我们的战略决策、管理决策和经营决策，往往都偏重于机会价值的获得与实现，而忽视对风险的研究与管理；从而导致了中国社会治理中的风险不断、经济的风险不断、企业走出去的风险不断、企业国内风险不断，可以说，我们正处于一个复杂的风险时代。

纵观企业管理的发展阶段，基本上可以分为质量管理、利润管理、价值管理和风险管理，而风险管理是管理的最高阶段，因此，风险管理也是评价一个企业管理水平高低的标准。同时，由于风险是随着环境的变化而变化，唯有对环境情报的实时掌控，才能够准确地识别和评估风险，以及有效地掌控风险。

如此全新时势之下，呼唤一个全新的智库出现。

基于移动互联时代的全新特性，基于情报需求的迫切性，基于风险的多爆发性，基于情报与风险的交融关系，这个全新的智库应该具有如下基本功能：

——能够利用新技术对自媒体时代的网络舆情进行实时监测和动态分析，并能够进行危机风险预警和应对。

——能够利用新技术对汪洋般的网络信息进行搜集、整理、挖掘和分析，并能够提供确切的宏观、中观和微观情报分析和服务，以便为决策提供支撑。

——能够对战略风险、市场风险、运营风险、法律风险和财务风险进行深入的研究，并能够进行识别风险、评估风险和风险应对，并可以实现风险的预警服务。

试想一下，如果拥有了如此庞大功能的全新智库，我们就能够从容应对各种舆情危机，就能够避免情报缺失而带来的决策失误，就能够及早预警和化解风险。如此，中国之社会，中国之经济、中国之企业、无疑将会插上参与全球竞争的智慧翅膀，并将获得全新的竞争优势与发展机遇。

基于移动互联时代的来临，基于舆情与危机应对的现实性，基于企业对情报的紧迫需求，基于情报与决策的对应关系，基于情报与风险的交融性，基于云计算技术的充分发展，同样基于长达10年的风险研究积淀，基于对云计算技术的充分理解和应用，满足上述要求的恐龙智库顺势而生。

新智库，新概念

既然是新时势下的全新智库，就必然有其有特殊的内涵。

恐龙智库对于智库的理解为：

——智库是独立于政府机构的民间组织，也与政府发生关系，但是不隶属和依附于政府，其目的是为了更好地独立研究，并使研究成果获得更好地应用，政府也是其客户之一。

——智库虽然不同于大学研究所和官方研究机构，但是也绝不是完全独立的研究组织。智库应该发挥独立的优势和多元化的视野，与外部研究机构开展相应的课题合作研究。

——智库不仅仅需要研究时代背景下的行业嬗变与利益格局划分，服务于宏观决策，但也更应该思考社会微观主体的需求与发展，并服务于微观经济主体。

——智库不是一群元老级专家的聚合，更应该包容更多的拥有时代气息的仁人志士的加盟，并相互结合，优势互补，实现智库的思想传承。

——智库不仅仅是简单的人文思想库，更应该是闪烁光芒的智慧库，为人类社会发展提供精囊妙计的智囊库。

——智库不是社会公益性组织，不能仅靠社会资金资助来生存和发展，而应该拥有不丧失独立性的商业运营模式，并实现自身良性循环发展。

——智库不是沉沦于寂然无闻的思想发明和创造，更应该理性地发出声音，从而更好地传播自身的智慧思想，彰显自身品牌价值。

——智库不是"点子大王"式策划机构，不担负某个组织的发展命运，不负责某种产品脱胎换骨的责任。它所提供的是一种能够供决策的情报和建议，以帮助决策者创造价值和管理风险。

——智库不是包罗万象的智囊机构。在社会分工日益专业化的时代，智库应该有所专业取向。如此，才能够成为真正的智库。

——智库的智慧库，来源于强大的情报数据库作为支撑，尤其是在知识信息爆炸的时代，唯有借助全新云计算技术和云服务应用，建立具有强大功能的情报库，才能够实现智慧库的宏伟目标。

基于对智库的全新理解，恐龙智库确立了其特殊的智库定义。

恐龙智库：情报库+智慧库

除了上面所说的时代背景外，恐龙智库对风险管理进行了长达10年的探索和探究，并同时开展情报与决策、情报与风险、情报与危机、情报与商业模式这一系列的对应研究，涉猎政治、经济、管理、法律、社会、统计、情报、决策、互联网、计算机应用等多门学科和领域，建立了跨学科的研究知识体系，并积淀了丰富的研究成果，最终确立了恐龙智库的情报库和智慧库的定位。

恐龙智库顺应移动互联时代的特点，依托先进的垂直搜索引擎技术和云计算技术，实时监测上千万个互联网信息源，实行全网络、全主体、全行业、全产品、全技术等全方位和立体化监测，对搜集的海量情报信息进行整理、分类、挖掘和分析，并配备优秀的专业情报分析师团队，对情报的价值和风险进行专业分析，能够根据客户需求提供各类情报服务。

同时，恐龙智库将整理后的海量情报信息放置到规模巨大的"云服务"阵列服务器中，用户无需购买服务器、防火墙、路由器、搜集软件、分析软件，也无需配备规模化的情报分析人员，即可获得所需要的情报及服务产品。

整合情报数据库资源，也是恐龙智库之情报库建设中的一项重要战略规划。恐龙智库与国内外知名的情报信息数据库建立起情报战略合作关系，以实现情报资源的规模化建设和最大化应用。

恐龙智库之情报库立足于自身情报分类而提供相应的情报产品与服务。其主要针对经济研究和企业决策提供相应的情报需求服务，避免相应的风险发生。当然，对于政府机构、事业单位等，恐龙智库则提供相应的舆情服务，并同时提供舆情分析和危机风险舆情管理服务。

恐龙智库提供的情报类别，是根据网络中搜集到的海量情报信息，并针对情报实际应用需求而做出的情报分类。不同的组织依然可以根据自身情报规划，并结合自身决策需要，做相应的情报需求规划，以便更具操作性和针对性。

智慧库建设，恐龙智库拥有独立的研究机构，并借助强大的情报库，对风险、情报、决策进行综合研究，积累了非常丰富的、具有独立知识产权的研究成果。

恐龙智库聘请一些国内外有建树、有影响力的专家学者，并不断挖掘和整合优秀研究人才，组建恐龙智库外脑专家库，以大大加强恐龙智库的智慧库建设。

恐龙智库还联合国内知名学府和研究机构，充分借助外部思想库资源，或共同成立研究中心，或进行课题合作研究，或资助相关课题研究，以加快相关研究成果的形成，以便更好地服务社会。

恐龙智库与相关权威媒体和出版机构建立战略合作关系，通过举办论坛、开设专栏、撰写专题文章、发布研究成果、出版著作等方式，一方面实现将研究成果更快更好地服务于社会的目的，另一方面也扩大了恐龙智库的知名度，影响更多的有思想的人士加盟恐龙智库。

恐龙智库，通过提供情报产品与服务，以及风险预警和风险管理智力产品服务，实现自身的商业模式有效运作，并通过获得的资金充实和扩大智库的持续研究，以形成良性的智库发展模式。

恐龙智库，为实现移动互联时代之卓越智库目标，设置了舆情监测中心、情报监测中心、风险监测中心等三大中心。其中，舆情监测中心针对舆情分析和危机风险应对展开研究和服务；情报监测中心针对情报和决策、情报和风险的对应分析展开研究和服务；风险监测中心针对风险识别、风险分析、风险评估、风险应对、风险预警展开研究和服务。

恐龙智库，作为新时代新形势下的新型智库，将聚合更多优秀的、有思想、有良知的专家学者，发挥群体智慧力量。他们将致力于成为移动互联时代背景下最为卓越的情报风险专业智囊机构，为中国社会和经济提供有价值的智囊支持。

万世谋者：有情报，无风险

风险：世界主旋律

当今世界，风险逐渐加剧，并已经成为世界的主旋律。

国际上，伊朗核问题闹得沸沸扬扬，以美国为首的西方世界与中东强硬派伊朗在频频过招。霍尔木兹海峡战云密布，"伊核"看似问题的焦点，实则是世界能源版图的再次划分。

朝鲜问题招惹了世界的眼光。六方会谈迟迟不能恢复，美韩不断上演联合军演，加之年轻的领导人仓促接班，导致朝鲜问题走向面临着很大的不确定性。

中国南海波澜迭起。南海宣言名存实亡，越南、菲律宾加紧抢占中国岛屿，更有把南海问题国际化的野心，中国虽然极力保持克制，但南海形势依然剑拔弩张。

叙利亚问题愈演愈烈，国内派别斗争无休无止，血腥的事实增加了美国的说服力，但围绕着如何解决叙国内的派别争斗，中俄与美国立场依然不同，使得叙利亚问题变得更加扑朔迷离。

非洲，刚果和苏丹暴乱频繁，时时传出中国人遭绑架或被炸死的新闻，中国在非洲的投资越来越高风险。

经济上，欧债危机一发不可收拾，进入2012年，欧债危机并没有减轻的迹象，反而呈现出进一步加深的趋势，随着标准普尔下调法国等9个国家的主权信用评级，欧元区命运更是蒙上了一层风雨飘摇的阴影。

美国经济复苏显著放缓，纷纷下调了2012年前两个季度的增长率，刺激性财政政策和宽松货币政策效应已经减弱。同时，私人部门持续疲弱，也无法有效接续经济增长动力。

新兴市场国家纷纷调低了经济增长率。以中国为例，刚刚召开的两会上，对于2012年的经济增长率，首次降到8%以下，定为7.5%，这是8年来的首次调降，这说明了世界经济形势不容乐观。

2012年，虽然中国经济仍然被称为全球经济的"灯塔"，但是，中国社会和经济依然面临着巨大的风险。

地方财政危机就是一个值得高度关注的风险因素。随着房地产调控政策的持续，以及土地财政模式的土崩瓦解，地方财政普遍遭遇困境，更何况那些已经处于财政危机中的地方政府。

中国股市的这次危机将比以往更加深刻，这是股市重融资、轻回报制度长期施行的必然后果，同时也正在对社会的稳定、经济的发展产生越来越大的负面作用。

中国经济正处在成本上升阶段，尤其是存在劳动力等要素供给趋紧的结构性因素，资源性产品价格也有待理顺，加上全球流动性宽松格局仍将继续，原油等大宗商品价格存在进一步上涨压力，这都为稳定物价总水平增添了诸多不确定因素。

同时，中国经济还面临着外需市场萎缩、内需低迷加剧、经济增速滑坡、滞涨风险增大、宏观调控复杂、汇率困局诡秘、生态环境脆弱失衡、中等收入陷阱逼近、实体经济发展受阻、金融体制改革举步维艰、经济结构性缺陷威胁重重等诸多风险，而这些风险使经济发展充满了诸多不确定性，将给中国经济带来十分严峻的挑战。

另外，中国社会治理依然面临着非常严重的道德滑坡、诚信缺失、信仰混乱、价值观扭曲、贪污腐化、官德败坏、公德淡漠、制假贩假、恶劣竞争、坑蒙拐骗等局面，这正侵蚀和戕害着我们这个国家的肌体，并对中国带来巨大的负面影响。

……

所有这些，仅仅是万千风险中比较突出的问题，如果不认真应对，稍有不慎就会陷入重重风险危机之中。

无疑，我们注定要生活在如此复杂而恶劣的风险环境中；无疑，我们要思考如何避开丛林里的荆棘；无疑，我们要分析如何绕过蔓藤；无疑，我们要设法逃离生死陷阱；也无疑，我们渴求天纵神兵显身手，踏破险象环生的荆棘路！

然而，从来就没有什么救世主。唯有靠我们自己，靠我们对情报的把握，靠我们对情报风险的识别和应对，靠我们基于情报做出正确而智慧的决策。

这是一个充满风险的时代，也是一个高抉择的时代，如何识别风险，如何超越风险，如何寻求变革之策和化解危机，或许，在扑朔迷离的风险环境中，更能为智者提供绝佳的思想舞台。

有情报：无风险

决策风险是最大的风险。而一旦进行决策，我们首先需要的是什么？

运筹帷幄，决胜千里，我们需要的是充分有效的情报。

风险管理是管理的最高境界。而一旦遇到风险，我们需要怎样的思维？

无论是政府部门还是企业，都要激发两种思维，一是情报思维，一是风险（危机）思维。

情报思维，即要求进行风险应对决策的时候，要依靠情报来推动风险决策的每一环节；风险思维，即关注风险已经发生后的可控性以及引导性，如何趋利避害，把风险造成的损失降到最低。

那么，对于客观存在但还没有发生的风险，又该依据怎样的思维呢？

当然，也是情报思维和风险思维。一方面是靠情报思维获得风险的爆发原因，从而做出正确的决策；另一方面靠风险思维来识别评估潜伏的风险，以便及时应对风险，避免风险的发生，或将损失风险降到最低。由此可见，情报与风险是一对孪生姐妹，情报是风险识别和应对的基石。

很显然，如果没有了情报，任何决策都将是无法想象的，可能带来的灾难也是无法预计的。

如美国总统小布什因"拥有大规模杀伤性武器"，不惜花费万亿美元发动伊拉克战争，导致数十万伊拉克贫民死亡，近5000名美军和联军士兵丧生。结果证实发动战争这一决策，并没有依据美国遍布全球、无所不知的谍报网情报。

事实上，在伊拉克战争前，情报部门并没有做出任何关于伊拉克杀伤性武器的警告，而在2001年有关全球威胁情报的综合报告中甚至都没提到伊拉克可能拥有核武器或其他生化武器。

相反，美国情报部门对伊拉克给出的结论是：萨达姆不可能对美国使用大规模杀伤性武器，或者向恐怖分子提供这些武器——除非美国入侵伊拉克并试图推翻萨达姆政权；伊拉克政权也不可能是"基地组织"的盟友。同时，情报部门对伊拉克战争行动的评估是：避免战争，而不是发动战争！

另外，美国情报部门还对战前进行准确的评估并预见：后萨达姆时代的伊拉克，要建立民主社会是一个"长期而艰难"的难题，并"可能引发骚乱"，而任何政府将会面对一个"深度分裂的社会，不同派别将会陷入暴力冲突"。

但是，这些情报并没有起任何作用，相信如果当时的小布什认真阅读了这份战前报告，或许就不会发动令世人唾弃的伊拉克战争了。

掌握情报，科学决策，超越风险。

纵观历史古今，横跨世界内外，无论是王朝更迭、国家兴亡、民族兴衰、文明沉沦，或是政治恶险、外交困顿、战争较量、文化抗衡，更遑论经济竞争、商海沉浮、社会动荡、江湖乱战，无一不闪烁着决策风险的魅影尊行，无一不呈现着情报的异界逍遥。

在经济全球化与文化多元化的背景下，在全球竞争趋于白热化的浪潮中，在社会变革风云四起的今天，在移动互联时代迅速融合的波涛中，在复杂多变危机四伏的风险环境里，在现代情报越来越依赖于高科技手段并无限量增长的形势下，在高新技术飞速发展和广泛应用的时代里，在经济间谍、科技间谍、文化间谍大行其道的社会中，在一场争夺激烈、对抗多样、范围广泛的情报战争即将打响之际，我们该如何抉择？

不谋万世者，不足以谋一域；不谋全局者，不足以谋一域。而谋万世者，当谋：建立强大的情报管理体系和风险管理体系，从而认识风险，超越风险。

正所谓：有情报无风险！

超越珠峰

从天府之国飞往加德满都的朝圣途中，飞机在珠峰上空做短暂盘旋。万里高空俯瞰窗外，蓝天是那样的雄浑壮美，珠峰是那样的圣洁骄傲。我竟然一时无法相信遗世孤立的世界之巅就在脚下。

那一刻，我感觉到一种无法超越的自由。

此刻，我竟然又想起女儿拉姆8岁时提出的问题：人活着的意义是什么？我当时一下怔住了，我无暇作常规逻辑论证与思考，只是下意识地加快大脑运算，然后脱口而出：追求自由、快乐和幸福！之所以能够立刻回答上来，只是为了维持爸爸在女儿心中的所谓伟岸形象之虚荣心罢了。

这脱口而出的，竟是我苦苦寻求几十年的人生终极答案。

自由是每一个人的终极追求。当然，这种自由绝非物质世界的自由，而是精神世界的一种终极追求，是发自内心的真正自由；快乐是自由后的一种真正快乐，而不是羁绊人生中苟且偷生的片刻快乐；幸福是获得自由和快乐后的真切感受，而不是穷尽奢华后的极尽享乐。

有了自由，才能够快乐；而有了快乐，才能够幸福。

每一个人由于人生阅历不同，身处环境各异，对于自由、快乐和幸福的理解和追求也不尽同。有兼济天下的理解，有独善其身的顿悟，有庙堂之上的洞彻，有江湖之间的觉醒，也有天伦之乐的豁然，不一而足罢了。

对于少年时节就经受内心磨砺的我来说，对忧患似乎有天然的"牵挂"情节，由此最终让我选择了对风险长达10年的倾心研究，并由此拓展到对情报、决策，以及三者之间关系的综合研究，也积淀了一定的研究成果贡献给社会。

为了超越单纯的研究，并冀望曲高和寡的情报产品能够便捷地服务于社会，避免巨量决策风险发生，我又转入研究云计算技术对于情报的应用，初步完成了情报、决策和风险的体系化研究和应用，最终以《情报战争》的形式展示部分研究和应用成果，并呈现给广大读者。

《情报战争》收官时刻，端详着这份厚重的书稿，回忆梦魇般的封闭写作岁月，竟然有一种如此刻超越珠峰般的自由、快乐和幸福。当然，这绝不仅仅限于完成一项成果后的独享，更是感受到中国企业家透过《情报战争》领悟到情报决策的重要性，并最终能够做到运筹帷幄的那种自由、快乐和幸福。

每一个企业家都渴望拥有无往而不胜的决策力，并期望能够因此超越自己心中的那座珠峰，而情报缺失恰恰是中国企业家超越珠峰的那道绝世屏障。如果那些阅读过《情报战争》的中国企业家一旦拥有了超级情报力，相信也能够收获与我同样超越珠峰的自由、快乐和幸福。

珠峰是雄伟壮观的，是极端险恶的，也是难以征服的。但是，人类却有比珠峰更加难以逾越的山峰——那就是隐存于人类心灵深处的珠峰！

在生命没有终结之前，人生是一场永远无法停息的征程，而每一个人心中似乎都有一座永远期待超越的珠峰。我知道，《情报战争》是我已经超越的第一座珠峰。不久的明天，我将踏上超越第二座珠峰的艰苦之旅。

释迦牟尼诞生地就在眼前，我期待着佛祖的拥抱。

致谢

或许，是没有获得心中期盼的成绩。

或许，是自己一直很难满意自己的努力。

虽然，研习情报与风险很多年，也出版了多部著作，耗尽了青春年华中的大部分。但是，依然没有真正地沉静下来，对自己过去的岁月做一个全面的思考，当然，也就没有能够对需要感谢的人做一个全面的梳理。

《情报战争》作为本年度重点书籍正式出版，如果按照古人"结绳记事"的做法，确实需要打一个较大的"结"——因为《情报战争》是我多年对风险和情报研究的一个总结。因此，也确实需要对多年来支持我的人郑重书面表示一下感谢——虽然感激一直存于心中。

我感谢我的家人，是你们的帮助让我一步步走来，你们包容了我很多，也给予了我很多，更温暖了我很多。正是你们宽厚的胸怀，使我可以肆意放弃休息时间，能够在最短的时间内完成这本书稿。当然，在此我也表示深深的歉意，未来我承诺将拿出更多的时间陪伴你们。

我应该感谢我的同事：晓刚、支羽、崔琦、树军、张涛、东瑞、张蒙、明欣、郑行、丁洁、林威，等等，请原谅我无法一一列举出更多的名字，我相信我会将你们的名字一直记在心中的。感谢你们一直陪伴着我，走过风风雨雨。

我要感谢我的助理郑国明，在《情报战争》撰写过程中，他付出了艰辛的努力，他近乎浪漫且散漫的思想，给这本书增添了不少色彩。如果这本书读起来还比较轻松，请代我向他表示感谢。当然，我没有忘记收他为徒的承诺，我同样期待着这一天。

我要感谢我的朋友们，虽然我常常不自觉地享受孤独与寂寞，但是我知道，没有你们的友情滋润，我的心灵将如干涸的河流一样失去灵性。当然，我尤其要提及近乎忘年交的晋华兄长，正是您多年如父如师如兄如友般的指点，才使我获得更多的人生感悟。

我要感谢香格里拉的东瑰活佛，正是因为有您的指引，让我感受到佛祖的力量，让我理解了人生应该需要怎样的一场修行，让我理解了如何让自己成为真正的自己，当然，也让我领悟到如何才能够具备慈悲根和菩提根。

最后，我同样要感谢北京大学出版社的领导与编辑们，他们是极具慧眼且专业的出版人，正是由于他们的努力，才使得本书能够以最快的速度出版。

最后，如果能够得到您的允许，请让我一并代表你们感谢他们。

参考文献

1.查先进,陈明红,杨凤.竞争情报与企业危机管理[M].武汉:武汉大学出版社,2010年.

2.张翠英.竞争情报分析[M].北京:科学出版社,2008年.

3.曾忠禄.企业竞争情报管理[M].济南:暨南大学出版社,2004年.

4.周海炜,施国良,顾永立.战略竞争情报[M].北京:科学出版社,2008年.

5.陈晓峰.企业并购重组法律风险防范[M].北京:中国检察出版社,2007年.

6.文殇.并分天下[M].北京:科学出版社,2010年.

7.本·麦兹里奇.Facebook:关于性、金钱、天才和背叛[M].马小艳,译.北京:中信出版社,2010年.

8.史宗玮,张小伟.社交网络时代:SNS引发商务与社会变革[M].北京:人民邮电出版社,2011年.

9.沃尔特·艾萨克森.史蒂夫·乔布斯传[M].北京:中信出版社,2011年.

10.罗伯特·布伦纳,斯图尔特·埃默里拉斯·霍尔.至关重要的设计[M].北京:中国人民大学出版社,2012年.

11. 胡平.情报日本 [M].南昌：二十一世纪出版社，2011年.

12. 孟子敏.日本综合商社的功能及其演化 [M].北京：北京师范大学出版社，2011年.

13. 郝在今.东方大谍：珍珠港情报之谜.北京：作家出版社，2011年.

14. 杨雨山.蒙牛教主：牛根生 [M].太原：山西人民出版社，2010年.

15. 刘钢.蒙牛的营销策略与品牌攻略 [M].深圳：海天出版社，2007年.

16. 任雪峰.我的成功不是偶然：马云给年轻人的创业课 [M].北京：中国画报出版社，2010年.

17. 罗杰·道森.赢在决策力 [M].刘祥亚，译.重庆：重庆出版社，2010年.

18. 杜晖.决策支持与专家系统实验教程 [M].北京：电子工业出版社，2007年.

19. 李德林.我所知道的国美真相 [M].兰州：甘肃人民美术出版社，2010年.

20. 莫少昆，余继业.解读淡马锡：从0.7亿到1000亿市值的传奇故事 [M].厦门：鹭江出版社，2008年.

21. 蓝狮子，吴晓波.鹰的重生：TCL追梦三十年 [M].北京：中信出版社，2012年.

22. 李建军，崔树义.世界各国智库研究 [M].北京：人民出版社，2010年.

23. 亚历克斯·阿贝拉.兰德公司与美国的崛起 [M].梁筱芸，张小燕，译.北京：新华出版社，2011年.

24. 东中西部区域发展和改革研究院.中国智库发展报告［M］.北京：国家行政学院出版社，2011年.

25. 周牧之.步入云时代［M］.北京：人民出版社，2010年.

26. 朱近之.智慧的云计算：物联网的平台［M］.北京：电子工业出版社，2011年.

27. 周洪波.物联网：技术、应用、标准和商业模式［M］.北京：电子工业出版社，2011年.

28. 常超，王铁山.国家技术性贸易壁垒竞争情报体系及其构建［J］.情报杂志，2009年第2期.

29. 王杨，张蕾.基于竞争情报理论的反倾销预警机制构建［J］.现代情报，2011年1月.

30. 冯涛.贸易中的知识产权壁垒与应对战略［J］.江苏大学学报，2007年3月第2期.